Céline Legaz

DIE CAMARGUE REITWEISE

Arbeitsreiten:
Tradition mit Zukunft

Das Camargue-Pferd
Ausrüstung
Lektionen und
Ausbildung
Turnierdisziplinen

OLMS

Übersetzung aus dem Französischen von
Angela Krah

Die Originalausgabe erschien 2012 unter dem Titel:
Manuel d'équitation camargue
© Actes Sud, France, 2012

Alle Zeichnungen stammen von der Autorin
und ihrer Mutter, Béatrice Legaz.

Layout: Saluces
Reproduktion: Trium

Das Werk ist urheberrechtlich geschützt. Jede Verwertung außerhalb der engen Grenzen
des Urheberrechtsgesetzes ist ohne Zustimmung des Verlages unzulässig.
Das gilt insbesondere für Vervielfältigungen, Übersetzungen, Mikroverfilmungen und
die Einspeicherung und Verarbeitung in elektronischen Systemen.

Bibliografische Information der Deutschen Nationalbibliothek
Die Deutsche Nationalbibliothek verzeichnet diese Publikation
in der Deutschen Nationalbibliografie; detaillierte bibliografische Daten
sind im Internet über *http://dnb.d-nb.de* abrufbar.

Georg Olms Verlag AG, Hildesheim 2015
www.olms.de
Printed in Germany
Gedruckt auf säurefreiem und alterungsbeständigem Papier
Gestaltung: Weiß-Freiburg GmbH – Graphik & Buchgestaltung
Herstellung: Offizin Andersen Nexö Leipzig
ISBN 978-3-487-08539-5

INHALT

- 5   Einleitung
- 9   Vorwort
- 13   Vorwort zur deutschen Ausgabe

1. TEIL
ERSTE SCHRITTE

- 16   Das Camargue-Pferd
- 20   Sicheres Begrüßen, Einfangen und Führen
- 30   Grundlegende Sicherheitsregeln
- 34   Camargue-Sattelzeug

2. TEIL
BODENARBEIT

- 54   Wendungen
- 57   Rückwärtstreten
- 58   Longieren
- 65   Doppellonge
- 67   Präsentation an der Hand
- 68   Verladen in einen Transporter oder Hänger

3. TEIL
GRUNDLAGEN DES REITENS

- 72   Angst vor dem Reiten
- 74   Auf- und Absteigen
- 77   Hilfen und Hilfengebung
- 86   Der richtige Sitz
- 90   Durchlässigkeit und Anlehnung
- 94   Der Kappzaum
- 102   Wichtige Begriffe
- 106   Gangarten

4. TEIL
DRESSUR-AUSBILDUNG

- 124   Aufwärmen / Lektionen
- 134   Seitwärtsbewegungen
- 140   Arbeit auf zwei Hufschlägen
- 148   Galoppwechsel

5. TEIL
DIE DISZIPLINEN

- 154   Dressur
- 156   Trail-Parcours
- 180   Gelände-Parcours
- 182   Andere Disziplinen
- 188   Besondere Arbeiten
- 189   Kleidung

- 190   GLOSSAR
- 191   PFERDE IM BUCH
- 192   DANKSAGUNG

EINLEITUNG

Es ist schön, überliefertes Wissen weitervermitteln zu können. All das, was wir heute beherrschen, haben wir irgendwann selbst gelernt. Ich bin mir meines Glückes bewusst, inmitten von Pferden und Rindern geboren und aufgewachsen zu sein; umgeben von Menschen, die ihre Passion und ihre Erfahrungen mit mir teilen. Allen voran meine Eltern, die über zehn Jahre eine Rinderzucht betrieben haben und bis heute mit unerschütterlicher Leidenschaft Camargue-Pferde züchten. Durch sie habe ich viel gelernt. Meine Erkenntnisse rund ums Pferd und meine Erfahrungen als Reitlehrerin sind grundlegend für meine tägliche Arbeit, sei es in der klassischen oder der Camargue-Reitweise.

Den Anstoß für dieses Handbuch bekam ich von meinen Reitschülern. Immer wieder fragten sie nach Bildern und Texten, die die theoretischen Grundlagen des Reitunterrichts anschaulich erklären, damit sie auch zu Hause nachschlagen und lernen konnten. Ich begann also, einige Dinge aufzuschreiben. Doch sollte ich diese Hilfsmittel wirklich nur meinen Reitschülern widmen? Wäre es nicht schön, daraus ein Buch zu machen? Mir war bewusst, dass es nicht leicht sein würde, aber ich habe mich überzeugen lassen. Heute halten Sie das fertige Handbuch der Camargue-Reitweise in den Händen. Es soll ein Leitfaden für jeden Reiter sein, der Interesse an traditionellen Arbeitsreitweisen hat und sein Wissen darüber vertiefen möchte. Es erklärt wichtige Handgriffe, Übungen und Basis-Lektionen und bereitet den Reiter auf die französischen Reitabzeichen-Prüfungen der Camargue-Reitweise vor. Alle Lektionen eignen sich sowohl für die Ausbildung von Jungpferden als auch von erfahrenen Pferden. Schritt für Schritt wird jede Übung in Text und Bild klar und anschaulich erklärt. Die Lektionen in diesem Buch lehren den Reiter, seine Hilfen korrekt einzusetzen. Dieses Praxis-Handbuch soll Antworten auf zahlreiche Fragen geben und eine Quelle der Inspiration sein! Ich möchte mit diesem Buch die Camargue-Reitweise möglichst vielen Menschen zugänglich machen – vor allem auch denjenigen Reitern, die im Ausland unsere Traditionen weit über die Grenzen der Camargue, der Wiege des Camargue-Pferdes, hinaus weiterleben lassen!

Unsere traditionelle Reitweise ist moderner geworden. Es gibt heute verschiedene Ansätze, die dabei helfen, das Pferd in seinem Verhalten und in seiner Ausbildung besser zu verstehen. Neue Methoden unterstützen die Ausbildung des Pferdes im Hinblick auf den Turniersport. Das bis dato verschlossene Züchter-Milieu öffnet sich mehr und mehr. Ein Ausritt mit Camargue-Pferden ist heute für jedermann möglich. Die Camargue-Reitschulen bieten Kurse für jedes Niveau an und stellen ihren Schülern gut ausgebildete Pferde und traditionelles Sattelzeug zur Verfügung. Der Unterricht wird von staatlich geprüften Reitlehrern erteilt, die auch Rinderarbeit im Repertoire haben. Unsere Reitweise – und das

gesamte Leben darum herum – wird immer populärer. Aber gerade deshalb ist der Schutz und Erhalt dieser einzigartigen Gardian-Tradition in all ihren Einzelheiten so wichtig. Die Camargue-Reitweise ist eine Arbeitsreitweise, die als Erbe der französischen Reiterei bezeichnet werden kann. Leider verliert sie in Frankreichs Reitschulen an Einfluss und macht deutschen und englischen Methoden Platz. Doch gerade die Gebrauchsreiterei bewahrt die Kultur und die Erkenntnisse der französischen Reiterei wie beispielsweise den Einsatz des Kappzaums bei der Ausbildung von Jungpferden oder die einhändige Zügelführung.

Seit Jahrhunderten benutzen wir Pferde für die verschiedensten Aktivitäten; sie schleppten Lasten, zogen Pflüge und trugen den Menschen in den Kampf. Heutzutage dient das Pferd uns vor allem als Partner in Freizeit und Sport. Gerade Letzteres bereitet manchmal Probleme. Von Turnierpferden erwarten wir Effizienz und Leistung. Das ist ein großer Fehler. Für die Ausbildung des Pferdes muss man sich immer genügend Zeit nehmen; das Pferd kann nicht alles auf einmal lernen – genauso wenig wie sein Reiter. Probleme mit dem Pferd oder sogar Unfälle erinnern uns daran, dass Reiten auch Bescheidenheit lehrt. Wir müssen uns ständig selbstkritisch hinterfragen und uns bemühen, dem Pferd gegenüber ein verlässlicher Partner zu sein. Die Richterin und Profi-Westerntrainerin Lyne Laforme formuliert es so: «Wir sollten uns in unseren Handlungsweisen stets hinterfragen. Bei allem, was wir tun, steht Sicherheit an oberster Stelle.»

Ein Reiter ist eine Art Pädagoge, der sein Handeln immer selbstkritisch betrachten sollte, bevor er dem Pferd bestimmte Verhaltensweisen abverlangt. Im Umgang und beim Reiten stehen Konsequenz, aktives Handeln, aber gerechtes und ruhiges Umgehen mit dem Pferd an oberster Stelle. Und beachten Sie: Es gibt einen Unterschied zwischen Zuneigung und Respekt. Ihr Pferd wird Sie nur dann mögen und Ihnen vertrauen, wenn es Sie respektiert. Damit es sich sicher fühlt, braucht es solide Rahmenbedingungen und eine verlässliche Leitperson. Viele Reiter kanalisieren im Umgang mit dem Pferd ihre Energien nicht ausreichend. Sie üben dadurch einen schlechten Einfluss auf ihr Pferd aus. Entweder sind sie zu impulsiv, zu «aggressiv» oder zu passiv und nicht gegenwärtig genug. In dieser Hinsicht haben wir noch viel von unseren Tieren zu lernen. Darum sollten wir uns stets genug Zeit nehmen und unser theoretisches Wissen ausbauen.

Aus diesem Grund habe ich dieses Buch geschrieben. Ich hoffe, dass Sie darin Antworten auf Ihre Fragen finden werden und dass es zu Ihrem ganz persönlichen Fortschritt beiträgt. Ich wünsche Ihnen ebenso viel Spaß beim Lesen wie ich beim Schreiben empfunden habe. Und denken Sie immer daran: Ganz gleich, welche Methode Sie anwenden, ganz gleich, welches Pferd oder in welcher Reitweise Sie reiten, es gibt immer zwei Möglichkeiten: die gute oder die schlechte.

Céline Legaz

VORWORT

Die Camargue-Reitweise ist eine traditionelle Arbeitsreitweise. Sie ist Ausdruck einer tief verankerten Kultur und Leidenschaft. Die früheren Gardians hüteten auf weiten Weideflächen Rinder und Pferde in frei laufenden Herdenverbänden. Sie waren reiterlich sehr geschickt. Mit Sicherheit hätten sie auch an unseren modernen Camargue-Turnieren teilnehmen können. Die «Gardianne»-Reitweise hat sich bis heute nur wenig verändert. Mit ihrem besonderen Sattelzeug, ihren Trachten und vor allem dem Camargue-Pferd selbst leistet sie einen wichtigen Beitrag zur kulturellen Identität. Sie hält an alten Bräuchen und überliefertem Wissen fest. Zu ihrem ursprünglichen Repertoire gehören beispielsweise das Aussortieren eines Rindes oder das Umwerfen eines Kalbs mithilfe der traditionellen Lanze, dem «Trident». Die Camargue-Reitweise ist auch eine der letzten Reitweisen mit einer einhändigen Zügelführung. Der Gardian brauchte stets eine Hand für den Trident.

Die solide Basis des Arbeitsreitens hat die Zeit überdauert. Unsere Aufgabe besteht darin, diese Kultur zu schützen und sie an die jüngeren Generationen weiterzugeben. Die Entwicklung des Turniersports bringt zahlreiche positive Auswirkungen mit sich. An erster Stelle steht sicher die Standardisierung ursprünglicher Methoden und individueller Vorgehensweisen, sodass einheitlich zu bewertende Disziplinen entstanden. Ein gutes Beispiel dafür ist die Bewertung der Rinderarbeit nach technischen Gesichtspunkten, die nunmehr als eigene Teildisziplin gilt. Die Standardisierung in diesem Bereich hat sogar dazu beigetragen, dass sich bei der gewerblichen Rinderarbeit die Praktiken verbessert haben.

Einer der Hauptgründe für die Schaffung eines «Sports» war die Suche nach einer neuen Gebrauchsdefinition für das Camargue-Pferd. Diese Idee hat sich mittlerweile bewährt und bestätigt.

Der Turniersport fördert auch die jüngere Generation. Zahlen beweisen, dass immer mehr Junioren sich für das Arbeitsreiten begeistern. Im Reitunterricht lernen sie nicht nur etwas über die Reitweise, sondern auch Respekt gegenüber Tradition, Tracht und den Pferden. Ich stamme noch aus der alten Schule, als man sich das Reiten und seinen Sattel selbst verdienen musste. Damals galt es, sich seinen Platz mit Engagement, Geduld und Leidenschaft zu erarbeiten. Aber ich bin trotzdem ein Anhänger unseres Turniersports geworden. Anfangs war ich skeptisch, doch dann begriff ich, dass ich meine Identität als Züchter und Gardian nicht verliere, weil ich an Turnieren teilnehme. Ich fühlte, dass mein wichtigstes Anliegen dort respektiert wird: die Erhaltung der Camargue-Reitweise.

Alle Grundlagen, die unsere Jugendlichen heute lernen, können auf Dauer nur konstruktiv sein. In unseren Wettbewerben spornt uns zwar der Ehrgeiz an, aber die Atmosphäre unter den Reitern ist kameradschaftlich, ja oft sogar

freundschaftlich. In der Rinderarbeit herrscht ein ehrlicher Teamgeist. Nicht selten hatte ich mehr Spaß dabei, einem Gegner zum Sieg zu verhelfen als selber zu siegen. Paradox aber wahr. Respekt und Kameradschaft gehören trotz Wettbewerb auf den Turnierplätzen dazu. Ich freue mich auch, dass im Turniersport Fähigkeiten gefördert werden, die ich als Züchter tagtäglich brauche. Der Trail-Parcours beispielsweise beinhaltet Aufgaben, mit denen ich bei meiner täglichen Arbeit auf den Weiden immer wieder konfrontiert werde. Dieser Aspekt ist für mich sehr wichtig.

Ich denke, Céline Legaz ist genau die richtige Autorin für dieses Buch. Sie ist zum einen Vertreterin einer jüngeren Reitergeneration, zum anderen ist sie Pferdezüchterin, eifrige Turnierreiterin, Reitlehrerin und Tochter eines bekannten Sattlers und Züchters. Sie steckt voller Leidenschaft; einer Leidenschaft, die sichtbare Narben hinterlassen hat und ihr gleichzeitig half, einen dunklen Moment in ihrem Leben zu bewältigen. Heute hat sie die Folgen ihres Unfalls überwunden. Sie setzt sich aktiv für den Turniersport und für die Französische Meisterschaft der Camargue-Reitweise ein. Diese Reitlehre soll jedem Reiter einen Zugang zu unserer geliebten und liebenswerten Welt ermöglichen, der Welt der Gardians. In dieser Welt wird wertvolles altes Wissen gepflegt und weitergegeben und so die Identität eines Landstrichs bewahrt. Turniere in der Camargue-Reitweise sind das Tor zu einer alten, aber sehr lebendigen Tradition. Dieses Tor steht allen Reitern offen. Durchschreiten Sie es und entdecken Sie unsere besondere Reitweise!

Renaud Vinuesa

VORWORT ZUR DEUTSCHEN AUSGABE

Es ist mir eine große Freude und gleichermaßen Ehre, ein paar einleitende Sätze zu Céline Legaz' Buch schreiben zu dürfen. Mit ihrem Buch ist es Céline in besonderer Weise gelungen, einen umfassenden Einblick in die Camargue-Arbeitsreitweise zu vermitteln.

Céline hat sich Zeit ihres Lebens, auch einer Familientradition folgend, mit der Zucht, der Ausbildung und der Nutzung des Camargue-Pferdes in seiner traditionellen Funktion als Arbeitspferd beschäftigt. Als erfolgreiche Turnierreiterin, anerkannte Richterin und Ausbilderin ist sie über die französischen Landesgrenzen hinweg bekannt geworden. Die Summe ihrer daraus entstandenen Erfahrungen hat sie in diesem Buch in beeindruckender Weise gebündelt und für uns Leser leicht verständlich zum Ausdruck gebracht.

Wer die Camargue kennt, wird in diesem Buch feststellen, dass es Celine gelungen ist, die eher traditionslastige südfranzösische Arbeitsreitweise in eine moderne Reitlehre mit traditionellem Hintergrund zu wandeln. Einen Dank möchte ich an dieser Stelle an Angela Krah richten, die das Buch, in enger Zusammenarbeit mit Céline, aus dem Französischen übersetzt hat.

Ich wünsche allen Lesern dasselbe prickelnde Gefühl und allen, die die Camargue kennen, vielleicht sogar ein bisschen Sehnsucht beim Lesen dieses kurzweiligen Lehrbuchs.

Roland Kunze

ERSTE SCHRITTE

Wie einen Schatz behüten wir hier in der Camargue nicht nur eine ursprüngliche Pferde- und Rinderrasse, sondern auch das traditionelle Sattelzeug und eine eigens für diese Reitweise erdachte Tracht. Beides ist speziell an die Bedürfnisse des Gardians und seiner täglichen Arbeit angepasst. Im folgenden Kapitel lernen Sie grundlegende Begriffe und Aufgaben kennen, die Sie auf die eigentliche Arbeit mit dem Pferd vorbereiten.

DAS CAMARGUE-PFERD

Das Camargue-Pferd ist durch seine Merkmale perfekt an seine ursprüngliche Umgebung angepasst: das Rhônedelta. Die Rasse ist heute weit über die Grenzen Frankreichs hinaus in ganz Europa vertreten, doch die Eigenschaften und auch die Aufzucht des Camargue-Pferdes haben sich seit Jahrzehnten kaum verändert. Es ist nach wie vor treuer Begleiter des Gardians, des Freizeitreiters und des Turnierreiters in verschiedenen Disziplinen.

Exterieur des Camargue-Pferdes.

AUFZUCHT

Das Camargue-Pferd wird extensiv gehalten. Es lebt ganzjährig auf großen Weideflächen. Der Verband der Camargue-Pferde-Züchter in Frankreich, die «Association des Eleveurs de Chevaux de Race Camargue», verwaltet das Stutbuch seit 1978. Jeder eingetragene Züchter muss das Regelwerk der Vereinigung einhalten. Züchter, die sich «En Manade» nennen, müssen mindestens vier Zuchtstuten besitzen und diese auf mindestens 20 Hektar Land innerhalb der Camargue weiden lassen. Züchter innerhalb der Camargue, die diese Bedingungen nicht erfüllen, werden «Hors Manade» genannt. Als «Hors Berceau» werden wiederum die Züchter bezeichnet, die außerhalb der Camargue züchten. Sie unterliegen keiner Mindestanzahl an Stuten und müssen auch keine bestimmte Weidefläche vorweisen.

Die einzig erlaubte Fortpflanzungsmethode ist der Natursprung. Die Muttertiere gebären meistens nur ein Fohlen. Die Geburt soll auf der Weide und möglichst ohne menschlichen Eingriff stattfinden. Die Fohlen haben bei der Geburt ein dunkles Fell. Gewöhnlich sind sie Schwarze, Dunkelbraune oder Füchse. Erst im Laufe der Zeit ändern sie ihre Fellfarbe und werden Schimmel.

Ino du Bosc bei der Geburt ihres Fohlens Boréal du Bosc 2011.

Die Fohlen werden immer dunkelfarbig geboren, hier sind es drei kleine Füchse.

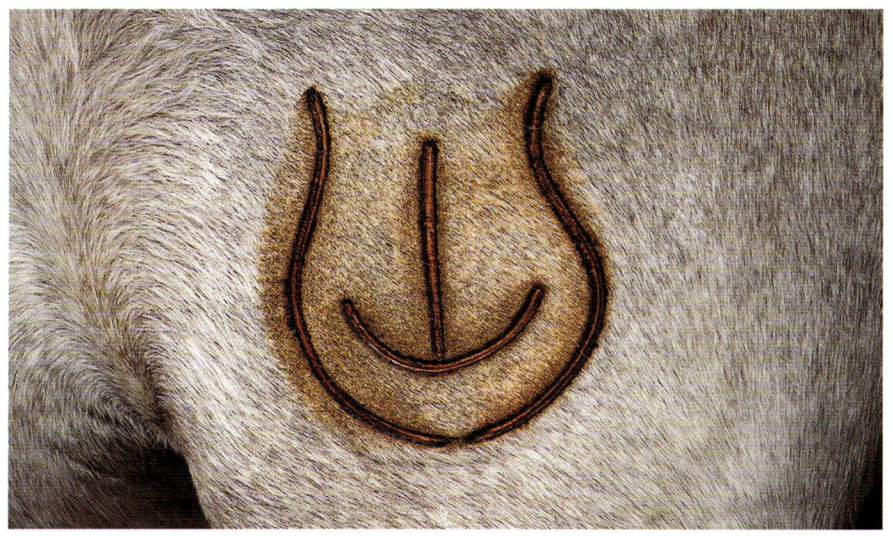

Das erwachsene Pferd ist immer ein Schimmel. Aber auch hier gibt es Besonderheiten. Ist das Fell am ganzen Körper mit kleinen dunklen Punkten übersät, spricht man von einem Fliegenschimmel. Apfelschimmel weisen runde Flecken in dunkleren Tönen auf Kruppe und Hinterhand auf. Ein rosafarbenes Maul bezeichnet man als leuzistisches Mehlmaul. Die Hufe sind in der Regel schwarz, können aber auch weiß sein.

Das frische Brandzeichen auf dem Schenkel.

Ein männliches Fohlen mit der Nummer «A3».

Stutfohlen «B1» mit Brand auf dem Schenkel.

Sobald die Fohlen mit sechs Monaten abgesetzt werden, erhalten sie das Brandzeichen des Züchters auf den linken Schenkel. Männliche Tiere werden auf der linken Halsseite anhand einer individuellen Nummer und dem Buchstaben des Geburtsjahrs identifiziert.

Das Jahr 2010 entspricht beispielsweise dem Buchstaben A. Die Nummer ergibt sich oft aus der Geburtenreihenfolge 1,2,3 ... etc.. Stutfohlen bekommen ebenfalls eine Identifizierung, allerdings am linken Schenkel oberhalb des Brandzeichens.

Bei einem Jungtier bis zu zwölf Monaten spricht man von einem «Fohlen», danach verwendet man die Begriffe «einjährig», «zweijährig» usw. Im Französischen sagt man «court», «doublen», «ternen», Vierjährige sind «quatrain». Ab dem fünften Lebensjahr spricht man von einem «Pferd».

Das Anreiten beginnt ab einem Alter von 30 Monaten. Da das Camargue-Pferd zu den spätreifen Rassen gehört und bis zum Alter von sieben oder acht Jahren wächst, sollte man mit der Arbeit unbedingt langsam beginnen und das Pferd nicht überfordern.

Die Zuchtbedingungen, die im Stutbuch geregelt sind, sollen die Robustheit der Rasse erhalten. Das Camargue-Pferd ist klein, ausdauernd und bekannt für seine Trittsicherheit. Es ist nur selten krank. Insektenplagen und harte Witterungsbedingungen mit Hitze, Kälte und Nässe machen ihm wenig aus. Es lebt auf großen Weideflächen und ernährt sich autark. Ein wichtiger, erhaltenswerter Aspekt der Aufzucht sind auch relativ große Herdenverbände.

Allerdings wird es aufgrund zunehmenden Platzmangels immer schwieriger, ausreichend große und vor allem zusammenhängende Weideflächen zu finden. Der Mensch ist jedoch verantwortlich für das Tier. Niemand sollte unter dem Vorwand, das Camargue-Pferd

Schwarz geborenes Fohlen mit einem Stern, weiß umrandeten Augen und weißem Mehlmaul.

sei ja genügsam, dessen Pflege und Ernährung vernachlässigen! Ein guter Züchter, Pferdebesitzer oder Reiter sollte sein Pferd immer genauestens beobachten und sich in der Pferdehaltung auskennen, sei es durch familiäre Wissensübermittlung oder durch persönliche Fortbildung.

SICHERES BEGRÜSSEN, EINFANGEN UND FÜHREN

Das robuste Äußere geht meist mit einem starken Charakter einher. Das Camargue-Pferd lebt ganzjährig im Herdenverband auf großen Weiden. Dort ist es dem rauen Klima und den Insekten ausgesetzt. Es muss rasch lernen, mit diesen Einflüssen zurechtzukommen und sich seinen Platz in der Herde zu sichern. Das Camargue-Pferd zeichnen Mut, Ausdauer, Duldsamkeit und ein gutes Sozialverhalten aus. Es ist eifrig, beweglich, gut zu handeln und kehrt nach einer schnellen Aktion rasch wieder zur Ruhe zurück. Damit ist der kleine Schimmel vielseitig einsetzbar und scheut kein Abenteuer. Das Camargue-Pferd kann eigensinnig sein, aber wenn der Reiter es zu seinem Freund macht, wird es ihm so manchen Fehler verzeihen. Wichtig ist, bei der Ausbildung nichts zu überstürzen. Das Camargue-Pferd zeigt seinem Reiter, ob er richtig mit ihm umgeht. In solchen Situationen sollte er sich hinterfragen und sich als Pädagoge mit klarem, aber gerechtem Handeln durchsetzen. Das Camargue-Pferd hat ein großes Herz, und alles, was es einmal gelernt hat, bleibt auf ewig in seinem Kopf verankert.

ANNÄHERN AUF DER WEIDE

Das Camargue-Pferd lebt in der Regel auf der Weide. Das Begrüßen und Einfangen auf einer freien Fläche ist ein wichtiger erster Schritt. Beachten Sie dabei einige einfache Grundregeln.

Lenken Sie zuerst die Aufmerksamkeit des Pferdes auf sich (Namen rufen, pfeifen) und warten Sie dann, bis es auf Sie zukommt. Jedes Pferd reagiert anders. Wenn es nicht kommt, können Sie langsam in Richtung Schulter auf das Pferd zugehen. Nähern Sie sich ihm niemals direkt von vorne oder von hinten. Bleiben Sie wenn möglich auf seiner linken Seite und streicheln Sie es. Sie dürfen ihm auch ein Leckerli geben, entweder aus der Hand oder aus dem Futtersack, dem Saqueton.

Wenn das Pferd wegläuft, bleiben Sie ruhig und laufen Sie ihm nicht nach! Warten Sie, bis das Pferd anhält und gehen Sie erneut zu ihm. Machen Sie sich erneut bemerkbar. Wiederholen Sie den Vorgang so lange, bis das Pferd sich anfassen lässt.

Wenn Sie Ihr Pferd auf der Weide mit Futter einfangen, achten Sie auf die anderen Pferde. Aufgrund von Futterneid und Neugier entstehen schnell Drängeleien und auch aggressives Verhalten. Sind Sie alleine auf die Weide, nehmen Sie nur ein kleines Leckerli mit, das Sie diskret füttern können. Bleiben Sie nicht unnötig lange mit ihrem Pferd auf der Weide. Verscheuchen Sie die anderen Pferde mit Worten und Gesten, bevor Sie das Tor öffnen (ohne dabei Ihr eigenes Pferd zu ängstigen).

1. Lassen Sie das Pferd auf sich zukommen.

2. Legen Sie den Führstrick um seinen Hals.

3. Das Camargue-Halfter, die «Cassane», wird zuerst mit dem Nasenstück angelegt.

4. Ziehen Sie es dann an der Schlaufe leicht zusammen.

STALLHALFTER ODER CAMARGUE-HALFTER ANLEGEN

Das Einfangen ist für das Pferd der erste Kontakt mit Ihnen. Damit diese Begegnung zu einem angenehmen Auftakt für Pferd und Reiter wird, sollten Sie die nun folgenden Schritte genau einhalten.

Womit auch immer Sie Ihr Pferd einfangen und führen möchten, schlingen Sie stets zuerst den Führstrick oder ein Seil um seinen Hals. Erst dann legen Sie das Stallhalfter oder das Camargue-Halfter an oder verknoten das Seil mit dem Palstek (siehe unten).
Dadurch erhält das Pferd den Eindruck, es sei bereits eingefangen. Gerade scheue oder ungeduldige Pferde können so nicht ausreißen, wenn es einmal nicht schnell genug geht. Wie oft muss man erst das Seil entknoten oder das Halfter richtig positionieren ... Pferde, die einmal ausgebüxt sind, lassen sich beim zweiten Mal oft schwieriger einfangen.

Ein Knotenhalfter.

1. Zuerst das Nasenstück über die Nase ziehen.

2. Dann das Genickstück vorsichtig über die Ohren streifen.

3. Schnalle schließen.

WIE LEGT MAN EIN HALFTER AN?

▶ Beginnen Sie mit dem Nasenstück, das Sie zwischen rechter und linker Hand halten. Sobald das Pferd die Nase hineingesteckt hat, streifen Sie mit der rechten Hand das Genickstück vorsichtig über die Ohren und schließen die Schnalle (bei Knotenhalftern müssen Sie mit der Schlaufe einen Knoten machen).

▶ Beim Camargue-Halfter gehen Sie genauso vor. Legen Sie zuerst das Nasenstück an. Anstelle eines Knotens ziehen Sie das Genickstück und das Nasenstück mit der Schlaufe fest.

ERSTE SCHRITTE

DER PALSTEK

Der Palstek ist ein Knoten, der zum Anbringen eines Seils oder eines «Seden», einem Seil aus Pferdehaar, verwendet wird. Er lässt sich leicht öffnen und verhindert, dass sich das Seil in einer Gefahrensituation um den Pferdehals zusammenzieht.

Das Knotenhalfter aus Pferdehaarseil zum Führen.

WIE KNOTET MAN DEN PALSTEK?

Schlingen Sie das Seil knapp hinter den Ohren um den Hals. Legen Sie mit dem längeren Seilende eine Schlaufe. Führen Sie das kurze Ende von hinten durch die Schlaufe. Schlagen Sie es einmal um das lange Ende und führen Sie es geknickt erneut von hinten in die erste Schlaufe. Zum Zuziehen halten Sie mit der einen Hand das lange Ende fest und schieben mit der anderen Hand den Knoten nach oben. Zum Lösen ziehen Sie einfach am kurzen Ende.

DER «MOURAILLON», EIN KNOTENHALFTER AUS PFERDEHAARSEIL

Man kann sich auch selber ein Knotenhalfter herstellen. Dazu brauchen Sie entweder ein langes Seil oder einen Seden, ein traditionelles Seil aus Pferdehaar, das mindestens sieben Meter lang sein muss. Mit dem Rest haben Sie dann zusätzlich Zügel und können Ihr Pferd ohne Sattel auf dem Rückweg zum Stall reiten. Das Knotenhalfter aus Pferdehaarseil eignet sich auch zum Führen schwieriger Pferde.

Nachdem Sie das Seil doppelt gelegt haben, fangen Sie mit der Halsschlinge

Die Halsschlinge wird mit dem Palstek geknotet.

an und knoten den Palstek. Legen Sie das Seil als Nasenstück um den Nasenrücken (Sie können das Seil hinten durch die Halsschlinge ziehen, damit es nicht über die Nüstern rutscht). Drehen Sie das Seil dann ein paar Mal ein. Schlingen Sie jedes Ende noch einmal über den Nasenrücken und kreuzen Sie das Seil hinten noch einmal. Jetzt bleiben beide Enden links und rechts als Zügel übrig. Eine Bildanleitung dazu finden Sie im Kapitel «Camargue-Sattelzeug», S. 34.

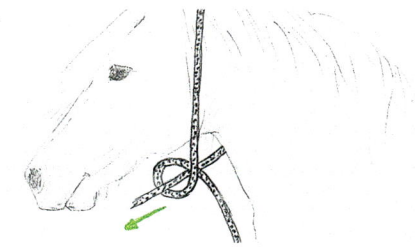

1. «Die Schlange kriecht in den Brunnen».

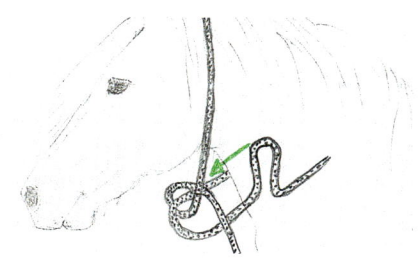

2. «Sie geht einmal um den Baum» (dann das Seil zu einer Schlaufe legen).

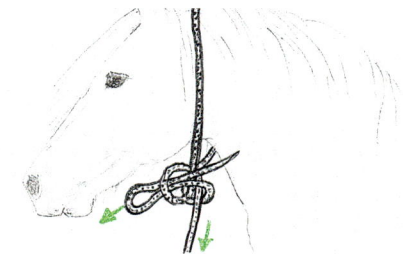

3. «Sie kriecht noch einmal in den Brunnen» (knicken Sie das kurze Ende, damit der Knoten sich mit einem Handgriff löst).

23

CAMARGUE-REITWEISE

FÜHREN UND KONTROLLE AM BODEN

Manchmal bereitet das Führen an der Hand Schwierigkeiten. Lernen Sie hier die richtige Position zum Pferd und beherzigen Sie ein paar Grundregeln.

Halten Sie beim Führen den Strick mit beiden Händen: die eine greift auf ungefähr halber Länge und die andere am Strickende. Halten Sie Ihr Pferd nicht zu kurz am Kopf. Ein Führstrick ist nicht ohne Grund ungefähr zwei bis drei Meter lang. Einerseits benötigen Sie die Länge zum Anbinden, andererseits kann man beim Führen mehr Abstand zum Pferd halten!

Haben Sie einen Kappzaum angelegt, führen Sie nur mit einem Kappzaumzügel. Ist das Pferd aufgetrenst, nehmen Sie die Zügel über seinen Kopf und halten Sie sie wie einen Führstrick.

In beiden Fällen halten Sie die Zügel locker auf halber Länge fest. Traditionelle Zügel sind am Ende zusammengenäht und bilden einen Lederriemen, den «Flot» (das «t» wird nicht ausgesprochen). Lassen Sie ihn nicht über den Boden schleifen.

Sicherheitsregeln:

▶ Achtung! Wickeln Sie niemals einen Führstrick oder die Zügel um Ihre Hand. Das ist extrem gefährlich. Gerät das Pferd außer Kontrolle, kann es Sie mitschleifen!

▶ Halten Sie einen Sicherheitsabstand zu einem vorausgehenden Pferd (ungefähr drei Meter). So verhindern Sie einen Huftritt.

▶ Lassen Sie Ihr Pferd nicht an anderen Pferden schnuppern, es könnte leicht Streit geben. Das Pferd sollte auch nicht am Führstrick ziehen und grasen wollen. Beobachten Sie es stets und unterbinden Sie schon erste Ansätze von unerwünschtem Verhalten. Viele Situationen sind leicht einzuschätzen, und Sie können entsprechend vorausschauend reagieren: Wenn Sie an einem anderen Pferd vorbeigehen, wird Ihr Pferd sich diesem vielleicht nähern wollen. Wenn es saftiges grünes Gras sieht, wird es davon naschen wollen.

Das Pferd läuft ruhig und vertrauensvoll neben dem Menschen her.

24

Das Pferd wird zu kurz gehalten. *Hier hängt der Führstrick zu lang durch, das Pferd könnte auf den Strick treten.*

Sie sollten nie am Zügel oder Strick ziehen, sondern nur daran zupfen. Gehen Sie mit etwas Abstand auf Kopfhöhe des Pferdes neben ihm her. Drehen Sie dem Pferd dabei immer den Rücken zu. Es sollte nicht direkt hinter Ihnen gehen, denn falls es sich erschreckt, könnte es Sie anrempeln. Beobachten Sie während des Führens die Augen und Ohren des Pferdes, um Stimmungsänderungen zu bemerken. Sie müssen aktiv sein und sollten nicht träumen! Gehen Sie energisch voran, halten Sie sich gerade und strecken Sie die Arme. So vermitteln Sie Ihrem Pferd eine positive Energie, und es wird Ihnen gerne folgen.

CAMARGUE-REITWEISE

PROBLEME UND LÖSUNGEN

WAS TUN, WENN DAS PFERD NICHT WEITERGEHEN MÖCHTE?

Prüfen Sie zuerst, ob Sie nicht konstant am Führstrick oder an den Zügeln gezogen haben! Auf Ziehen antwortet das Pferd mit Gegenzug. Geht es zu langsam, zupfen Sie mehrmals auffordernd am Führstrick / an den Zügeln.

Gehen Sie eher auf Höhe seiner Schulter neben ihm her, dann können Sie es mit der Hand (oder mit dem Ende des Führstricks oder des «Flot») durch Wedeln auf Flankenhöhe vorwärtstreiben. Bleiben Sie dabei in Ihrem Tempo.

Wenn es gar nicht mehr vorwärtsgehen will und stehen bleibt, stellen Sie sich in ungefähr 1,50 Meter Entfernung frontal vor das Pferd. Halten Sie den Führstrick (nur mit Halfter!) konstant gespannt, bis es eine Reaktion zeigt. Sobald es sich auch nur ein bisschen nach vorne bewegt, lassen Sie sofort nach. Loben Sie es, auch wenn das Nachgeben schon eine Belohnung darstellt. Wiederholen Sie die Übung: Druck ▸ Reaktion des Pferdes ▸ Nachlassen. Weicht das Pferd nach hinten aus, lassen Sie nicht nach, sonst würden Sie ihm recht geben. Folgen Sie ihm in seine Richtung, aber achten Sie darauf, niemand in Gefahr zu bringen (andere Personen oder das Pferd selbst). Warten Sie, bis das Pferd stehen bleibt. Es wird merken, dass Sie in seine Richtung nicht nachgeben.

Sollte die Situation ausarten, lassen Sie locker (normalerweise bleibt das Pferd dann sofort stehen) und beginnen Sie etwas sanfter von Neuem. Wiederholen Sie diese Übung so lange, bis das Pferd Ihnen bereitwillig folgt.

WAS TUN, WENN DAS PFERD ZU SCHNELL LÄUFT?

Wenn Ihr Pferd an Ihnen vorbeilaufen möchte, müssen Sie es zurückweisen. Falsch wäre, den Führstrick oder die Zügel kürzer zu fassen. Das Pferd hat mehr Kraft als Sie, es wird dadurch nicht langsamer gehen. Vielmehr wird es versuchen zu schubsen und Ihnen auf die Füße zu treten! Ist genügend Platz vorhanden, lassen Sie das Pferd mehrmals auf einem Zirkel um sich herumgehen. Halten Sie dabei den Führstrick fast am Ende. Gehen Sie dann normal weiter. Haben Sie keinen Platz, können Sie den Führstrick (oder die Zügel) auch vertikal in seine Richtung schlenkern. Mit dieser Geste bremsen Sie das Pferd optisch.

Wiederholen Sie die Übungen in aller Ruhe so lange, bis Ihr Pferd weiß, wo sein Platz ist!
Schreien oder Schlagen würden das Pferd nur unnötig aufregen und es noch eiliger werden lassen. Bleiben Sie ruhig und übermitteln Sie ihm so Gelassenheit und Willensstärke.

Wenn das Pferd nicht richtig vorwärtsgeht, treiben Sie es mit dem Führstrick von hinten an.

ANBINDEN

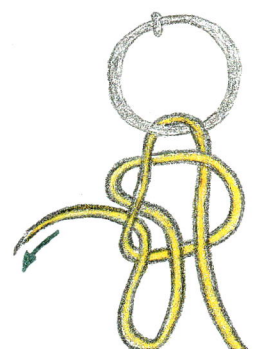

1. Einfacher Knoten.

Wählen Sie zum Anbinden immer einen ausreichend großen, sauberen und aufgeräumten Platz mit einem festen Anbindering. Denken Sie immer an Ihre eigene Sicherheit und an die des Pferdes.

Nachdem Sie Ihr Pferd eingefangen haben, binden Sie es zum Putzen an eine dafür geeignete Vorrichtung an. Das kann ein Ring, eine Stange oder ein Baum sein. Wichtig ist, dass die Anbindevorrichtung stabil verankert und nicht wackelig ist. In diesem Kapitel lernen Sie einige einfache Knoten, die sich problemlos und schnell lösen lassen.

Beim Anbinden sollte der Strick nicht länger als eine Armlänge sein. Je länger der Führstrick, desto höher ist die Gefahr, dass das Pferd beispielsweise hineintritt oder ihn sich um das Genick schlingt. Die ideale Höhe zum Anbinden ist die Widerristhöhe.

Der Ring sollte hoch genug angebracht sein, damit das Pferd sich nicht im Strick verwickelt.

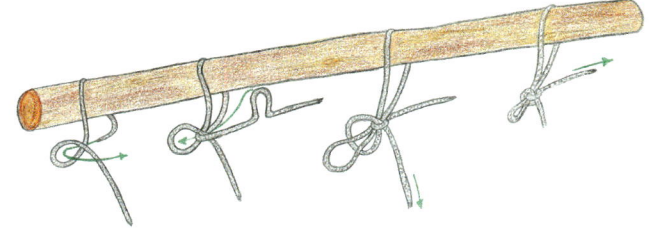

3. Varianten des Palstek.

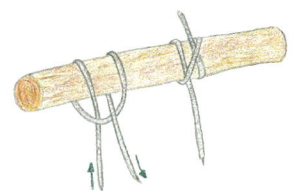 

2. Gesteckter Webeleinstek.

CAMARGUE-REITWEISE

PUTZEN

Putzen ist ein Grundbestandteil der Pferdehygiene. Es bereitet das Pferd mental auf das Satteln vor und bietet dem Reiter die Gelegenheit, den Körper des Pferdes zu beobachten und auf etwaige Verletzungen hin zu untersuchen. Reinigen Sie vor allem Kopf, Rücken, Sattelgurt- und Schweifriemenlage. Ansonsten könnten Schmutz und Dreck die Haut des Pferdes aufreiben. Das Putzen ist aber vor allem ein besonderer Augenblick, in dem der Reiter Kontakt zu einem Pferd herstellen kann.

▶ **Der Striegel:** Den Zackenstriegel kann man wie eine normale Bürste benutzen, immer mit dem Strich des Fells. Die anderen Striegel (Nadel-, Gummistriegel) sollten in kreisförmigen Bewegungen benutzt werden. Der Striegel dient dazu, angetrocknete Erde und verklebtes Fell zu lösen. Er wird auf den «fleischigen» bzw. muskulösen Körperpartien angewandt (Pferdehals, Bauch, Rücken, Kruppe usw.). Meiden Sie knochige Bereiche wie Beine und Kopf, dort könnte es wehtun.

▶ **Die Wurzelbürste:** Diese feste Bürste kann man am ganzen Körper dazu benutzen, um Staub und Haare zu entfernen, vor allem dort, wo man den Striegel nicht einsetzen kann.

▶ **Die Kardätsche:** Die Kardätsche hat weiche Borsten, idealerweise aus echtem Haar und nicht aus Kunststoff. Sie wird hauptsächlich am Schluss benutzt, nach dem Striegel und der Wurzelbürste, und bringt das Fell zum Glänzen. Man striegelt damit immer mit dem Strich und benutzt einen Striegel zum Ausklopfen des Staubs. Die Kardätsche eignet sich auch für den Kopfbereich.

▶ **Mähne und den Schweif:** Am besten löst man zunächst verknotete Haare mit der Hand und bürstet das Langhaar dann mit der Wurzelbürste, sonst reißt man dem Pferd zu viele Haare aus. Ist die Mähne schon entknotet, kann man auch einen Kamm benutzen.

▶ **Der Hufkratzer:** Mit dem Hufkratzer entfernt man Erde und Steinchen aus den Hufen, egal ob das Pferd beschlagen ist oder nicht. Wollen Sie das Vorderbein anheben, lassen Sie Ihre Hand an der Röhre hinuntergleiten. Drücken Sie Ihre Schulter leicht gegen das Pferd, bis es sein Gewicht auf das andere Vorderbein verlagert. Zupfen Sie dann am Grannenhaar. Sie können auch einen Sprachbefehl geben, z.B. «Gib Huf». Hebt das Pferd den Huf, halten Sie ihn fest. Beim Hinterbein lassen Sie Ihre Hand ebenfalls an der Röhre entlang bis zur Fessel gleiten und heben Sie den Huf durch ein leichtes Ziehen am Grannenhaar. Nehmen Sie das Bein zuerst leicht nach vorne und ziehen Sie es erst dann nach hinten heraus. Halten Sie es dabei gerade, sonst können Sie Ihrem Pferd wehtun. Heben Sie die Hufe ausreichend hoch.

▶ **Schwamm:** Ein feuchter Schwamm dient zum Reinigen der Nüstern.

Von links nach rechts und von oben nach unten: Wurzelbürste, Nadelstriegel (aus Plastik), Federstriegel (aus Metall), Kardätsche, Hufkratzer.

ERSTE SCHRITTE

DAS PFERD AUF DIE WEIDE BRINGEN: «BANDIR»

Wenn Sie Ihr Pferd wieder auf die Weide bringen, schließen Sie zuerst das Tor hinter sich. Drehen Sie dann das Pferd mit dem Kopf zu sich und halftern Sie es ab. Treten Sie zurück und lassen Sie es seiner Wege gehen.

FEHLER VERMEIDEN

Wenn Sie das Pferd nicht zu sich drehen, sondern es mit Blick auf die Weide abhalftern, besteht die Gefahr, dass es sofort weglaufen möchte und am Führstrick zieht oder ausschlägt.

Geben Sie dem Pferd nach dem Abhalftern keinen Klaps auf die Kruppe. Ihr Pferd hat sich brav einfangen und reiten lassen. Ihre Reaktion bedeutet: «Und jetzt geh». Das ist dem Pferd gegenüber nicht sehr fair, zudem riskieren Sie einen Huftritt. Beim nächsten Mal wird es sich überlegen, ob es noch einmal zu Ihnen kommt und sich einfangen lässt!

1. Gehen Sie auf die Weide.

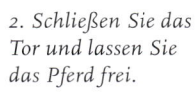

2. Schließen Sie das Tor und lassen Sie das Pferd frei.

3. Das Pferd bleibt bei Ihnen, das ist ein gutes Zeichen.

4. Lassen Sie es in Ruhe und verlassen Sie die Weide.

5. Nach der Arbeit genießt das Pferd seine Freiheit.

29

GRUNDLEGENDE SICHERHEITSREGELN

Sicherheitsregeln gelten für alle Beteiligten. Sie schützen nicht nur das Pferd vor Verletzungen, sondern auch den Reiter und andere Personen im nahen Umfeld des Pferdes.

ERSTE SCHRITTE

▶ Gehen Sie stets mit Ruhe an ein Pferd in der Herde heran (siehe Kapitel «Sicheres Begrüßen, Einfangen und Führen», S. 20). Freilaufende oder angebundene Pferde können untereinander in Streit geraten. Seien Sie in solchen Situationen immer aufmerksam, um nicht in Kabbeleien verstrickt zu werden. Eine besonders kritische Situation ist das Füttern, denn es schürt Eifersucht unter den Pferden, was sich in Rempeleien, Ausschlagen oder Beißen äußern kann.

▶ Beim Durchschreiten eines Tors oder einer Tür sollten Sie immer darauf achten, ob genug Platz für Sie und das Pferd bleibt. Ist der Durchgang zu eng, gehen Sie grundsätzlich voraus und quetschen sich nicht mit dem Pferd zusammen hindurch. Es besteht die Gefahr, dass Sie dabei vom Pferd eingeklemmt werden oder dass das Pferd sich verletzt oder sein Sattelzeug beschädigt.

▶ Gehen Sie nicht dicht hinter einem frei laufenden Pferd vorbei. Haben Sie es beispielsweise zum Putzen angebunden, warnen Sie es immer vor, bevor Sie sein Hinterteil umrunden. Beobachten Sie die Bewegungen der Ohren. Versichern Sie sich, dass es Sie gehört und gesehen hat. Gehen Sie am besten ganz dicht hinter ihm her und streicheln Sie es dabei. Es ist weniger gefährlich, nah und mit Kontakt an einem Pferd vorbeizugehen als mit zwei Metern Abstand hinter einem überraschten Pferd. Die

Bei der Longenarbeit kann das Pferd schon mal übermütig ausschlagen. Halten Sie deshalb stets Abstand.

Reichweite beim Ausschlagen beträgt rund zwei Meter! Pferde gewöhnen sich normalerweise an das ständige Kommen und Gehen verschiedener Personen, an Geräusche und Handgriffe. Doch werden Sie nicht leichtsinnig! Ein Unfall passiert schneller, als man denkt – auch mit einem lieben Pferd.

Jeder Reiter hat früher oder später mit ihm unbekannten Pferden zu tun. Wenn Sie bisher nur «brave Schulpferde» kennen, seien Sie im Umgang mit fremden Pferden besonders vorsichtig. Aber auch Schulpferden sollte man immer mit Respekt begegnen. Jedes Pferd ist anders. Unfälle entstehen häufig durch Unachtsamkeit und aus einer Fehleinschätzung des Pferdes heraus.

CAMARGUE-REITWEISE

Für die Sicherheit von Pferd und Reiter ist ein Grundwissen über die Verhaltensweisen des Pferdes unabdingbar.

▶ **Auf der Weide:** Lesen Sie hierzu das Kapitel «Sicheres Begrüßen, Einfangen und Führen», S. 20.

▶ **Beim Anbinden:** Binden Sie Ihr Pferd immer eher kurz an. So kann es sich nicht verheddern oder mit anderen Pferden in Berührung kommen. Dadurch vermeiden Sie Gefahrensituationen mit Drängeln oder Beißen. Achten Sie auch darauf, dass im Stall immer eine ruhige Atmosphäre herrscht (kein Geschrei oder wilde Gesten …). Ein verängstigtes Pferd wird schnell eine Gefahr für sich selbst oder andere Pferde und Reiter, indem es sich z.B. losreißt. Binden Sie nie eine Stute neben einem Hengst an. Das Gleiche gilt für zwei Pferde, die sich nicht kennen.

▶ **In der Reitbahn:** Bei der Arbeit in einer geschlossenen Umgebung müssen Sie die Hierarchie der Pferde untereinander berücksichtigen. Camargue-Pferde sind daran gewöhnt, in einer Gruppe und eng nebeneinander zu arbeiten. Sind Stuten in der Gruppe, sollten die Reiter sich untereinander absprechen. Weibliche Pferde sind besonders während der Rosse vor allem gegenüber unbekannten Pferden empfindlich und können leicht ausschlagen. Gleiches gilt für Hengste, auch wenn sie gut erzogen sind.

▶ Werden zwei Pferde hintereinander geführt oder geritten, halten Sie immer ausreichend Sicherheitsabstand (mindestens eine Pferdelänge). Die Pferde sollten sich nicht berühren.

▶ Auch beim Eintreten in einen geschlossenen Bereich wie z.B. einen Reitplatz gelten bestimmte Sicherheitsregeln. Fragen Sie vorher immer die anderen Reiter, den Reitlehrer oder den Züchter, bevor Sie eintreten.

▶ Beim Auf- und Absteigen sollten Sie immer ausreichend Abstand zu anderen Reitern halten und jeden Kontakt zwischen den Pferden vermeiden.

▶ Vorsicht ist auch angebracht, wenn Sie Ihr Pferd auf die Weide zurückbringen. Oft möchten die Vierbeiner gleich freudig bockend und ausschlagend losstürmen. Drehen Sie deshalb den Kopf des Pferdes in Richtung Gatter, bevor Sie ihm das Halfter abstreifen (siehe Kapitel «Das Pferd auf die Weide bringen: ‹Bandir›», S. 29).

ERSTE SCHRITTE

Die Reichweite beim Ausschlagen kann bis zu zwei Meter betragen!

▶ Pferde sind Herdentiere und entfernen sich nicht gerne von ihren Artgenossen. Sie fühlen sich zur Gruppe hingezogen. Während der Reitstunde muss es dem Reiter gelingen, die Aufmerksamkeit seines Pferdes auf sich zu lenken. Es darf nicht einfach zu den anderen Pferden stürmen, denn dabei könnte es diese (oder die Reiter!) anrempeln und verletzen. Halten Sie es in jedem Fall davon ab.

▶ **Bei Ausritten:** Im Gelände gelten die gleichen Regeln. Sie können neben- oder hintereinander reiten. Sie sollten aber unbedingt die Sicherheitsabstände beachten. Jeder Reiter sollte sein Pferd beherrschen und es nicht einfach hinter den anderen Pferden her trotten lassen. Pferde reagieren in Stresssituationen oft ähnlich und zeitgleich. Es wäre ungünstig, wenn ein Pferd losstürmt und alle anderen hinterherrennen. Seien Sie unterwegs immer aufmerksam und erkennen Sie Situationen, die für das Pferd Furcht einflößend sein könnten. In einer Gruppe sollten Hengste immer vorne gehen und Stuten hinten. Möchten Sie von der Gruppe wegreiten, bedenken Sie, dass Ihr Pferd verängstigt reagieren und panisch werden kann. Sie sollten es Schritt für Schritt daran gewöhnen, sich von der Gruppe zu entfernen.

CAMARGUE-SATTELZEUG

Das Camargue-Sattelzeug hat eine lange Tradition. Noch heute werden die gleichen Ausrüstungsgegenstände wie früher benutzt. Einige Sattler stellen aber moderne Varianten her, wie beispielsweise den «Demi-Gardian»-Sattel.

Komplette Ausrüstung.

BESCHREIBUNG UND ANPASSUNG

STALLHALFTER

Das Halfter dient zum Einfangen und Anbinden. Das Stallhalfter umfasst im Gegensatz zum Camargue-Halfter, der «Cassane», den gesamten Kopf. Es ist aus Leder, Nylon oder Seil gefertigt. Das Halfter besteht aus einem Genickstück, zwei Backenriemen, einem Nasenstück und einem Verbindungsstück zwischen Nasen- und Genickstück. Am Ring kann ein Führstrick eingehakt werden.

Das Stallhalfter sollte nicht zu eng geschnallt werden. Es darf das Pferd nicht stören, vor allem, wenn es das Halfter länger trägt. Zu locker sollte es aber nicht sitzen, das Pferd kann sich sonst darin verfangen, beispielsweise beim Kratzen mit dem Hinterhuf. Das Gleiche gilt für das Seil, das um den Hals geknüpft wird. Es sollte immer so locker verknotet werden, dass eine Hand breit Platz im Ganaschenbereich bleibt. Das Pferd kann sonst leicht ersticken!

DAS PFERDEHAARSEIL – SEDEN

Das traditionelle Seil aus Pferdehaar ist sieben Meter lang und handgearbeitet. Meistens wird das Haar von Stuten verwendet. Ursprünglich benutzten die Gardians das Seil zum Einfangen ihrer Pferde. Dann banden sie es um den Hals und befestigten das andere Ende eingerollt am Seden-Halter ihres Sattels. Heute wird es immer noch zum Anbinden gebraucht, aber es dient auch als Schmuck bei Festen, Umzügen und Turnieren.

1. Palstek mit doppeltem Seden.

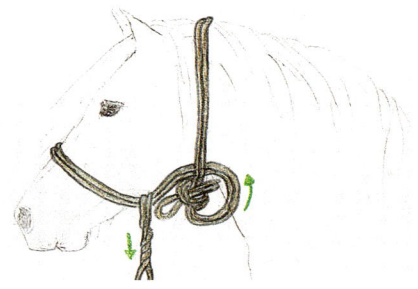

2. Das lange Ende von hinten durch die Halsschlinge ziehen und um den Nasenrücken legen.

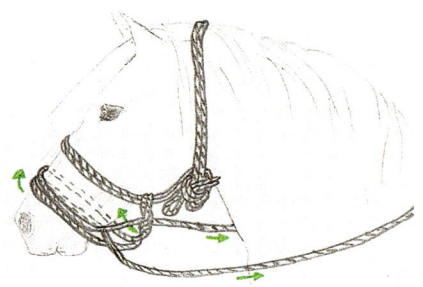

3. Beide Seilenden eindrehen. Noch einmal jedes Seilende über die Nase führen. Eins von links und eins von rechts. Festziehen. Nun haben Sie zwei Zügel.

Ein Knotenhalfter mit Zügeln aus einem Seden.

DER CAMARGUE-SATTEL

Der Gardian-Sattel ist ein tiefer Arbeitssattel mit ungefähr fünfzehn Zentimeter hohen Vorder- und Hinterzwieseln aus Holz. Oberschenkelstützen verlängern seitlich den Hinterzwiesel. Die Steigbügelhalter sind am Sattelbaum befestigt. Das Sattelblatt ist relativ groß und rechteckig. Der Gurt wird rechts mit Metallschnallen befestigt und links mit Krawattenknoten. Die Lederriemen nennt man «Courrejons». Zum Abschluss wird der Übergurt ebenfalls mit einem Krawattenknoten befestigt. Der Sattel wird durch einen verstellbaren Schweifriemen in seiner Lage gehalten. Er besteht aus einem oder mehreren Teilen und liegt auf einem Sattelkissen auf. Schweifriemen und Sattelkissen werden am Hinterzwiesel befestigt. Dort ist der Schweifriemenhalter aus Metall in das Holz eingeschraubt. Die ledernen Steigbügelriemen verlaufen unter dem Sattelblatt. Sie werden in Steigbügelhalter aus Metall eingebunden (meistens Ringe), die wiederum am Sattelbaum befestigt sind. Ihre Länge lässt sich durch Schnallen verstellen. Die Steigbügel sind vorne geschlossen. Man nennt sie aufgrund ihrer Form auch Korbsteigbügel. Sie werden durch die Bügelriemenöse auf den Steigbügelriemen gezogen.

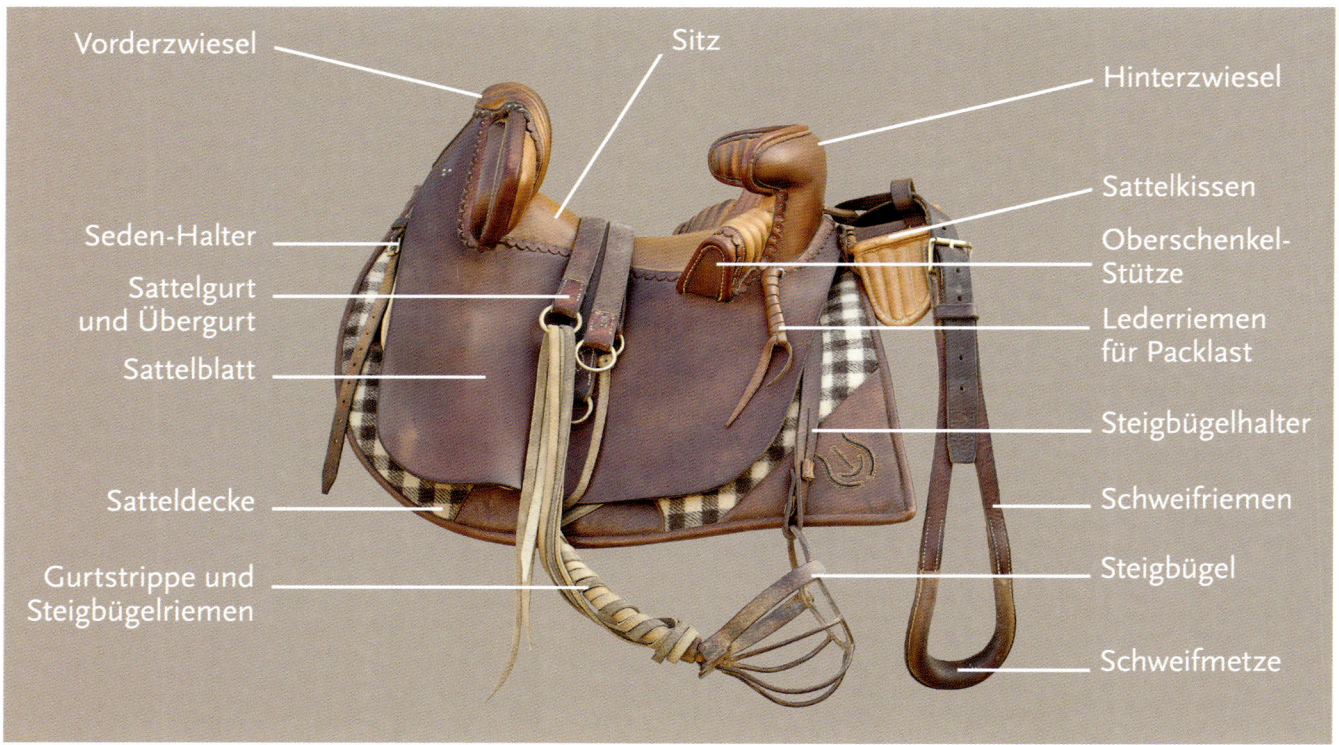

Der traditionelle Camargue-Sattel.

ERSTE SCHRITTE

Demi-Gardian mit Dressurgurtschnallung.

Traditioneller Sattel mit Krawattenknoten-Gurtung.

Steigbügel.

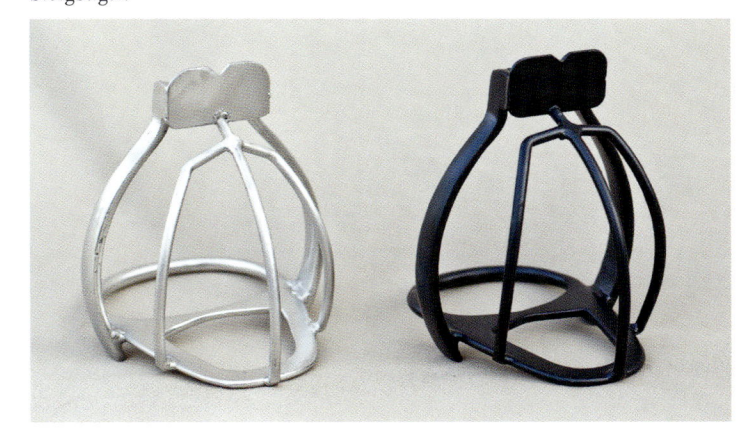

Einige Sattler stellen spezielle Modelle wie den «Demi-Gardian» her. Seine Vorder- und Hinterzwiesel sind niedriger als beim traditionellen Sattel und die Sattelblätter länger, etwa wie bei einem Dressursattel. Dieses Modell ist leichter als sein Vorfahre (zwölf Kilo im Gegensatz zu fünfzehn bis achtzehn Kilo). Es gibt ihn mit zwei verschiedenen Gurtungen, entweder mit normalem Krawattenknoten oder mit Schnallen und kurzem Dressurgurt.

CAMARGUE-REITWEISE

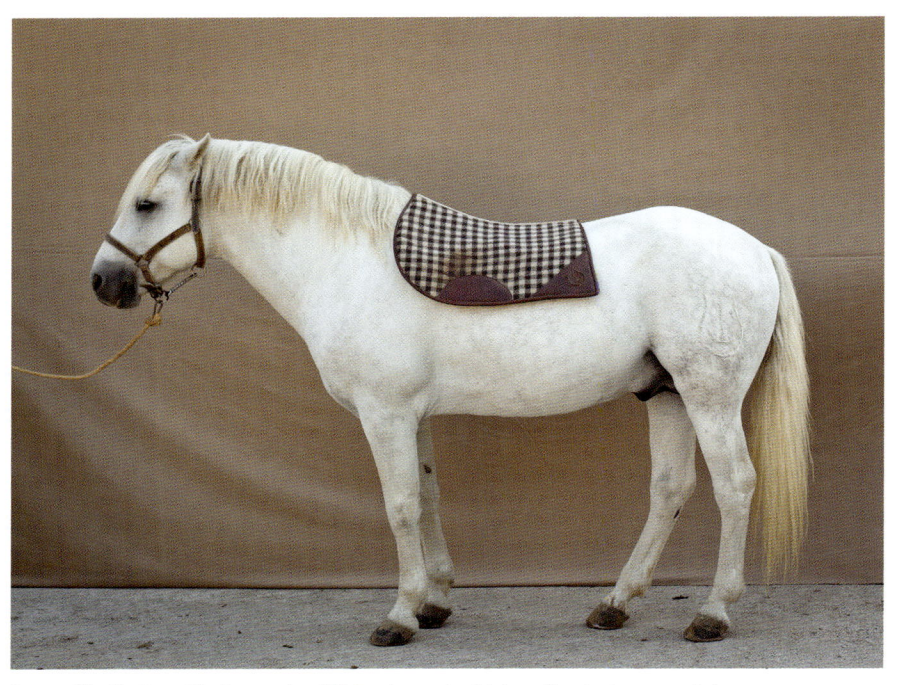

Legen Sie die Satteldecke vor den Widerrist und schieben Sie sie dann zurück.

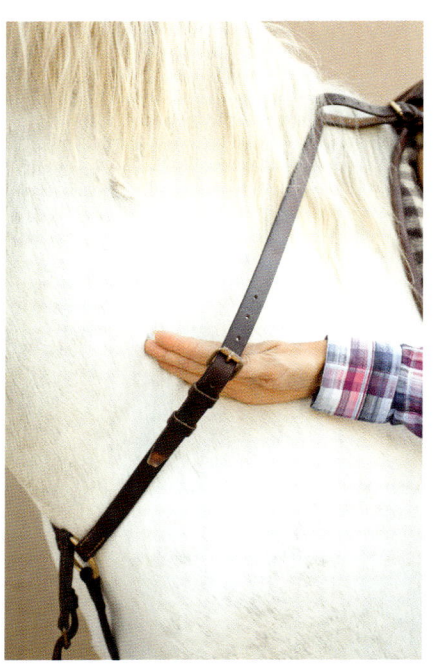

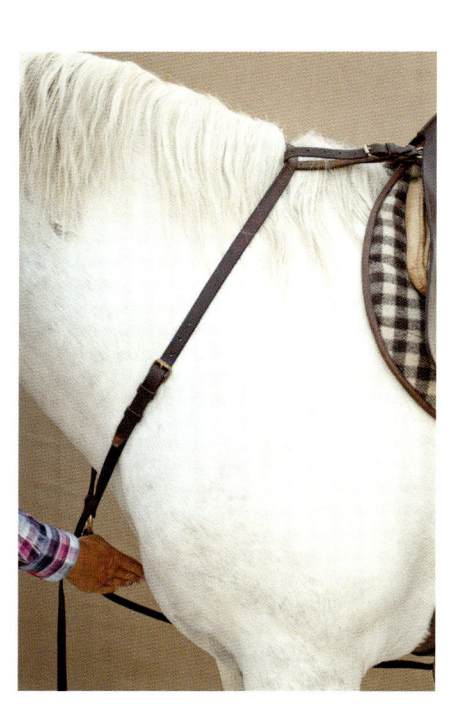

Einstellen des Stoßzügels.

DIE SATTELDECKE – COUVERTON

Die Satteldecke ist aus Filz. Der Überzug wird aus einem einfarbigen Tuch oder aus einem Wollstoff mit braunweißem Karomuster gefertigt. Die Umrandung ist aus schwarzem oder braunem Leder oder Kunstleder. An der Sattelgurtlage ist sie meistens mit einem Lederaufsatz verstärkt. Die Satteldecke wird auf den Widerrist aufgelegt und dann mit dem Strich nach hinten auf den Rücken gezogen. Anschließend wird der Sattel aufgelegt.

DER STOSSZÜGEL

Ein Ring auf Brusthöhe verbindet vier Lederriemen. Der Stoßzügel reicht bis zum Nasenriemen oder Kappzaum und wird dort eingeschnallt. Der Riemen mit der Schlaufe wird über den Sattelgurt gezogen. Zwei Lederriemen gehen links und rechts ab und bilden den Halsriemen.

Ein Stoßzügel darf das Pferd nicht «einengen». Es muss überall eine Hand breit Platz zwischen Pferd und Stoßzügel bleiben. Der Riemen, der zum Nasenstück oder zum Kappzaum führt, soll heftige Kopfbewegungen nach oben verhindern. Er dient keinesfalls dazu, das Pferd «einzuschließen» oder auf die Hand zu zwingen. Um zu prüfen, ob der zum Nasenstück bzw. Kappzaum führende Riemen die richtige Länge hat, heben Sie mit der Hand den Kopf Ihres Pferdes, bis der Stoßzügel straff ist. Die Nüstern des Pferdes sollten sich jetzt auf Widerristhöhe befinden.

ERSTE SCHRITTE

Bei der Rinderarbeit ist ein Stoßzügel notwendig. Das Pferd hat sein Gewicht auf die Hinterhand verlagert und dreht nach links ab. Dabei hebt es die Vorhand. Der Stoßzügel verhindert dabei eine heftige Kopfbewegung nach oben.

DAS CAMARGUE-ZAUMZEUG

Das Zaumzeug wird aus Leder gefertigt. Es besteht aus einem Genickstück, einem Stirnriemen, zwei Backenriemen, einem Kehlriemen und eventuell einem Nasenriemen (wenn kein Kappzaum benutzt wird). Das Gebiss wird in den Backenriemen eingeschnallt. Die Zügel wiederum sind am Gebiss befestigt. Sie sind am Ende zusammengenäht und enden in einem einfachen Lederriemen, dem «Flot». Mit einem Schieber kann man die Zügellänge während des Reitens regulieren.

Der Nasen- und der Kehlriemen sollten locker sitzen. Der Nasenriemen hält nicht das Maul zusammen, sondern dient zum Einschnallen des Stoßzügels. Es ist daher unnötig, ihn fest zu verschnallen. Der Kehlriemen muss so locker sitzen, dass eine Hand breit Platz darunter hat. Wenn Sie dem Pferd ein Seil oder einen Seden um den Hals legen, wird der Kehlriemen hinter dem Knoten verschnallt, was verhindert, dass der Knoten auf den Hals gleitet. Das Gebiss sollte im Maulwinkel höchstens eine Falte bilden. Vergewissern Sie sich, dass das Gebiss die Zähne nicht berührt! Die Kinnkette sollte in einem 45°-Winkel zwischen Gebiss und Backenriemen hängen. Je enger sie eingehakt ist, desto schärfer wirkt das Gebiss. Hängt sie jedoch zu locker, verliert das Gebiss seine Hebelwirkung.

Traditionelles Zaumzeug mit Nasenriemen.

CAMARGUE-REITWEISE

DAS GEBISS

Das Camargue-Gebiss ist eine blanke Kandare. Ihre Besonderheit ist der leicht nach hinten geschwungene untere Anzug. An diesem ist mit einem Drehgelenk ein Ring mit einem Durchmesser von ca. 3,5 cm befestigt. In diesen Ring werden die Zügel eingeschnallt. Die Anzüge sind ab dem Mundstück höchstens 15 cm lang, Drehgelenk und Ring inbegriffen. Der obere Anzug ist ab dem Mundstück nicht länger als 7,5 cm. Die Kinnkette wird in der Backenstücköffnung befestigt. Das Mundstück kann geschwungen sein (mit Zungenfreiheit), geschwungen und gebrochen (mit gebrochener Zungenfreiheit), gebrochen oder gerade. Sein Durchmesser beträgt in der Regel 12 mm. Es gibt aber auch dickere (sanfter wirkende) und dünnere (schärfer wirkende) Gebisse. Das Gebiss besteht meist komplett aus Eisen oder Edelstahl. Für einige Modelle wird eine Kupfer-Legierung verwendet.

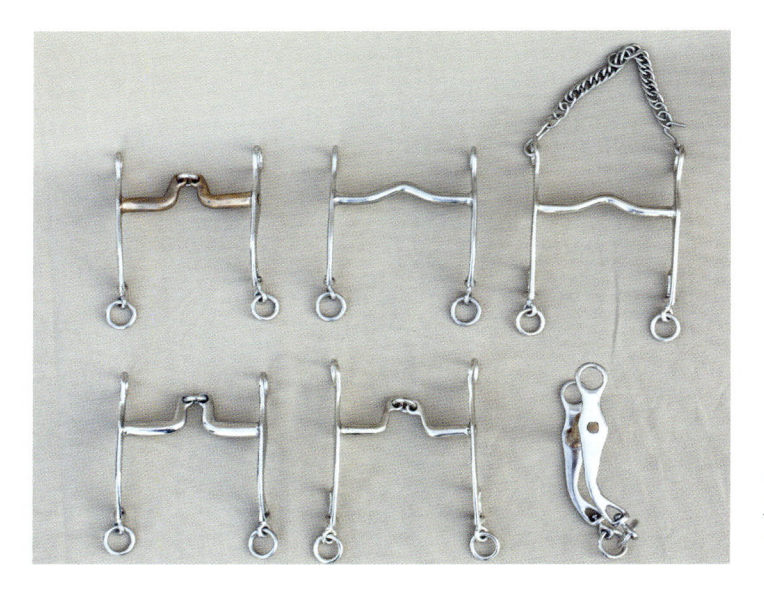

Camargue-Kandaren mit Zungenfreiheit, gebrochen oder als Stange.

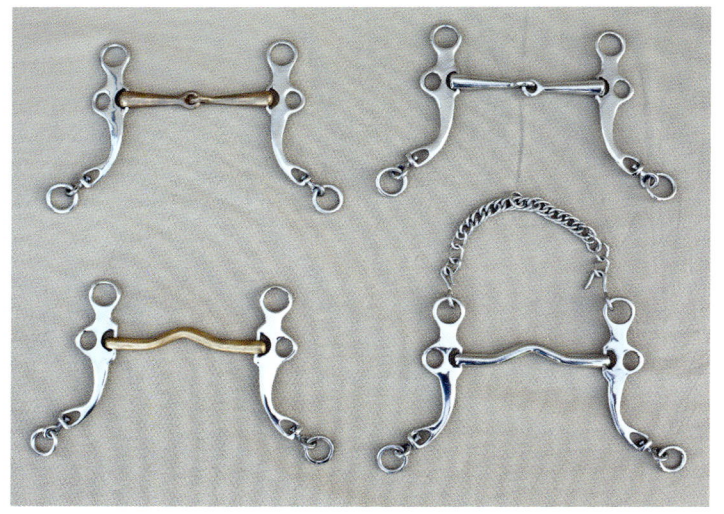

Camargue-Pelham, gebrochen und mit Zungenfreiheit.

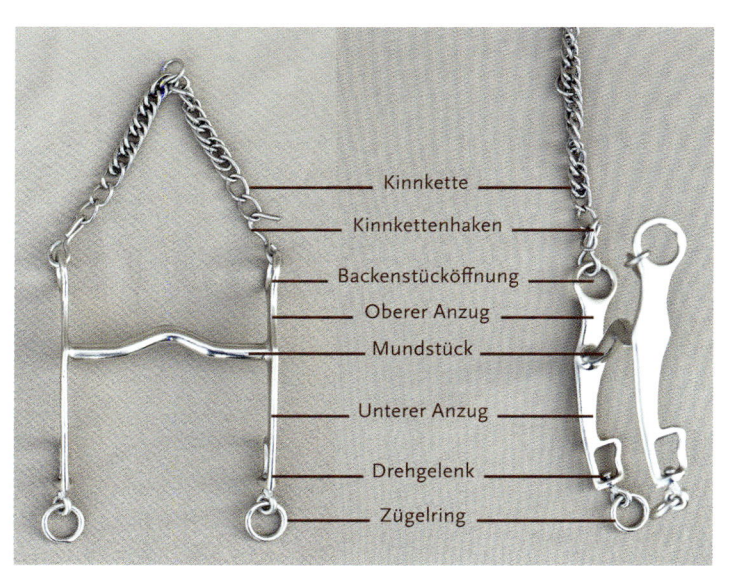

Ein Stangengebiss mit Zungenfreiheit.

ERSTE SCHRITTE

Kappzaum mit Lederüberzug.

DER KAPPZAUM

Im Gegensatz zum Nasenstück ist der Kappzaum ein eigenständiges Hilfsmittel. In der Camargue-Reitweise wird er häufig als Ergänzung zur Trense getragen. Der traditionelle Kappzaum besteht aus einem Genickteil und einer Metallkette, die den Nasenriemen ersetzt. Sie kann mit Leder überzogen sein. Auf dieser Metallkette sind drei Ringe an Drehgelenken befestigt: einer in der Mitte und jeweils einer rechts und links. In diese werden die Zügel eingehakt.

Der Kappzaum muss unbedingt sachgemäß verschnallt sein, damit er den Nasenrücken nicht aufreibt. Zwischen Kappzaum und Nasenrücken muss ein Finger breit Platz bleiben. Zu locker darf er allerdings auch nicht sitzen, dann verliert er seine Wirkung. Der Kappzaum sollte oberhalb der Nüstern liegen und die Atmung des Pferdes nicht beeinträchtigen. Sitzt er zu hoch, verliert er ebenfalls seine Wirkung, die auf den unteren Bereich des Nasenrückens zielt. Der obere Anzug des Gebisses sollte knapp bis zum Nasenteil des Kappzaums reichen. Achten Sie darauf, dass die Maulwinkel nicht eingeklemmt werden.

Die Kappzaum-Zügel können aus Seil, Seden oder Lederriemen hergestellt sein. Sie werden mittels Karabinerhaken am Kappzaum eingehakt und sind nicht miteinander verbunden. Jeder Zügel endet mit einem speziellen Knoten.

Richtig verschnallt und mit feiner Hand geritten wirkt der Kappzaum keineswegs scharf.

Es gibt jedoch auch Alternativen, zum Beispiel eine Version ganz ohne Metalleinlage, die nur aus Leder gerfertigt ist. Diese Art Kappzaum eignet sich besonders für unerfahrene Reiter, da eine Verletzungsgefahr durch unsachgemäße Benutzung ausgeschlossen ist. Auch Pferde mit empfindlicher Haut fühlen sich mit einem weichen Kappzaum wohler.

CAMARGUE-REITWEISE

AUFBEWAHRUNG UND PFLEGE

Dreckiges, trockenes oder zu fettiges Leder nutzt sich schnell ab, es kann brechen oder am Pferd scheuern. Camargue-Sattelzeug wird in der Regel von einem Sattler in Handarbeit hergestellt. Wenn Sie es gut pflegen, werden Sie lange Freude daran haben.

LEDERPFLEGE

Man sollte alle Lederteile regelmäßig mit Lederseife und einem feuchten Schwamm abwischen und so von Schweiß, Staub und Schmutz befreien. Sie müssen die Seife nicht abspülen. Lassen Sie das Leder einfach trocknen.

Damit das Leder nicht zu trocken wird, sollte man es zwei- bis dreimal im Jahr fetten. Lederfett eignet sich besonders für neue Leder und für Leder guter Qualität. Lederöl (wie z.B. Klauenöl) ist ideal für sehr ausgetrocknetes Leder oder für Leder minderer Qualität.

METALLTEILE

Das Gebiss sollte nach jedem Gebrauch mit Wasser abgespült werden. So können Futterreste und Speichel keine harten Ablagerungen bilden, die im Pferdemaul zu Verletzungen führen.

DIE SATTELDECKE – COUVERTON

Camargue-Satteldecken muss man nicht waschen. Es reicht, sie von Zeit zu Zeit mit einer harten Bürste und etwas Wasser abzuschrubben, um sie von Schweiß und Schmutz zu reinigen, der zu Verhärtungen und dadurch zu Scheuerstellen beim Pferd führen kann.

Sie sollten Ihr Sattelzeug regelmäßig reinigen und in einwandfreiem Zustand halten.

Bewahren Sie Ihr Sattelzeug immer an einem trockenen Ort auf, damit es nicht schimmelt. Zu starke Hitze kann Leder austrocknen. Legen Sie den Sattel am besten auf einen gut fixierten Sattelhalter oder einen Bock. Zaumzeug, Kappzaum und Stallhalfter hängen geordnet an der Wand an Geschirrhaltern oder vorne am Bock.

ERSTE SCHRITTE

AUFSATTELN / AUFTRENSEN

AUFSATTELN

Nachdem Sie Ihr Pferd geputzt haben, können Sie es satteln. Beginnen Sie mit dem Stoßzügel und legen Sie zuerst den langen Riemen um den Pferdehals.

Legen Sie dann die Satteldecke (oder Couverton) auf den Pferderücken. Schieben Sie sie mit dem Strich nach hinten in die richtige Position. Sie sollte noch den Widerrist bedecken. Anschließend legen Sie den Sattel mit Schwung, aber trotzdem vorsichtig von der linken Seite auf. Die Satteldecke muss sich leicht in die Sattelkammer hineinwölben («Aufkammern der Satteldecke»). Ziehen Sie die Satteldecke gegebenenfalls vorne hoch. Es muss eine Hand breit Platz zwischen Decke und Widerrist bleiben. So wird der Widerrist nicht eingeengt, und die Decke kann nicht scheuern.

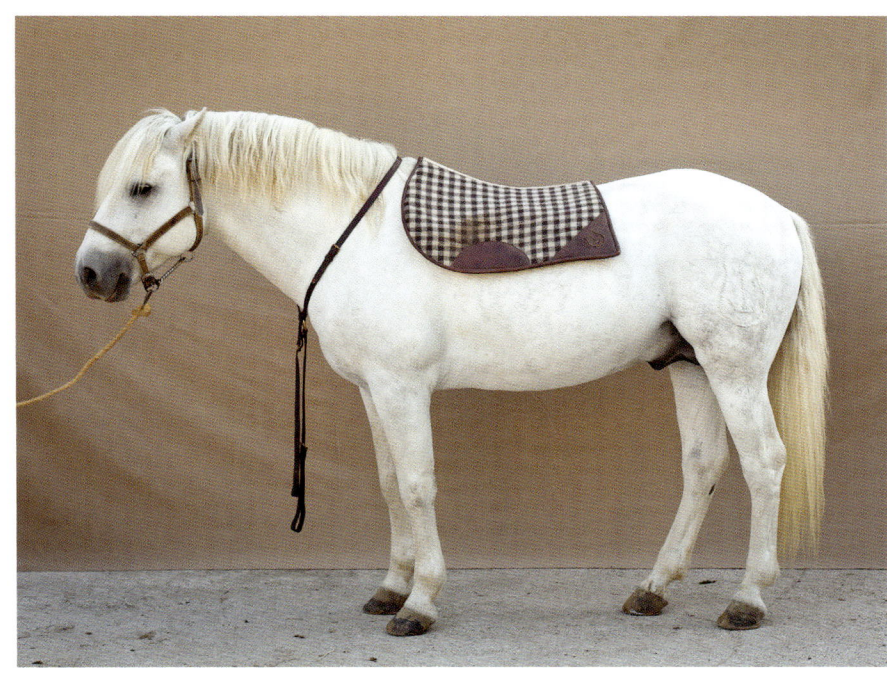

Zuerst streifen Sie den Stoßzügel über und legen die Satteldecke auf.

Aufgekammerte Satteldecke.

Heben Sie den Sattel mit Schwung auf den Pferderücken.

43

CAMARGUE-REITWEISE

Lösen Sie die Gurte und «Courrejons» (Strippen zum Verknoten an Gurt und Übergurt). Kontrollieren Sie die Gurtlage auch auf der rechten Seite. Prüfen Sie vor dem Gurten noch einmal die Position des Sattels. Er darf nicht zu weit vorne liegen. Legen Sie zur Probe eine Hand flach zwischen Pferdeschulter und vorderen Sattelrand und zwischen Ellbogen und Gurt. Passt Ihre Hand gut dazwischen, liegt der Sattel richtig.

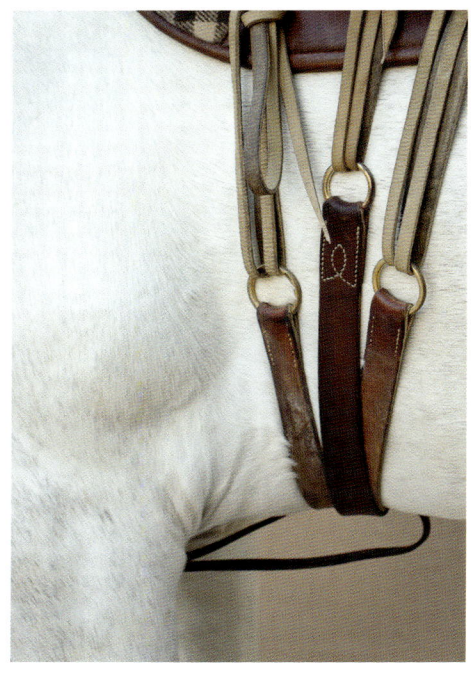

Korrekte Gurtlage hinter dem Ellbogen.

Hochgebundener Steigbügel.

Führen Sie Gurt und Übergurt durch die Schlaufe des Stoßzügels und knoten Sie den Gurt dann mit dem Krawattenknoten.

Führen Sie die Gurte durch den Stoßzügel.

ERSTE SCHRITTE

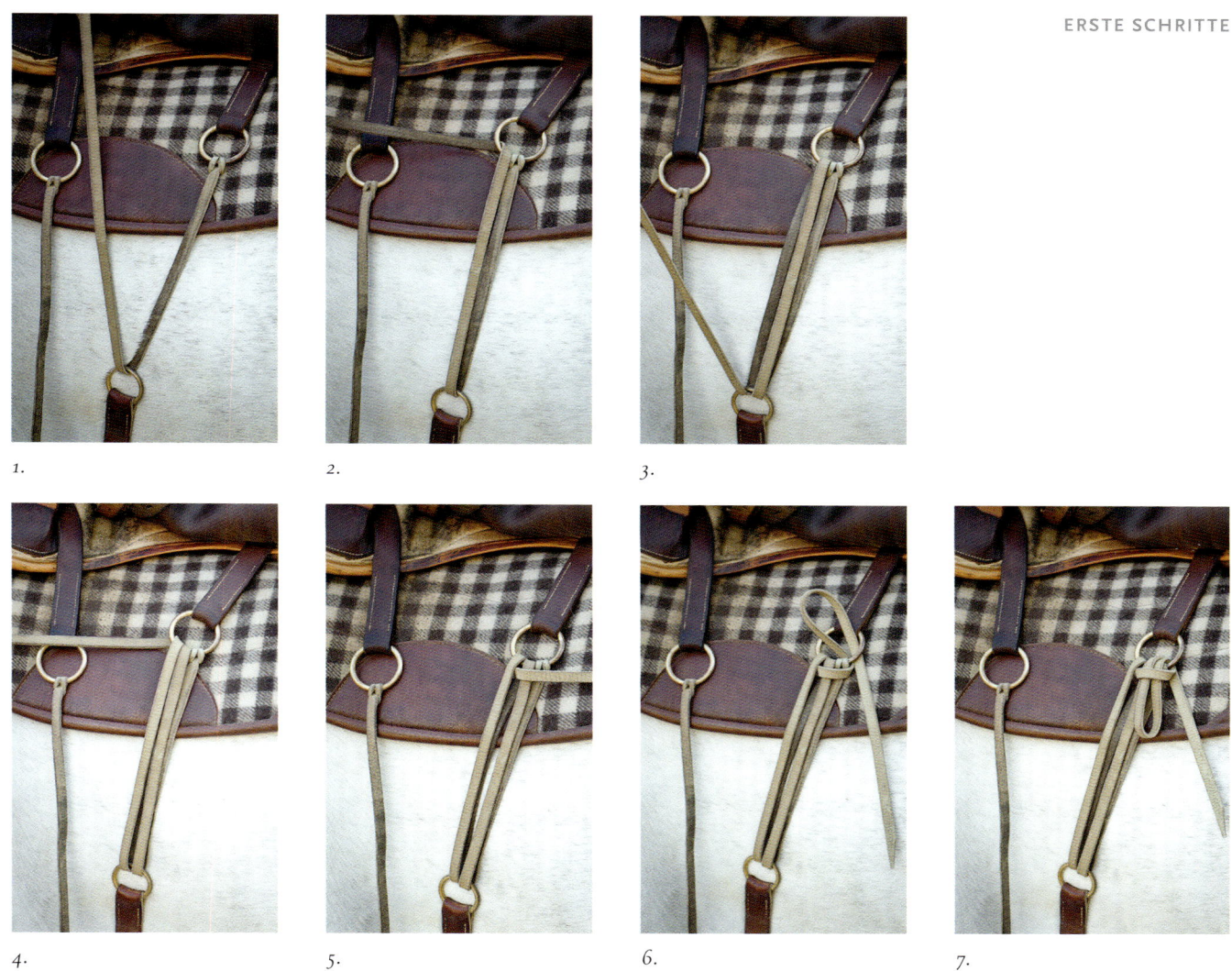

1. 2. 3.

4. 5. 6. 7.

Einzelne Schritte des Knotens.

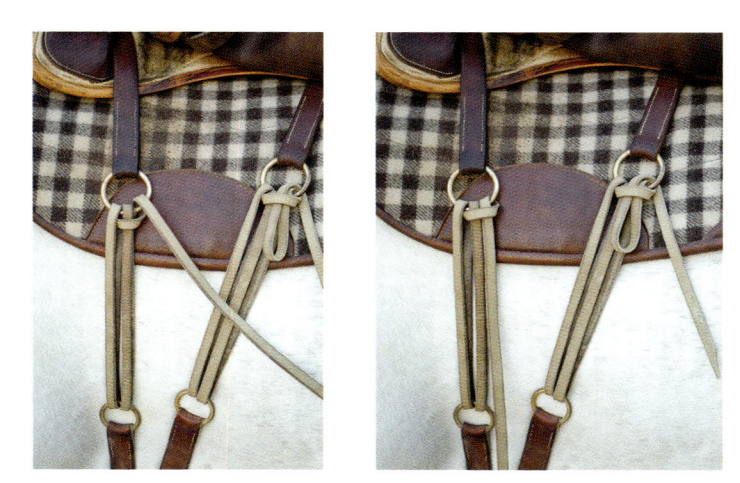

Links und Mitte: Variante des Knotens ohne Schlaufe.    *Beide Knoten mit Schlaufe.*

45

CAMARGUE-REITWEISE

Der Übergurt wird genauso geknotet wie der Sattelgurt, aber ohne Schlaufe.

Variante des Krawattenknotens.

Verlängern Sie den Schweifriemen, ziehen Sie den Schweif durch die Schweifmetze und verschnallen Sie den Gurt in der korrekten Länge. Zwischen Riemen und Pferderücken sollte eine Hand breit Platz bleiben.

1 und 2. Knoten Sie den Schweif zusammen, damit Sie ihn an der Schweifrübe mit einer Hand hochhalten können.

ERSTE SCHRITTE

3 und 4. Führen Sie den Schweif durch die Schweifmetze. Befreien Sie darunter festgeklemmte Haare. Die Verschnallung muss so lang sein, dass eine Hand breit Platz darunter bleibt.

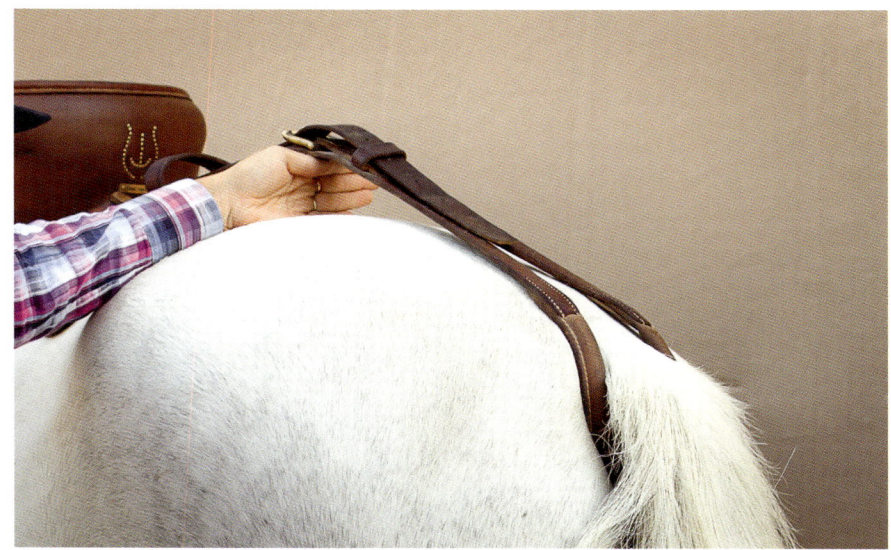

CAMARGUE-REITWEISE

AUFTRENSEN UND KAPPZAUM ANLEGEN

Ist das Pferd mit einem Stallhalfter angebunden, öffnen Sie es und legen Sie es um seinen Hals. Wenn es mit einem Seil um den Hals angebunden ist, müssen Sie nichts tun. Sie können das Seil vor dem Aufsteigen am Sattel befestigen. Die Cassane, das Camargue-Halfter, können Sie entweder unter dem Zaumzeug belassen oder abstreifen.

Legen Sie zunächst die Zügel über den Pferdehals, damit sie nicht herunterhängen. Drehen Sie den Pferdekopf mit der rechten Hand leicht zu sich. Mit der linken Hand halten Sie das Gebiss vor das Pferdemaul; das Zaumzeug haben Sie dabei in der rechten Hand. Öffnet das Pferd das Maul nicht von allein, schieben Sie einen Finger auf Ladenhöhe in den Maulwinkel. Normalerweise öffnet das Pferd nun das Maul und nimmt das Gebiss. Warten Sie einen kleinen Augenblick. Ziehen Sie dann das Genickstück vorsichtig über die Ohren. Verschnallen Sie das Zaumzeug und überprüfen Sie dabei seine korrekte Lage. Ziehen Sie den Schopf über den Stirnriemen. Schließen Sie dann den Kehl- und den Nasenriemen. Unter dem Kehlriemen sollte eine Hand breit Platz bleiben. Wenn Sie einen Stoßzügel benutzen, vergessen Sie nicht, ihn durch das Nasenstück zu ziehen. Haken Sie zum Schluss die Kinnkette ein.

1. Drehen Sie den Pferdekopf mit der rechten Hand leicht zu sich.

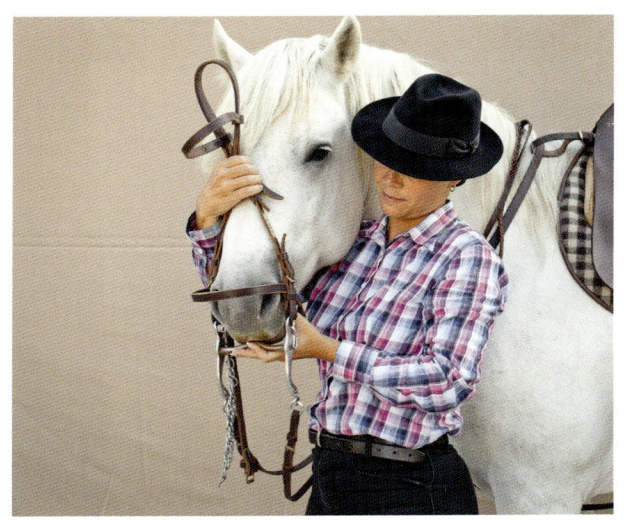

2. Bieten Sie dem Pferd das Gebiss an.

3. Ziehen Sie das Genickstück über die Ohren und ordnen Sie den Schopf.

ERSTE SCHRITTE

4. Verschnallen Sie den Kehlriemen.

Am Kappzaum befestigter Stoßzügel.

Die Kappzaumzügel werden vor dem Auftrensen zwischen den Backenriemen hindurchgeführt.

Soll das Pferd einen Kappzaum tragen, müssen Sie diesen zuerst anlegen. Verschnallen Sie ihn aber nicht sofort. Trensen Sie wie beschrieben auf. Der Stoßzügel wird jetzt am Kappzaum angebracht. Erst dann schließen Sie den Nasenriemen. Haben die Kappzaumzügel Karabinerhaken, werden sie zum Schluss einfach eingehakt. Ansonsten müssen Sie sie durch das Zaumzeug ziehen, bevor Sie auftrensen.

49

CAMARGUE-REITWEISE

ABTRENSEN/ABSATTELN

Sobald Sie das Pferd an seinen Anbindeplatz gebracht haben, beginnen Sie mit dem Abtrensen und Absatteln: Legen Sie die Zügel über den Hals, damit sie nicht auf dem Boden schleifen. Legen Sie Ihrem Pferd das Stallhalfter um den Hals und binden Sie es an. Wenn Sie ein Seil oder ein Camargue-Halfter benutzen, lösen Sie es zuerst vom Sattel und binden Sie das Pferd dann damit an.

Zum Abtrensen lösen Sie Kehl- und Nasenriemen und die Kinnkette. Ziehen Sie dann die Trense vom Pferdekopf.

Binden Sie das Pferd jetzt korrekt an und räumen Sie das Zaumzeug weg. Dann wird der Schweifriemen gelöst. Heben Sie dazu den Schweif an und streifen Sie die Schweifmetze ab. Lösen Sie anschließend die Krawattenknoten des Übergurts und dann die Sattelgurtriemen. Wickeln Sie die Courrejons flach um den Steigbügelriemen und binden Sie den Steigbügel am Steigbügelhalter hoch.

1. Wickeln Sie die Courrejons um den Steigbügelriemen.

ERSTE SCHRITTE

Gehen Sie auf die rechte Seite und befestigen Sie auch den rechten Steigbügel. Legen Sie zum Schluss den Gurt über den Sattel. Ziehen Sie den Sattel mit Satteldecke vom Pferderücken. Nun können Sie auch den Stoßzügel abschnalllen.

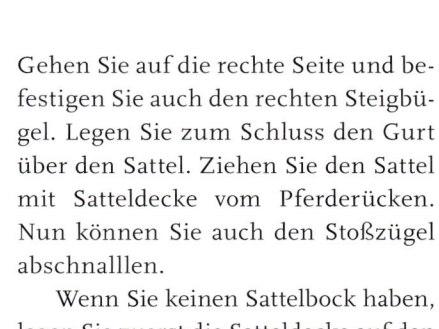

Wenn Sie keinen Sattelbock haben, legen Sie zuerst die Satteldecke auf den Boden und stellen Sie dann den Sattel mit dem Vorderzwiesel nach unten darauf. Legen Sie das Zaumzeug darüber.

2. Binden Sie den Steigbügel am Steigbügelhalter hoch.

3. Legen Sie schließlich die Gurte über den Sattel und heben Sie ihn herunter.

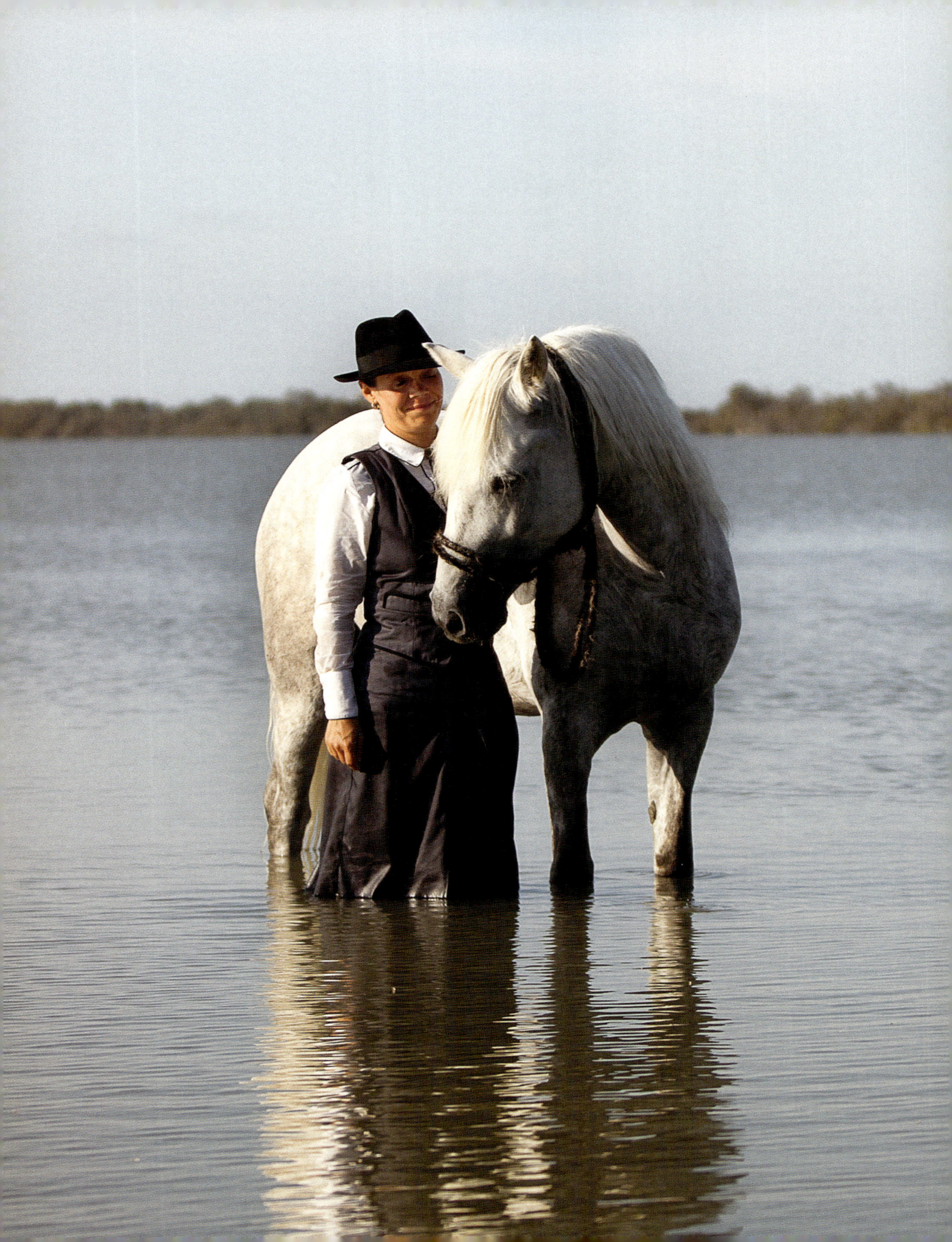

BODENARBEIT

Bodenarbeit bietet unzählige Möglichkeiten zur Vorbereitung und Förderung einer harmonischen Pferd-Mensch-Beziehung. Die Arbeit am Boden eignet sich damit besonders als erster Schritt vor dem eigentlichen Reiten. Auch für die Erziehung Ihres Pferdes sollten Sie einige grundlegenden Elemente der Bodenarbeit kennen und beherrschen.
Bei der Arbeit am Boden erlernen Sie einen sicheren Umgang mit dem Vierbeiner und fördern das gegenseitige Verständnis.

WENDUNGEN

In diesem Kapitel stelle ich Ihnen einige Basis-Übungen wie die Kontrolle von Vor- und Hinterhand vor. Sie sind eine gute Vorbereitung auf das Longieren und Reiten. Als Ausrüstung für Ihr Pferd benötigen Sie ein gut sitzendes Stallhalfter oder (besser) einen Kappzaum.

Vorhandwendung: Das Pferd bewegt nur die Hinterhand und tritt um das linke Vorderbein herum. Das linke Hinterbein tritt unter den Schwerpunkt.

KONTROLLE DER HINTERHAND DURCH VORHANDWENDUNG

Das Pferd soll dabei nur die Hinterhand bewegen. Die Vorhand bildet die Achse, um die das Pferd die Hinterbeine gleichmäßig im Kreis setzt. Beginnen Sie auf der linken Hand. Stellen Sie sich frontal zur Pferdeschulter. Halten Sie mit der linken Hand den Führstrick nah am Pferdekopf. Die rechte Hand zeigt zur Hinterhand des Pferdes. Biegen Sie es leicht zu sich und «treiben» Sie die Hinterhand mit der rechten Hand von sich weg. Wenn nötig, helfen Sie mit dem Ende des Führstricks nach. Das linke Vorderbein sollte nahezu auf der Stelle treten. Das linke Hinterbein sollte zuerst untersetzen.

KONTROLLE DER SCHULTER DURCH HINTERHANDWENDUNG

Das Pferd soll nur den Schulterbereich, also die Vorhand, bewegen. Die Hinterbeine bilden die Achse, um die das Pferd seine Vorderbeine gleichmäßig im Kreis setzt. Beginnen wir wieder auf der linken Hand. Stellen Sie sich frontal zur Pferdeschulter. Halten Sie mit der linken Hand den Führstrick nah am Kopf. Die rechte Hand zeigt zur Pferdeschulter. Machen Sie einen Schritt auf die Schulter zu und treiben sie das Pferd so nach rechts. Helfen Sie ihm, indem Sie seinen Kopf leicht nach rechts orientieren. Das rechte Hinterbein bildet die Achse, um die das Pferd sich bewegt. Es soll zuerst das linke Vorderbein vor das rechte setzen.

Diese Lektion ist in verschiedenen Situationen hilfreich. Sollten Sie beispielsweise einmal zwischen dem Pferd und einer Wand eingeklemmt sein, können Sie es leicht von sich wegschicken. Ebenso, wenn es sehr an Ihnen klebt und droht, Ihnen auf die Füße zu treten.

Hinterhandwendung: Das Pferd bewegt seine Schultern um das rechte Hinterbein. Zuerst führt es das linke Vorderbein vor das rechte.

SEITWÄRTSRICHTEN

Sobald Sie und Ihr Pferd die Vor- und Hinterhandwendung beherrschen, können Sie mit dem Seitwärtsrichten beginnen. Auch hier geht es zuerst nach links. Halten Sie den Führstrick in der rechten Hand nah am Pferdekopf. Die linke Hand zeigt zur Hinterhand. Machen Sie einen Schritt auf das Pferd zu und treiben Sie so seinen gesamten Körper seitwärts. Das Pferd kreuzt sowohl mit den Vorder- als auch mit den Hinterbeinen: Linkes Vorder- und Hinterbein kreuzen vor dem rechten Vorder- und Hinterbein.

Üben Sie zunächst entlang einer Bande, einem Zaun oder einer Hindernisstange. So versteht das Pferd leichter, in welche Richtung es sich bewegen soll. Verringern Sie den Druck, sobald das Pferd die Lektion ausführt.

Tritt es rückwärts, unterbrechen Sie die Übung und stellen Sie es erneut in die richtige Ausgangsposition. Beginnen Sie von vorn und verdeutlichen Sie Ihre Anfrage. Weigert das Pferd sich weiterhin, gehen Sie zu den vorherigen Lektionen zurück. Vielleicht hat es die Vor- und Hinterhandwendung noch nicht richtig verstanden. Das Pferd kann auch einmal mental blockieren. In diesem Fall gehen Sie zu einer bekannten Übung zurück. Bleiben Sie ruhig und geben Sie eindeutige Befehle.

PROBLEME UND LÖSUNGEN

Das Pferd wird während der Übung nervös: Möglicherweise hat es die Aufgabe oder Ihre Befehle nicht verstanden und ist dadurch beunruhigt. Bleiben Sie gelassen und beginnen Sie die Übung von neuem. Geben Sie klare Befehle. Sobald das Pferd einen richtigen Schritt macht, hören Sie sofort auf und loben Sie es. Ein einziger Schritt ist der Anfang einer gelungenen Lektion!

Das Pferd reagiert kaum oder ist widersetzlich: Verstärken Sie Ihre Anfrage, damit es in dieser unbequemen Situation nachgibt. Bleiben Sie stetig mit Hand, Führstrick und eventuell einer Gerte am Pferd. Sobald das Pferd eine Bewegung andeutet, hören Sie sofort auf und loben Sie es. So löst sich die Situation für das Pferd positiv, und es wird sich beim nächsten Mal daran erinnern. Seine Bereitschaft zur Mitarbeit wächst. Bemühen Sie sich, jeden richtigen Ansatz vom Pferd möglichst sofort zu loben!

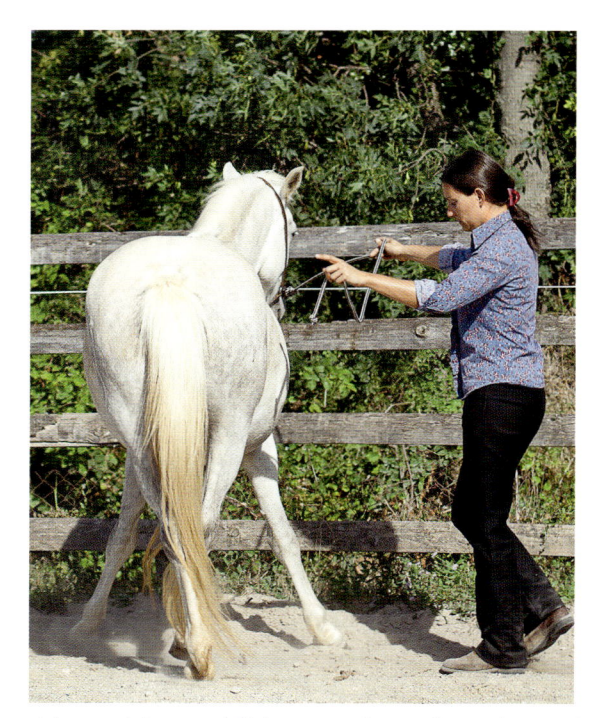

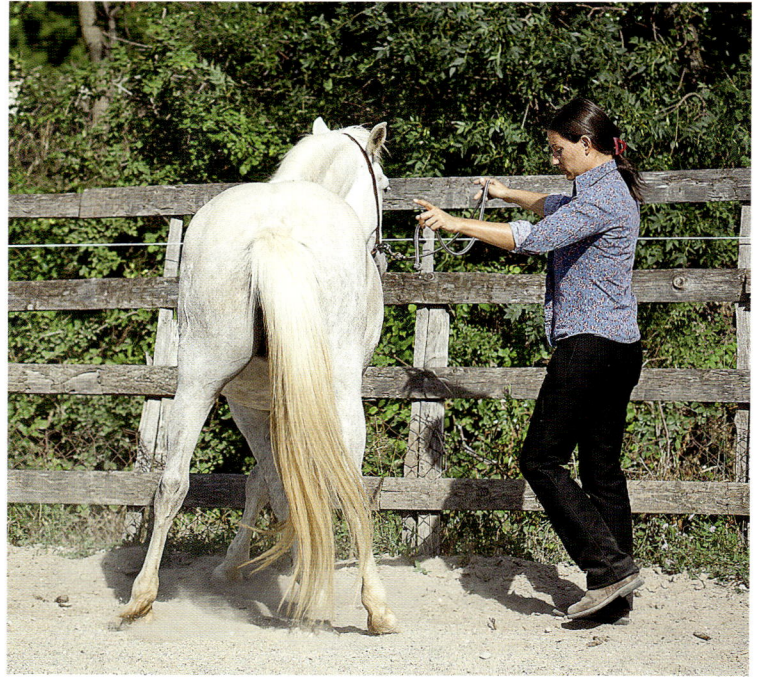

Seitwärtsrichten nach links: Das rechte Vorder- und Hinterbein kreuzen vor dem linken Beinpaar.

RÜCKWÄRTSTRETEN

Mit dieser Übung lernen Sie, Ihr Pferd vom Boden aus besser zu kontrollieren. Gleichzeitig können Sie damit Ihr Pferd auf Distanz halten, wenn es zu aufdringlich wird. Das Rückwärtstreten ist auch für das Aussteigen aus dem Transporter wichtig. Sie sollten es Ihrem Pferd unbedingt vor der ersten Fahrt beibringen. Und schließlich bereiten Sie es so sanft auf das Rückwärtsrichten unter dem Reiter vor.

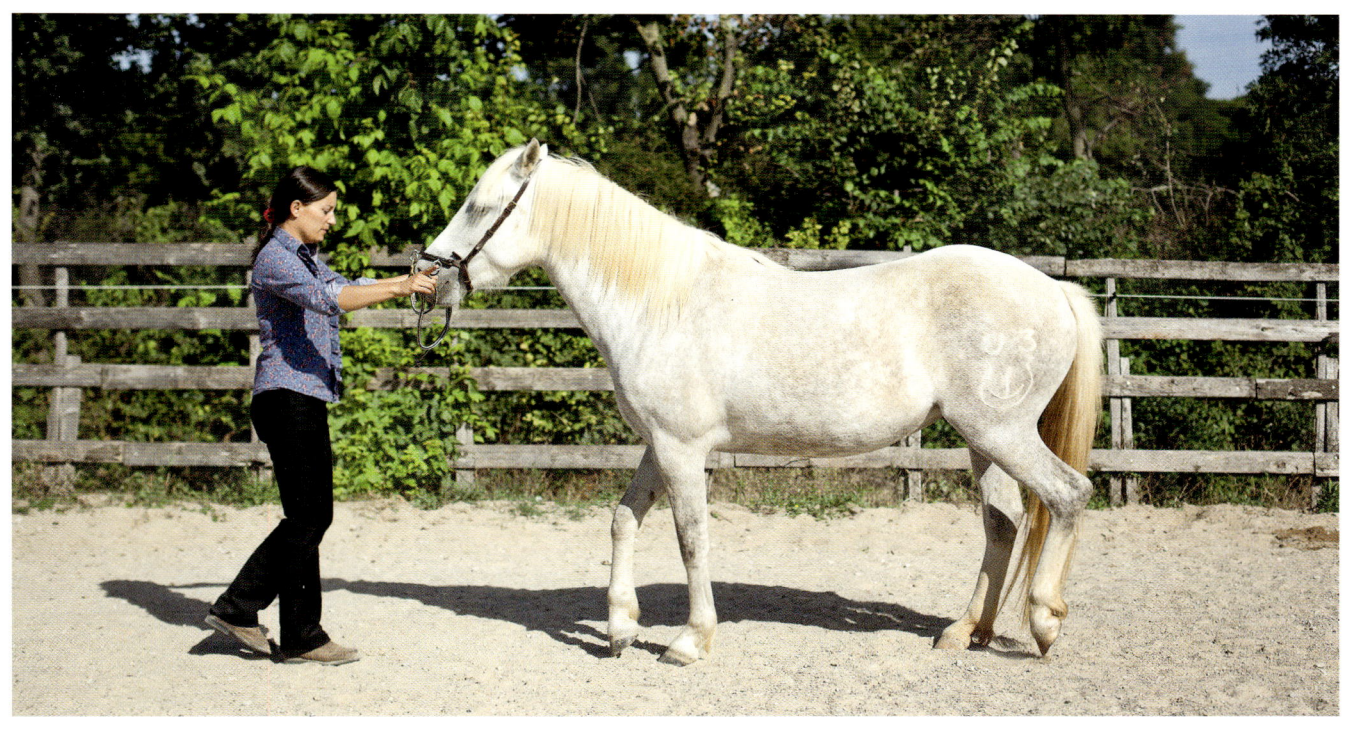

Dieses junge Pferd tritt zuerst mit dem rechten diagonalen Beinpaar zurück.

Stellen Sie sich leicht seitlich vor Ihr Pferd. Geben Sie einen Sprachbefehl, z.B. «Zurück», schauen Sie Ihr Pferd direkt an, richten Sie sich auf und deuten Sie einen Schritt in seine Richtung an. Macht es keine Anzeichen, zurückzuweichen, nehmen Sie das Ende des Führstricks in die rechte Hand und schlenkern Sie ihn gegen die Pferdebrust, bis das Pferd nachgibt. Halten Sie mit Ihrer linken Hand den Führstrick nah am Kopf fest, sodass der Kopf möglichst gerade bleibt und das Pferd auch gerade rückwärts tritt.

Bricht das Pferd mit der Hinterhand nach rechts aus, drehen Sie seinen Kopf ebenfalls leicht nach rechts und umgekehrt. Reagiert es nicht auf Ihre Hilfen, gehen Sie genauso wie bei den ersten Lektionen vor: Verstärken Sie den Druck und geben Sie im richtigen Augenblick nach.

Geben Sie immer kurze und eindeutige Befehle. Drücken Sie nie konstant gegen das Pferd, um es in eine Richtung zu dirigieren. Geben Sie vielmehr kurze Impulse und wiederholen Sie die Aufforderung wenn nötig. Das gilt auch für das Handling des Führstricks! Ziehen Sie nie konstant daran, sondern zupfen Sie auffordernd. Geben Sie Ihre Befehle überzeugend und nicht mit zu viel Druck. Vergessen Sie nicht das Nachgeben, sobald das Pferd eine richtige Reaktion zeigt.

LONGIEREN

Beim Longieren lässt man das Pferd an einer langen Leine in allen drei Gangarten um sich herum auf einem großen Kreis laufen. Man kann das Pferd aber auch ohne Longe freilaufend in einem Longierzirkel trainieren.

WARUM LONGIEREN?

▶ Das Longieren eignet sich auch für noch nicht angerittene Pferde. Sie lernen dabei, auf Sprachbefehl die Gangart zu wechseln und anzuhalten. Gleichzeitig kann man das junge Pferd an der Longe noch vor dem eigentlichen Anreiten an Sattel und Zaumzeug gewöhnen. Die Longenarbeit wird für alle Jungpferde in der Ausbildung empfohlen.

▶ Aber auch für erwachsene Pferde ist die Longenarbeit eine sinnvolle Abwechslung zum Reiten. An der Longe können Grundlagen wiederholt oder negative Verhaltensweisen abgewöhnt werden. Pferde, die nicht geritten werden können (z.B. wegen Verletzung, schlechtem Wetter, Verletzung des Reiters usw.), bleiben durch die Longenarbeit im Training.

▶ Übermütige Pferde können durch Longieren überschüssige Energien abbauen. Das Pferd sollte sich dabei aber nie verausgaben und müde werden, es reichen meist einige Minuten. Schwierigkeiten lösen sich nicht durch «stundenlanges» Ablongieren, im Gegenteil. Das Pferd bekommt hierdurch nur immer mehr Kondition und wird möglicherweise noch widersetzlicher. Wenn das Pferd unter dem Reiter nicht versteht, was dieser von ihm möchte, wird es das auch nicht durch langes oder schnelles Longieren verstehen!

▶ Hilfszügel unterstützen ein gezieltes Longentraining, mehr aber auch nicht.

▶ Die Longenarbeit ist auch für den Reiter sinnvoll. An der Longe können vor allem Anfänger Ängste abbauen und sich ganz auf ihren Sitz konzentrieren; sie müssen sich weder um die Richtung noch um die Geschwindigkeit kümmern.

▶ Auch Fortgeschrittene profitieren durch Sitzschulung an der Longe. Am besten eignet sich dafür ein gut ausgebildetes, ruhiges Pferd mit angenehmen Gängen. Für die Sitzschulung können Sie einen Sattel oder eine Satteldecke mit Voltigiergurt benutzen. Zügel sind nicht notwendig.

▶ Üben Sie auch im Freilauf Richtungswechsel, mal zu Ihnen hin und mal von Ihnen weg. Die freie Arbeit im Longierzirkel stärkt die Pferd-Mensch-Beziehung.

WO LONGIEREN?

Am besten eignet sich ein Longierzirkel mit einem Durchmesser von fünfzehn bis zwanzig Metern. Auf dem Zirkel ist das Pferd von außen begrenzt und kann nicht weglaufen. Es lässt sich einfacher vorantreiben, da es keine Ecken gibt. Wenn Sie keinen Longierzirkel haben, können Sie auch einen Reitplatz benutzen. Wählen Sie zum Longieren eine Ecke, so ist das Pferd dort wenigstens von zwei Seiten begrenzt. Plastikhütchen oder Hindernisstangen eignen sich zur Konstruktion eines provisorischen Longierzirkels. Wählen Sie aber auf keinen Fall Gegenstände, die das Pferd ängstigen oder es sogar in Gefahr bringen könnten.

Das ausgebundene Pferd kann sich im langsamen, aber aktiven Trab leicht nach unten strecken.

WIE LONGIERT MAN?

Welche Ausrüstung ist notwendig?

▶ Die Longe selbst sollte mindestens sieben Meter lang sein. Sie ist meistens flach oder rund und aus Nylon oder Baumwolle.

▶ Zum Longieren sollten Sie einen Kappzaum benutzen, über ein Stallhalfter haben Sie zu wenig Einwirkungsmöglichkeit.

▶ Eine Peitsche ist sinnvoll, um Ihre Hilfen zu unterstützen.

▶ Handschuhe schützen vor Verbrennungen, falls das Pferd an der Longe zieht.

Befestigen Sie die Longe niemals am Gebiss, das würde das Pferdemaul schnell abstumpfen lassen. Haken Sie die Longe am Kappzaum ein, und zwar am mittleren Nasenring. So können Sie öfter die Hand wechseln, ohne jedes Mal die Longe neu einzuhaken.

Wickeln Sie die Longe flach in einer Hand auf.

Um sich richtig zum Pferd zu positionieren, sollten Sie folgende Abschnitte des Pferdekörpers kennen:

1. Die Vorhand: Sie schließt den Kopf, den Hals, die Schultern und die Vorderbeine ein.

2. Der Rumpf: Er reicht von der Sattelgurtlage bis zu den Flanken.

3. Die Hinterhand: Sie umfasst Kruppe und Hinterbeine.

Zum Longieren auf der linken Hand positionieren Sie sich links vom Pferd. Halten Sie einen Sicherheitsabstand von mindestens drei Metern zum Pferd. Greifen Sie die Longe mit der linken Hand und halten Sie den Rest der Longe aufgewickelt in der rechten Hand. Auch die Peitsche halten Sie in dieser Hand. Treiben Sie das Pferd vorwärts, indem Sie sich leicht nach rechts bewegen, also in Richtung Hinterhand. Strecken Sie die rechte Hand leicht vor und zeigen Sie dem Pferd dadurch die Richtung. Geben Sie den Stimmbefehl «Schritt» oder schnalzen Sie mit der Zunge. Die linke Hand bewegt sich nicht.

    Der Ausbilder bildet stets ein Dreieck mit dem Pferd. Diese Grundkonstellation sollten Sie immer im Kopf haben. Sobald das Pferd aktiv vorwärtsgeht, positionieren Sie sich zum Rumpf, dieser Abschnitt ist neutraler. Jetzt passen Sie die Länge der Longe dem gewünschten Radius an. Die Longe darf nicht über den Boden schleifen; Sie sollten aber auch nicht daran ziehen müssen.

BODENARBEIT

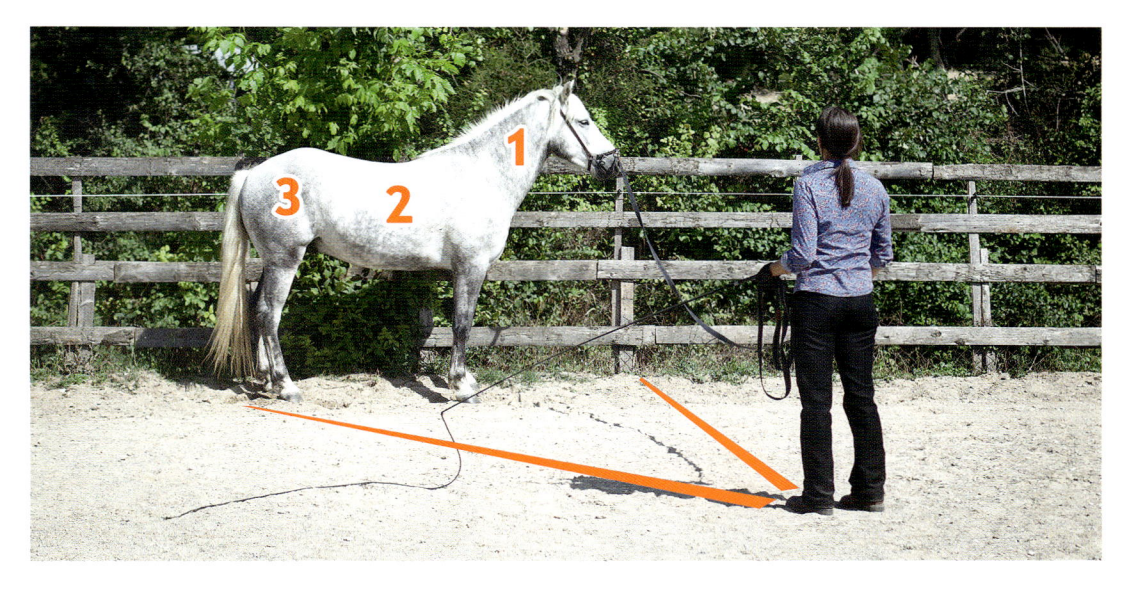

Die drei Abschnitte des Pferdekörpers. Wenn Sie sich zur Vorhand positionieren, wirken Sie bremsend.

Neutrale Position in Höhe des Rumpfes (Abschnitt zwei).

Indem Sie sich etwa auf Höhe der Hinterhand (Abschnitt drei) positionieren, treiben Sie das Pferd vorwärts.

61

Ihre Körpersprache ist beim Longieren sehr wichtig. Ist das Pferd eher faul, müssen Sie in Ihrer Haltung aktiv und energisch sein. Dadurch zeigen Sie Ihren Willen und motivieren das Pferd. Ist das Pferd eher eilig und sensibel, müssen Sie seine Energien kanalisieren, ihm Sicherheit bieten und es mit der Stimme beruhigen. Ihre Hilfen sollten eindeutig und verständlich sein und sollten das Pferd niemals verängstigen.

HILFSMITTEL PEITSCHE

Die Longierpeitsche ist die Verlängerung Ihres Arms und keine Waffe, mit der Sie Ihr Pferd bedrohen! Treiben Sie ein faules Pferd mit langsam zunehmendem Druck an. Schwingen Sie die Peitsche in Richtung Hinterhand. Wenn das Pferd nicht reagiert, dürfen Sie mit einem vorsichtigen Schwung die Hinterhand berühren, das ist «unbequem» für das Pferd. Es wird schnell begreifen, dass eine Nichtreaktion auf einen auffordernden Schwung die Berührung mit der Peitsche nach sich zieht. Sobald das Pferd positiv auf die Anfrage reagiert, muss der Ausbilder sofort jede Bewegung mit dem Arm oder der Peitsche einstellen. Das ist für das Pferd eine Belohnung, es hat dann seine «Komfortzone». Läuft das Pferd hingegen zu schnell, nehmen Sie die Peitsche hinter sich und bewegen Sie sie nicht (oder legen Sie sie ganz weg).

GANGARTEN

Wenn Ihr Pferd ruhig seine Runden im Schritt zieht, können Sie mit dem Trab beginnen. Geben Sie wieder einen Stimmbefehl, z.B. «Terab» oder schnalzen Sie mit der Zunge. Achten Sie darauf, dass das Pferd fleißig, aber nicht eilig läuft. Bauen Sie Übergänge vom Schritt in den Trab und vom Trab in den Schritt ein. So bekommt das Pferd Vertrauen, es bleibt entspannt und konzentriert. Junge Pferde und unerfahrene Ausbilder sollten während der ersten Longeneinheiten auf den Galopp verzichten. Überhaupt sollte an der Longe nur wenig galoppiert werden. Ein paar Runden auf jeder Hand reichen. Üben Sie auch hier die Übergänge zum Trab. Das erleichtert später die Verständigung vom Pferderücken aus.

ANHALTEN

Um das Pferd an der Longe anzuhalten, gibt es zwei Möglichkeiten. Entweder holen Sie das Pferd an der Longe zu sich in den Kreismittelpunkt, oder aber Sie bleiben stehen und geben nur den Sprachbefehl «Steh!» oder «Halt!». Wählen Sie die Möglichkeit, die am besten dem Charakter und der Sensibilität des Pferdes oder aber Ihren Fähigkeiten entspricht. Ideal wäre, wenn das Pferd beide Methoden kennt.

Ich bestrafe niemals ein Pferd, wenn es nach guter Arbeit auf meinen Befehl hin stehen bleibt und langsam zu mir kommt. Es beweist damit seine Aufmerksamkeit und seine Konzentration. Allerdings kann ein dominantes Pferd sich ähnlich verhalten. Es wird aber nicht ruhig und respektvoll, sondern ungestüm und fordernd auf uns zukommen. Treten Sie ihm deutlich mit erhobenem Arm und notfalls einem stampfenden Schritt entgegen, damit es stehen bleibt. Mit der Zeit werden Sie den Unterschied erkennen. Wichtig ist auch, das Pferd nicht unbewusst mit Ihrer Körpersprache zu beunruhigen. Richten Sie sich auf und bleiben Sie gerade stehen. Ihre Haltung soll Ruhe ausstrahlen und Ihren Befehl unterstreichen. Hält das Pferd nicht sofort an, positionieren Sie sich in Richtung Vorhand (Abschnitt 1) und drehen Sie Ihre Schulter gegen die Bewegungsrichtung des Pferdes. Damit blockieren Sie ihm den Weg. Zupfen Sie gleichzeitig an der Longe, um die Aufmerksamkeit des Pferdes auf sich zu richten. Das ist «unbequem» für das Pferd. Beginnen Sie erneut und üben Sie so lange, bis das Pferd prompt anhält und ruhig stehen bleibt. Geben Sie dann die Longe hin und atmen Sie tief durch! Das ist wieder die Belohnung und der Komfortbereich für das Pferd.

RICHTUNGSWECHSEL

Richtungswechsel ohne Anhalten, beispielsweise von der linken auf die rechte Hand: Wechseln Sie Longe und Peitsche in die andere Hand. Die Longe liegt jetzt in der rechten Hand, die Peitsche halten Sie in der linken. Versperren Sie dem Pferd den Weg, indem Sie sich Richtung Vorhand bewegen. Halten Sie dabei die Peitsche vor das Pferd. Zeigen Sie ihm mit der Longe die neue Richtung, nach rechts. Mit diesen halben Wendungen gymnastizieren Sie das Pferd und lenken seine Aufmerksamkeit auf sich.

BODENARBEIT

Richtungswechsel von links nach rechts: Die Peitsche ist jetzt in der linken Hand, die Longe in der rechten. Sie versperren der Vorhand des Pferdes den Weg.

Das Pferd wechselt die Richtung und geht auf die rechte Hand.

63

PROBLEME UND LÖSUNGEN

Das Pferd zieht an der Longe und versucht nach außen auszubrechen: Wenn Ihr Pferd lange angebunden war oder in der Box stand, sollten Sie es sich immer zuerst austoben lassen. Erst dann können Sie mit der eigentlichen Arbeit beginnen. Lassen Sie das Pferd zunächst im Schritt auf einem drei Meter großen Zirkel gehen und stellen Sie es leicht nach innen. Zupfen Sie immer wieder an der Longe, sodass der Kopf leicht nach innen zeigt. Treiben Sie das Pferd von hinten (Abschnitt 3), bis die Hinterhand leicht ausbricht. Achten Sie darauf, die Dreiecksposition beizubehalten. Machen Sie dem Pferd nicht zu viel Druck, sonst bekommt es Angst und wird schneller. Vergrößern Sie dann Stück für Stück den Zirkel, indem Sie die Longe nachgeben. Damit loben Sie das Pferd. Wenn nötig, verkleinern Sie erneut den Zirkel. Das Pferd wird schnell verstehen, dass es angenehmer ist, entspannt und leicht gestellt auf einem großen Zirkel zu gehen.

Denken Sie daran, das Pferd gleichmäßig auf beiden Händen zu longieren.

Das Pferd drängt nach innen: Auf einer Hand verkleinert das Pferd stets den Zirkel, und auf der anderen Hand zieht es nach außen. Ihr Pferd ist vielleicht von anderen Pferden abgelenkt oder möchte zum Ausgang des Reitplatzes oder Longierzirkels. Ihr Pferd muss lernen, konzentriert zu bleiben. Sobald es den Zirkel verkleinert, bewegen Sie Ihre Hand oder die Peitsche in Richtung Schulter von oben nach unten und treiben es so nach vorne und außen. Oder machen Sie Wellenbewegungen mit der Longe von oben nach unten. Strebt das Pferd nach außen, müssen Sie Ansätze dazu rechtzeitig erkennen und vermehrt an der Hinterhand treiben, damit das Pferd «auf der Spur bleibt».

Das Pferd dreht sich zu Ihnen hin und will nicht mehr auf den Zirkel zurück: Entweder ist Ihr Pferd noch nicht ausreichend an die Longenarbeit gewöhnt, oder es testet Sie, weil Sie nicht in der richtigen Position stehen und nicht ausreichend Energie ausstrahlen, um es von sich wegzutreiben. Kehren Sie immer in die Dreiecksposition zurück und aktivieren Sie die Hinterhand, geben Sie ihm mehr Schwung. Die Hand, mit der Sie die Longe halten, muss dem Pferd die gewünschte Richtung anzeigen.

Sie können Ihr Pferd auch frei im Longierzirkel laufen lassen. Ohne Longe können Sie Ihre Position zum Pferd noch besser üben und müssen sich mehr konzentrieren.

DOPPELLONGE

An der Doppellonge können Sie Lektionen üben, die Sie später vom Pferderücken aus abfragen. Oder Sie verfeinern an der Doppellonge Lektionen, die unter dem Sattel noch nicht so recht klappen.

Der rechte Zügel führt hinter dem Pferd her. Der linke Zügel wird direkt am Kappzaum befestigt.

WARUM EINE DOPPELLONGE?

Dieses Hilfsmittel ist ideal, um dem Pferd eine neue Übung zu zeigen. Vom Boden aus können Sie es mit zwei langen Zügeln kanalisieren und dabei seine Bewegungen beobachten und seine Stellung korrigieren. Das ist besonders für steife, unbewegliche Pferde vorteilhaft.

WIE UND WO KANN MAN AM BESTEN MIT DOPPELLONGEN ARBEITEN?

Am Anfang müssen Sie Ihr Pferd langsam mit den langen Zügeln vertraut machen, die es an Bauch, Flanken und Beinen berühren. Am besten beginnen Sie auf einem umzäunten Platz, etwa dem Longierzirkel oder einem Reitplatz. Lassen Sie das Pferd zunächst an der normalen Longe einige Runden gehen. Anschließend schnallen Sie die Doppellonge ein. Soll es auf der linken Hand laufen, befestigen Sie den linken Zügel direkt am Kappzaum; der rechte Zügel läuft auf Höhe der Sprunggelenke um die Hinterbeinen des Pferdes herum und weiter durch den Ring des Übergurts bis zum rechten Kappzaumring. Erschrickt das Pferd durch die ungewohnte Berührung, kontrollieren Sie es mit dem linken Zügel. Dieser wirkt wie eine normale Longe. Gewöhnen Sie Ihr Pferd nach und nach an den Kontakt des langen Zügels, indem Sie es auf einem kleinen Kreis gehen lassen.

Wiederholen Sie den Vorgang auf der anderen Hand.

Welche Ausrüstung ist notwendig?

▶ Sie können zwei normale, mindestens sieben Meter lange Longen benutzen. Besser sind aber spezielle Doppellongen.

▶ Die Zügel werden durch die Ringe eines Longiergurtes geführt und am Kappzaum eingehakt. Wenn Sie Ihr Pferd schon mit einem Gebiss arbeiten, können Sie auch eine Wassertrense unter den Kappzaum ziehen.

Der linke Zügel wird durch den Ring des Übergurts geführt und dann am Kappzaum befestigt.

Handwechsel von links nach rechts: der rechte Zügel gibt nach, der linke Zügel wird aufgenommen. Das junge Pferd trägt ein gut sitzendes Stallhalfter.

Sobald das Pferd sich an die Doppellonge gewöhnt hat, kann man mit der eigentlichen Arbeit beginnen. Führen Sie jetzt beide Zügel durch die Ringe des Übergurts.

Zum Aufwärmen lassen Sie das Pferd auf einem Zirkel gehen, so als würden Sie es longieren. Machen Sie einige Handwechsel. Dies geht folgendermaßen:

▶ Ist das Pferd auf der linken Hand, bewegen Sie sich langsam nach rechts und hinter das Pferd (halten Sie einen ausreichenden Sicherheitsabstand ein!). Nehmen Sie den rechten Zügel an und stellen Sie das Pferd nach rechts. Gleichzeitig geben Sie den linken Zügel nach. Sobald das Pferd auf die rechte Hand wechselt, nehmen Sie den rechten Zügel an. In der Regel braucht es ein bisschen Übung, bis man es schafft, die Zügel dabei nicht zu verknoten.

▶ Sobald Sie die Richtungswechsel beherrschen und das Pferd ohne Widerstand reagiert, können Sie Achten oder Schlangenlinien üben. Sie können Ihrem Pferd beibringen, an der Doppellonge über Stangen zu gehen oder sogar kleine Hindernisse zu überspringen.

BODENARBEIT

PRÄSENTATION AN DER HAND

Bei Zuchtschauen oder einem Tierarztbesuch kann es vorkommen, dass Sie ein Pferd an der Hand präsentieren müssen. Es ist ratsam, das Pferd vorher daran zu gewöhnen, damit Sie es jederzeit kontrollieren können. Wenn Sie stehen bleiben, soll das Pferd geduldig bei Ihnen bleiben.

Bei einer Zuchtschau wird das Pferd mit der mähnenlosen Seite präsentiert. Das zum Richter zeigende Beinpaar ist leicht geöffnet und lässt den Blick auf das linke Beinpaar frei.

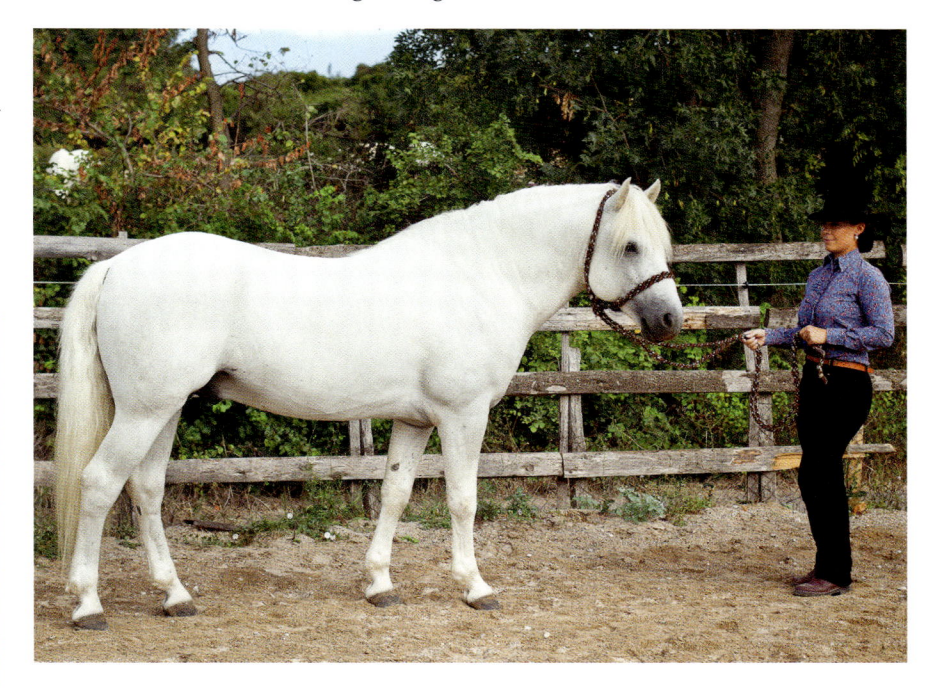

▶ **Vorbereitung:** Für die Vorstellung an der Hand auf einer Camargue-Pferde-Zuchtschau sollte das Pferd gründlich geputzt oder gewaschen werden. Kämmen Sie Mähne und Schweif, aber flechten Sie sie nicht ein. Mähne und Schweif dürfen nicht mit der Schere geschnitten sein. Die Hufe sollten ausgeschnitten und rund gefeilt oder beschlagen sein und dürfen gefettet werden. Das Pferd soll in seiner Gesamtheit gepflegt und dabei «natürlich» wirken. Denken Sie an den Equidenpass!

▶ Beachten Sie auch Ihre eigene Kleidung und die Ihres Helfers. Sie sollte stets sauber sein und die Tradition respektieren: Tragen Sie ein Hemd, eine Hose (oder Hosenrock für Frauen), geschlossenes Schuhwerk und eine typische Kopfbedeckung (Hut, Schirmmütze, Bérêt …).

Das Pferd soll lernen, gerade, schwungvoll und ruhig neben Ihnen zu gehen und zu traben. Hilfe von außen ist erlaubt. So kann jemand mit einer Gerte hinter dem Pferd hergehen und es (vorsichtig!) treiben. Diese Person muss auf derselben Seite wie Sie gehen.

Die Präsentation auf Zuchtschauen erfolgt meistens auf einer geraden Linie innerhalb eines Dreiecks. Das Pferd wird je nach Wunsch der Richter auf diesen Linien hin und zurück im Schritt und Trab vorgestellt.

Das Exterieur des Pferdes wird im Stand aus ungefähr zehn Metern Abstand begutachtet. Positionieren Sie sich etwas vor dem Pferd und halten Sie es ruhig am lockeren Führstrick.

Das Pferd sollte geduldig und möglichst bewegungslos auf die nächste Aufforderung warten. Wenn es vorwärtsgehen will, schlenkern Sie leicht mit dem Führstrick in seine Richtung und halten Sie es so auf Abstand.

Wenn es mit der Hinterhand ausbrechen möchte, schwingen Sie das Ende des Führstricks in Richtung der betreffenden Hinterhand, damit es wieder gerade steht.

Das laterale Beinpaar zu den Richtern hin sollte leicht ausgewinkelt stehen. Das Pferd wird der Jury immer mit der mähnenlosen Seite vorgestellt.

Benutzen Sie zur Präsentation ein Stallhalfter, ein Camargue-Halfter, einen Seden oder einen Kappzaum.

CAMARGUE-REITWEISE

VERLADEN IN EINEN TRANSPORTER ODER HÄNGER

Wie jede andere Übung auch muss das Pferd das Ein- und Aussteigen in einen Transporter erst lernen. Am besten üben Sie das Verladen schon einige Zeit vorher, bevor Sie Ihr Pferd zum ersten Mal transportieren. So werden Sie an dem wichtigen Tag keine unliebsamen Überraschungen erleben. Bereiten Sie Ihr Pferd zuhause folgendermaßen auf seinen ersten «trockenen» Transport vor.

Das gut erzogene Pferd geht brav in den Transporter hinein und hinaus.

Beim Ein- und Ausladen ist man am besten zu zweit. Eine Person führt das Pferd bis zur Rampe oder zum Einstieg. Das Pferd sollte mittig herangeführt und zum Einsteigen aufgefordert werden. Dabei gehen Sie etwas seitlich vor dem Pferd voraus und binden es drinnen an.

Wenn Sie in einen Hänger verladen, sollte eine zweite Person helfen und sofort den Heckriegel oder die Trennwand schließen. Sie können vorne aus der kleinen Tür herauskommen. Bei einem Transporter muss der Helfer die Rampe heben, sobald das Pferd im Transporter ist.

Während des Verladens sollte die zweite Person seitlich hinter dem Pferd bleiben und es leicht vorwärtstreiben – mit ausreichend Abstand! Beim Ausladen steht die Person neben der Rampe und achtet darauf, dass das Pferd gerade hinuntergeht und nicht daneben tritt.

Das Verladen ist eine heikle Sache und kann schnell gefährlich werden. Deshalb sollte der Helfer Erfahrung im Verladen haben. Seine Position hinter dem Pferd kann gefährlich werden, falls das Tier ausschlägt.

Er sollte nicht zu starken Druck ausüben, wenn das Pferd nicht einsteigen will. Schreien, wilde Bewegungen und Schlagen bringen Sie keinen Schritt vorwärts. Das Pferd kann sich nicht auf drei Dinge gleichzeitig konzentrieren: den Hänger/Transporter, Sie und die Person, die hinter ihm agiert! Das Pferd wird nur dann auf die Stimulation von hinten reagieren, wenn es Vertrauen hat.

Bei widerspenstigen Pferden gilt das oberste Gebot: Ruhe bewahren. Sie können einen Futtersack benutzen

BODENARBEIT

und es mit Leckerli locken. Benutzen Sie einen ausreichend langen Führstrick, damit Sie nicht zu nah am Pferd stehen müssen, falls es überraschend in den Hänger / Transporter springt.

Solange das Pferd vor der Rampe stehen bleibt, halten Sie den Strick gespannt. Macht es eine Bewegung nach vorne, z.B. mit dem Kopf oder einem Fuß, müssen Sie sofort nachgeben. Reagieren Sie zu spät, merkt das Pferd nicht, dass seine Aktion richtig war. Ohne Lob wird es beim nächsten Schritt wieder zögern!

Mit Geduld und Lob an der richtigen Stelle wird das Pferd nach und nach verstehen und von selbst einsteigen.

Ängstliche Pferde brauchen meist mehr Zeit. Gönnen Sie ihnen diese zusätzliche Zeit und üben Sie öfter. Bleiben Sie ruhig und loben Sie viel. Lassen Sie das Pferd aussteigen, ohne auch nur einen Meter zu fahren, schließlich geht es hier nur um die Lektion an sich!

Sie können auch zuerst ein anderes Pferd verladen, damit Ihr Pferd diesem folgt. Oder aber Sie parken längs einer Mauer oder am Stalltor, um ihrem Pferd die Aufgabe zu erleichtern.

Alle diese Tipps sollen Ihnen und dem Pferd vorab Sicherheit geben. Meistens herrscht am Tag des Verladens Hektik. Sie regen sich auf, das Pferd wird nervös. Diese Faktoren machen das Verladen zu einer gefährlichen Angelegenheit. Rechtzeitige Erziehung ist deshalb die beste Maßnahme!

Ist das Pferd schließlich an das Verladen gewöhnt, können Sie es auch alleine versuchen. Wenn das Pferd brav einsteigt, binden Sie es im Hänger / Transporter an und steigen Sie wieder aus. Schließen Sie die Rampe / Tür.

Wenn Ihr Pferd zögert oder nicht einsteigen will, benutzen Sie das Ende des Führstricks oder eine Gerte, klopfen Sie ihm damit leicht auf die Schulter und zupfen Sie gleichzeitig am Halfter nach vorne. Sobald das Pferd einen Schritt macht, geben Sie nach und gehen Sie mit Ihrem Pferd nach vorn. Beginnen Sie erneut, und zwar so lange, bis das Pferd ruhig einsteigt.

Wenn Ihr Pferd diese Art Befehl nicht kennt (auf die Schulter klopfen zum Vorwärtstreiben), nehmen Sie sich unabhängig vom Verladen Zeit, ihm diesen Befehl in einer speziellen Trainingseinheit beizubringen.

Bringen Sie Ihrem Pferd das Verladen bei. Gehen Sie mit ihm in den Transporter hinein und wieder hinaus.

Aussteigen rückwärts: Achten Sie darauf, dass das Pferd gerade heruntergeht und sich nicht an der Rampe verletzt.

69

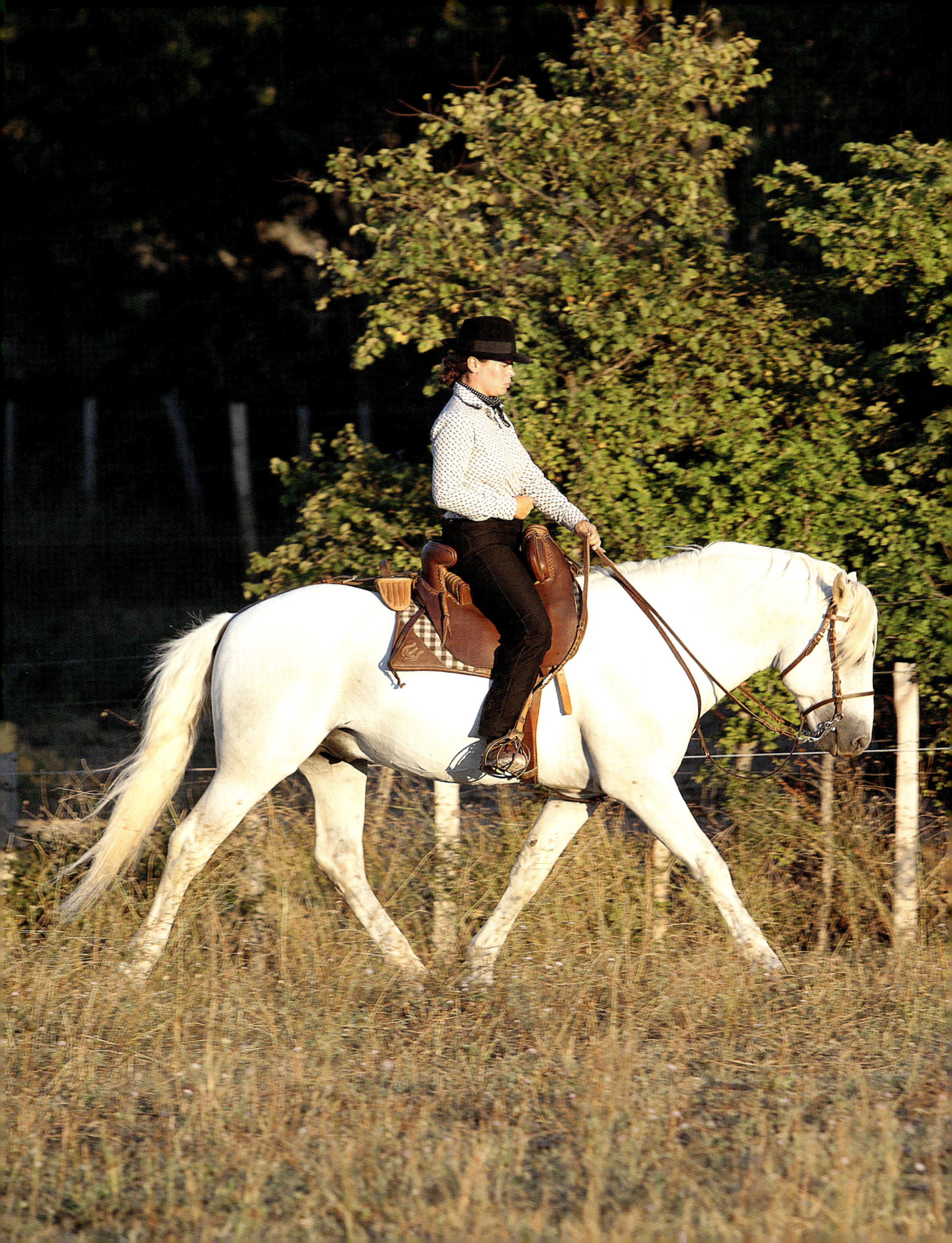

GRUNDLAGEN DES REITENS

Vielleicht haben Sie innerhalb der Camargue-Reitweise eine Vorliebe für eine bestimmte Disziplin, doch sie alle stützen sich auf eine gemeinsame Basis, auf grundlegende Kenntnisse und Fähigkeiten. Diese werden Ihnen in der Rinderarbeit ebenso nützlich sein wie bei einem Turnier oder einem Ausritt. Auch in der Arbeitsreitweise spielen der Sitz und eine genaue Hilfengebung eine entscheidende Rolle. Beides verfeinert die Kommunikation mit Ihrem Pferd. Das Verständnis der einzelnen Phasen der Bewegungsabläufe ist dabei sehr wichtig. Dieses wird Ihnen helfen, mit fortschreitender Ausbildung die Bewegungen Ihres Pferdes zu beurteilen und zu fördern.

ANGST VOR DEM REITEN

Angstgefühle im Umgang mit dem Pferd oder beim Reiten kennt wahrscheinlich jeder «Pferdemensch». Vor allem Anfänger werden beim ersten Kontakt mit diesem beeindruckenden Tier Respekt oder sogar Angst empfinden. Die Umgebung und die Gegebenheiten spielen hier eine wichtige Rolle. Ein geduldiger, kompetenter Reitlehrer und die sichere Reitbahn oder eine Gruppe erfahrener Reiter können solche Ängste mildern. Durch guten Reitunterricht lernt der Schüler das Pferd kennen und verbessert seinen Sitz und sein Gleichgewicht. Gleichzeitig wird auch das Pferd geschult und effizient trainiert. Auch erfahrene Reiter, die eine schlechte Erfahrung gemacht haben oder sogar gestürzt sind, profitieren von kompetenter Unterstützung und können dank der hier erläuterten Grundlagen neues Vertrauen schöpfen.

Reiten ist vor allem ein Vergnügen. Von Mal zu Mal wächst die Verbundenheit zu Ihrem Pferd.

Sicheres Reiten beginnt nicht erst im Sattel, sondern schließt den gesamten Umgang mit dem Pferd mit ein. Das Pferd muss Vertrauen zum Reiter gewinnen und gleichzeitig Respekt vor ihm haben. Nur dann wird es sich beispielsweise ruhig aufhalftern und führen lassen und brav am Putzplatz stehen bleiben. Auch Bodenarbeit und Longieren gehören dazu. Der Reiter sollte sein Pferd in allen Situationen sicher handeln können.

Ein so großes Tier mit feinen Signalen zu dirigieren, bedarf viel Übung und Erfahrung, vor allem wenn man Perfektionist ist und Wert auf Details legt. Doch ist diese Fähigkeit der Schlüssel zu gutem Reiten.

Da das Pferd unvorhersehbare und manchmal sogar heftige Reaktionen zeigen kann, braucht der Anfänger unbedingt ein sicheres und gut ausgebildetes Pferd mit einem sanften Charakter. Schulpferde sollten geduldig bleiben, auch wenn der Reiter Fehler macht. Sie dürfen nicht bei jeder falschen Bewegung panisch reagieren.

Auch der Reiter muss lernen, seine Emotionen zu beherrschen. Selbst das bravste Pferd der Welt wird nervös, wenn sein Reiter wütend ist oder Angst hat.

Um seine Muskulatur zu entspannen, sollte der Reiter tief ein- und ausatmen. Verspannte Muskeln führen dazu, dass der Reiter sich mit Händen und Beinen auf dem Pferderücken «festklammert» – ähnlich einem Raubtier. Das ängstigt das Fluchttier Pferd. Seine Gänge werden steif und hastig, was den Reiter wiederum noch mehr verunsichert. Bemühen Sie sich also um einen entspannten Sitz und vermitteln Sie dem Pferd Ruhe und Sicherheit. Sprechen Sie mit ihm und achten Sie dabei auf einen ruhigen Tonfall. Pferde werden schnell ängstlich, wenn wir zu hektisch reden oder gar schreien!

Kurz, vergessen Sie nie, dass das Pferd ein Fluchttier ist und den Menschen als Raubtier ansieht. Wer hat wohl mehr Angst?

Es gibt auch noch eine andere Form von Angst. Besonders Reitanfänger haben Angst, dem Pferd «weh zu tun». Sicher sollte man immer um das Wohlbefinden des Pferdes besorgt sein. Diese Rücksicht darf aber nicht überhand nehmen und den Lernprozess behindern. Ein gewisses Maß an Autorität ist notwendig, damit das Pferd uns respektiert. Dadurch verletzen wir das Pferd nicht. Verstehen und verinnerlichen Sie den Unterschied zwischen gerechtem, konsequentem Handeln und willkürlichem «Chefgehabe».

Richtiges Verhalten:

▶ Lassen Sie die Beine locker hängen. Sie werden nur eingesetzt, wenn es nötig ist und sind danach gleich wieder entspannt.

▶ Wenn nötig, nehmen Sie die Zügel an, bis ein Kontakt mit dem Maul entsteht und geben Sie dann wieder nach.

▶ Halten Sie den Oberkörper gerade und aufrecht. Lehnen Sie sich lieber leicht nach hinten als nach vorne zu fallen.

▶ Sprechen Sie mit ruhiger Stimme. Ein deutliches «Nein» kann tadeln, werden Sie dabei aber nicht wütend.

Vermeiden Sie beim Reiten Folgendes:

▶ Sich mit den Beinen festklammern

▶ Ständig an den Zügeln ziehen und nie nachgeben

▶ Krumm nach vorne fallen

▶ Laut sprechen oder schreien

AUF- UND ABSTEIGEN

Das Aufsteigen ist eine wichtige Etappe. Ihr Pferd sollte ruhig stehen bleiben, damit Sie sicher aufsteigen können. Lassen Sie sich geschmeidig und sanft in den Sattel gleiten, ohne dem Pferd weh zu tun oder es zu erschrecken. Das gilt auch für das Absteigen.

Die verschiedenen Phasen beim Aufsteigen.

GRUNDLAGEN DES REITENS

AUFSTEIGEN

Bleiben Sie mit dem linken Fuß fest im Steigbügel stehen und setzen Sie sich sanft in den Sattel.

Vor dem Aufsteigen überprüfen Sie noch einmal, ob der Sattel ausreichend fest gegurtet ist und die Steigbügel richtig eingestellt sind. Der Sattel darf beim Aufsteigen nicht zur Seite rutschen.

▶ **Einstellen der Steigbügel:** Ein guter Anhaltspunkt für die richtige Länge der Steigbügel ist Ihre Armlänge. Legen Sie die Fingerspitzen Ihrer Hand flach auf die Schnalle der Riemen, die ganz nach oben geschoben sein sollte. Ziehen Sie den Steigbügel unter Ihre Achsel. Die Länge stimmt meistens bis auf ein Loch Unterschied.

▶ **Nachgurten:** Gehen Sie behutsam mit Ihrem Pferd um und gurten Sie den Sattel nicht gleich von Anfang an ganz fest. Für das Pferd ist das Gurten unangenehm. Reaktionen können Ohren anlegen, rückwärts gehen oder Nervosität sein. Vermeiden Sie diese, indem Sie in drei Etappen nachgurten: Beim Satteln ziehen Sie den Gurt zunächst leicht an; nachdem Sie ein paar Schritte gegangen sind, gurten Sie nach. Vor dem Aufsteigen gurten Sie noch einmal. Meistens muss man nach zehn bis fünfzehn Minuten Arbeit erneut nachgurten.

Sie können Ihr Pferd zum Aufsteigen vor eine «Aufstiegshilfe» stellen (ein großer Stein, eine Mauer, ein Hocker ...) oder direkt vom Boden aus aufsteigen. Für das Pferd und die Haltbarkeit Ihres Sattels ist eine Aufstiegshilfe besser.

Normalerweise führt man das Pferd immer von links und steigt auch von links auf. Der Hintergrund dafür liegt in der Vergangenheit. Früher trugen die Ritter (und später die Soldaten) ihr Schwert oder ihre Waffe links. Daher konnten sie nur von links aufsteigen, sonst wäre ihnen die Waffe im Weg gewesen. Diese Gewohnheit wird bis heute meist beibehalten. Doch gerade in der Freizeitreiterei verändern sich die Dinge. Heutzutage wird öfter gefordert, das Pferd von beiden Seiten zu führen und sowohl von links als auch von rechts aufzusteigen, um die Belastung gleichmäßig zu gestalten. Ein Pferd, das nur das «herkömmliche» Handling kennt, kann allerdings schnell nervös werden, wenn man sich ihm von rechts nähert. Das liegt auch daran, dass die Augen des Pferdes seitlich im Kopf liegen und nicht vorne. Es hat also einen überwiegend monokularen Blickwinkel und sieht Dinge mit dem rechten und linken Auge unterschiedlich. Wenn es immer daran gewöhnt war, von links geführt und gesattelt zu werden, kann ein plötzliches Auftauchen von rechts es erschrecken. Fragen Sie deshalb immer nach, was das Pferd kennt, wenn Sie sich um ein fremdes Tier kümmern.

ABSTEIGEN

Das Aufsteigen im Detail (von links): Stellen Sie sich auf die linke Seite auf Schulterhöhe des Pferdes. Nehmen Sie die Zügel mit leichtem Kontakt zum Pferdemaul in der linken Hand auf (das Pferd soll spüren, dass Sie es kontrollieren). Greifen Sie ruhig zusätzlich einen Mähnenbüschel, Pferde spüren keinen Schmerz an der Mähne. Das Pferd soll konzentriert, ruhig und aufmerksam stehen bleiben. Versichern Sie sich, dass es nicht abgelenkt oder verängstigt ist. Mit der rechten Hand greifen Sie nach dem Hinterzwiesel, und zwar auf Höhe des äußeren Schenkelhalters. Stecken Sie den linken Fuß in den Steigbügel und drehen Sie sich zum Pferd. Federn Sie auf dem anderen Bein, bis Sie sich mit Schwung in den Steigbügel stemmen können. Drehen Sie jetzt den Oberkörper und die Schultern nach vorne und heben Sie das rechte Bein vorsichtig über die Kruppe. Setzen Sie sich sanft in den Sattel (das Pferd spürt Ihr Gewicht im Rücken, es ist empfindlich!). Gleiten Sie jetzt in den rechten Steigbügel.

Zum Absteigen halten Sie die Zügel mit leichtem Kontakt in der linken Hand. Lassen Sie die Hand auf dem Widerrist. Bleiben Sie mit dem linken Fuß im Steigbügel, aber ziehen Sie ihn leicht zurück, sodass Sie nur noch die Zehenspitzen belasten. Dann können Sie ihn leichter herausnehmen, sobald der rechte Fuß den Boden berührt. Legen Sie die rechte Hand auf den Vorderzwiesel. Beugen Sie sich leicht nach vorne und stützen Sie sich auf den linken Steigbügel. Heben Sie sich aus dem Sattel und schwingen Sie das rechte Bein vorsichtig über die Kruppe. Lassen Sie sich langsam auf den Boden gleiten. Nehmen Sie jetzt den linken Fuß aus dem Steigbügel.

PROBLEME UND LÖSUNGEN

Das Pferd steht beim Aufsteigen nicht still: Das Pferd sollte ruhig warten, bis der Reiter im Sattel das Zeichen zum Anreiten gibt. Achten Sie beim Aufsteigen auf sein Verhalten und prüfen Sie, ob das Pferd sein Gewicht gleichmäßig auf alle vier Beine verteilt hat. Bewegt es sich vor oder zurück, fordern Sie es mit der Stimme oder durch leichtes Zupfen an den Zügeln zum Stillstehen auf. Viele Pferde sind beim Aufsteigen mehr oder weniger ungeduldig. Der Reiter bringt sie aus dem Gleichgewicht oder der Sattel verursacht Schmerzen am Widerrist, wenn Sie sich zu stark in den Steigbügel stützen. Versuchen Sie deshalb schnell und leicht aufzusteigen und benutzen Sie am besten eine Aufstiegshilfe.

Ist das Pferd sehr ungeduldig oder bekommt es beim Aufsitzen Angst, dann lassen Sie es ein paar Mal um sich herumgehen, indem Sie seine Hinterhand bewegen. Halten Sie die Zügel dabei in der linken Hand nah am Gebiss und bewegen Sie die rechte Hand in Richtung Flanken, um die Hinterbeine zu mobilisieren. Geben Sie zum Anhalten den Stimmbefehl und senken Sie die rechte Hand. Versuchen Sie dann erneut aufzusteigen. Wiederholen Sie diesen Vorgang mit viel Ruhe, bis das Pferd beim Aufsitzen ruhig stehen bleibt.

Achtung! Sie sollten beim Aufsitzen darauf achten, mit dem rechten Bein nicht die Kruppe zu berühren, das kann das Pferd erschrecken. Um es zu desensibilisieren, können Sie es vorab im Kruppenbereich mit der Hand streicheln.

GRUNDLAGEN DES REITENS

HILFEN UND HILFENGEBUNG

Hilfen sind unsere Kommunikationsmittel in der Verständigung mit dem Pferd. Wir setzen sie vom Boden oder vom Pferderücken aus ein. Ein «ausgebildetes» Pferd hat diese Kommandos und Hilfen gelernt und weiß, wie es darauf reagieren soll. Ein Reitanfänger lernt die Hilfen-«Sprache» am besten auf einem ausgebildeten Pferd. Ein erfahrener Reiter wiederum kann einem jungen Pferd die Hilfen beibringen. Ein altes Sprichwort besagt: «Junges Pferd, alter Reiter. Junger Reiter, altes Pferd!» Das bedeutet, dass nur ein erfahrener und geübter Reiter ein Jungpferd ausbilden kann. Ein Reitanfänger benötigt in den ersten Reitstunden die «Weisheit» eines ausgebildeten Pferdes.

Man unterscheidet zwei Kategorien von Hilfen. Sie können einzeln oder gleichzeitig eingesetzt werden:

«NATÜRLICHE» HILFEN

- ▶ Gewichtshilfen
- ▶ Zügelhilfen
- ▶ Schenkelhilfen
- ▶ Stimme

«KÜNSTLICHE» HILFEN

Sie verstärken oder verfeinern die Wirkung der Schenkelhilfen und werden bei der Bodenarbeit sowie der Rinderarbeit eingesetzt.

- ▶ Sporen
- ▶ Stöckchen
- ▶ Stab
- ▶ Dreizack
- ▶ Peitsche

CAMARGUE-REITWEISE

GRUNDSÄTZE

HILFENGEBUNG
Der Reiter muss bewusst Hilfen einzeln oder kombiniert einsetzen können. Das nennt man die **Unabhängigkeit der Hilfen.**

Eine Hilfe kann **einwirken** (anfragen), **durchhalten** (auf ein Kommando beharren, die Anfrage halten oder verstärken), **nachgeben** (nicht mehr einwirken oder durchhalten, das Pferd nur noch begleiten).

Je nach Reaktion auf eine oder mehrere Hilfen muss der Reiter nachgeben oder durchhalten.

ZUSAMMENSPIEL
DER HILFEN
Der Reiter muss mehrere Hilfen gleichzeitig und präzise koordinieren können, um einen gewünschten Bewegungsablauf des Pferdes zu erzielen.

Das bedeutet, dass Zügel-, Schenkel- und Gewichtshilfen sowie die Stimme nicht widersprüchlich oder für das Pferd unverständlich eingesetzt werden dürfen.

So muss der Reiter beispielsweise mit den Zügeln nachgeben, wenn er eine treibende Schenkelhilfe einsetzt. Oder er muss die Schenkelhilfe einstellen, sobald er mit Stimme, Zügel- und Gewichtshilfen das Pferd durchparieren möchte. Das Gleiche gilt für Richtungswechsel. Der Reiter kann mit dem Schenkel stärker einwirken und dabei gleichzeitig eine sanfte Zügelhilfe geben. Der Schenkeldruck darf die Einwirkung der Hand nicht beeinflussen.

Jeder Mensch ist mit etwas Übung in der Lage, mehrere Bewegungen gleichzeitig mit einem gemeinsamen Ziel auszuführen. Gute Beispiele sind Fahrrad- oder Autofahren.
Beim Reiten verhält es sich genauso. Die Hilfen müssen zusammen- und nicht gegeneinander wirken!

KONTAKT
Das Verständnis zwischen Pferd und Reiter ist eine wichtige Grundlage für eine harmonische Hilfengebung. Der Reiter sollte deshalb als Erstes einen Kontakt zu seinem Pferd herstellen. Dieser Kontakt ist die Grundlage für seine Kommandos und vermittelt ihm die Reaktionen des Pferdes darauf.

▶ **Gewichtshilfen:** Der Sitz des Reiters ist mit das wichtigste Hilfsmittel. Mit einem korrekten, tiefen Sitz wirkt das Reitergewicht optimal auf das Pferd. Gewichtshilfen werden ständig eingesetzt: bei Übergängen, Wendungen, Richtungswechseln, Seitengängen …

▶ **Schenkelhilfen:** Die Bewegungsfreiheit in jedem einzelnen Gelenk (Becken/Oberschenkel, Knie und Knöchel) spielt bei den Schenkelhilfen eine wichtige Rolle. Die Innenseiten von Oberschenkel und Waden sollten

GRUNDLAGEN DES REITENS

DIE «NATÜRLICHEN» HILFEN

in harmonischem Kontakt mit dem Pferdebauch stehen (ohne Druck). Damit der Sitz geschmeidig bleibt und die Hüfte im Takt mitschwingen kann, muss der Reiter seine Beine locker hängen lassen, ohne die Knie an den Sattel zu pressen oder hochzuziehen. Ein leichter Kontakt reicht, um auch bei unvorhergesehenen Bewegungen das Gleichgewicht zu behalten.

▶ **Zügelhilfen:** Der Kontakt zum Pferdemaul sollte sanft und flexibel sein, in keinem Fall darf man permanent an den Zügeln ziehen. Die Zügel hängen stets halb lang oder lang durch und sollten nur bei bestimmten Aktionen bzw. Lektionen verkürzt werden. Alle Armgelenke sind locker und beweglich: Schultern, Ellbogen, Handgelenke und Finger. Der Reiterhand sollte mit Feingefühl agieren.

▶ **Stimme:** Die Stimme ist ebenfalls eine wichtige Hilfe. Sie verstärkt beispielsweise eine Aufforderung oder lobt eine richtige Reaktion. Aber sprechen Sie nicht zu viel (oder zu laut)! Das Pferd kann lange Sätze nicht verstehen und wird dadurch eher falsch reagieren oder sogar abstumpfen.

SITZ

Der Reiter erhält sein Gleichgewicht in allen Situationen über einen stabilen, aufrechten Sitz. Ein guter Sitz ist die Voraussetzung für eine harmonische Hilfengebung. Ein Reiter, der den Bewegungen geschmeidig folgen kann, entlastet zudem den Pferderücken. Voraussetzung dafür ist eine natürliche oder antrainierte Beweglichkeit, vor allem der Bänder und Sehnen, sowie das harmonische Zusammenspiel von Anspannung und Entspannung bestimmter Muskelgruppen. Aber auch das Einfühlungsvermögen des Reiters spielt eine wichtige Rolle. In der Camargue ist der Satz «Der Reiter hat ein intelligentes Gesäß» durchaus ein Kompliment.

Mit fein dosierten Gewichtshilfen leitet der Reiter Übergänge ein. Um der Hinterhand mehr Schub zu verleihen, folgt er verstärkt den Bewegungen des Pferderückens. Achtung: Wenn der Reiter sich zu stark bewegt und übertrieben mit dem Becken schiebt, stört er die Bewegungen des Pferdes. Die Beckenbewegungen sollten dezent bleiben.

Das Reitergewicht befindet sich stets im Einklang mit dem Schwerpunkt des Pferdes. Es unterstützt den Schwung (siehe oben) oder fängt ihn auf und beeinflusst die Qualität der Seitengänge und der Lektionen auf zwei Hufschlägen.

HAND

ZÜGELFÜHRUNG

Fertig ausgebildete Pferde werden ohne Kappzaum nur mit einer Camargue-Kandare geritten. Man hält die Zügel in einer Hand, traditionsgemäß in der linken. Die Zügel sind am Ende zusammengenäht und enden in einem längeren Lederriemen. Mit einem Schieber wird die Zügellänge reguliert. Sie können die Zügel zwischen Daumen und Zeigefinger oder mit der Handinnenfläche nach unten halten, das ist am sanftesten für das

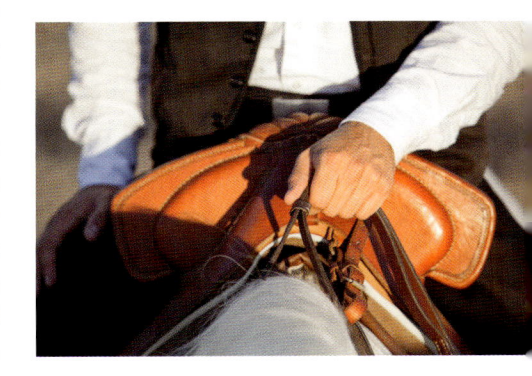

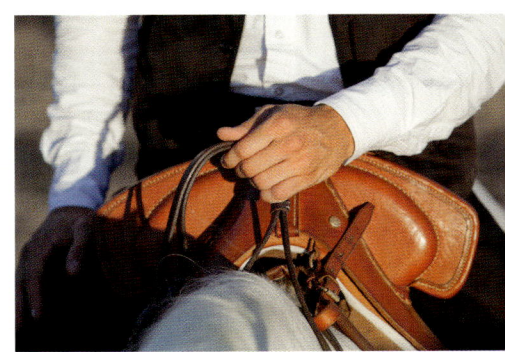

Zwei mögliche Zügelführungen.

CAMARGUE-REITWEISE

Zum Verkürzen oder Verlängern der Zügel benutzen Sie die rechte Hand. Die Zügel gleiten dabei locker durch die linke Hand.

Pferdemaul. Legen Sie maximal einen Finger zwischen die Zügel, wenn Sie so mehr Gespür haben.

Eine weitere Möglichkeit ist, die Zügel zwischen Daumen und Zeigefinger und mit der Handinnenfläche zu halten und sie über den kleinen Finger zu regulieren. Achten Sie bei dieser Zügelführung darauf, die Zügel nicht mit allen Fingern zu halten. Ihre Hand würde dann zu hart einwirken. Denken Sie daran, die Zügel immer sanft zu führen! Sie sollten lernen, fein mit den Fingern zu spielen.

Indem Sie mit der rechten Hand am Zügelende ziehen, können Sie die Zügellänge regulieren (verkürzen oder verlängern). Die rechte Hand kann das Zügelende auch permanent festhalten. Laut Regelwerk ist diese Angewohnheit jedoch bei Turnieren verboten und führt zum sofortigen Ausscheiden.

ZÜGELHILFEN

Der Kontakt zum Pferdemaul sollte sanft und beweglich sein. Das Pferdemaul ist sehr empfindlich, behandeln Sie es mit viel Feingefühl. Die Zügel werden halblang aufgenommen. Alle Armgelenke (also Finger, Handgelenk, Ellenbogen und Schulter) sind locker und beweglich. Die Hand bleibt ruhig und stabil und folgt ohne Rucken den Bewegungen des Pferdemauls.

Man unterscheidet folgende Zügelhilfen:

▶ **Nachgeben:** Beim Nachgeben lockern Sie den Kontakt zum Pferdemaul, meist reicht schon ein Öffnen der Finger oder ein leichtes Vorgehen mit der Hand.

▶ **Durchhalten:** Durchhalten bedeutet nicht Ziehen! Die Hand bleibt lediglich unbeweglich, bis das Pferd nachgibt. Durchhalten bedeutet also, eine progressive und konstante Fühlung zum Pferdemaul aufrecht zu erhalten. Diese Hilfe wirkt auf Durchlässigkeit, Übergänge und Rückwärtsrichten.

▶ **Lenken:** Bei einem Kandarengebiss lenken Sie durch Anlegen der Zügel an den Hals, beim Kappzaum benutzen Sie den direkten Zügel.

▶ **Loben und Hingeben:** Dies zeigt dem Pferd, dass seine Reaktion richtig war. Die Zügel hinzugeben empfindet das Pferd als Lob. Natürlich können Sie das Pferd auch streicheln, um es für eine gelungene Aktion zu loben.

Die Hand ist immer bereit, das Pferd mit einem Streicheln am Hals zu loben.

FUNKTION UND EINWIRKUNG DES KANDARENGEBISSES

Das Camargue-Gebiss ist eine blanke Kandare (siehe Kapitel «Camargue-Sattelzeug», S. 34). Je länger die **Anzüge** sind, desto schärfer wirkt das Gebiss. Das gleiche gilt für die **oberen** Anzüge.

Die Dicke des **Mundstücks** beeinflusst ebenfalls die «Schärfe» des Gebisses. Ein mitteldickes Mundstück wirkt sanfter (1 cm – 1,5 cm).

Die **Kinnkette** dient als Gegenstück zur Hebelwirkung der unteren Anzüge. Ist sie eng eingehakt, wirkt das Gebiss sehr hart. Zu locker eingehakt verliert es seine Wirkung. Die **Kinnkette** sollte bei angezogenen Zügeln in einem 45° Winkel zum Backenriemen und dem unteren Anzug des Gebisses hängen. Dabei sollte sie immer flach liegen und darf nicht in sich verdreht sein. Wenn das Pferd an dieser Stelle empfindlich ist, können Sie eine spezielle Kinnketten-Unterlage benutzen.

Gebiss mit angezogenen Zügeln. Es bildet einen 45°-Winkel mit dem Backenriemen der Trense.

Einwirkung: Das Gebiss dient dazu, das gewünschte Tempo beizubehalten oder zu verlangsamen. Es wirkt auf die Laden (Zahnfleisch) und die Zunge. Ein Gebiss mit einer hohen Zungenfreiheit wirkt unter Umständen auch auf den Gaumen. Wie stark es wo wirkt, hängt vom Anzug und von der Feinfühligkeit der Reiterhand ab. Durch die Hebelwirkung bietet die Kinnkette Gegendruck. Wenn wir das Pferd «durchs Genick» reiten und sein horizontales Gleichgewicht trainieren möchten, lehnt das Pferd sich an das Gebiss an. Die Kandare wirkt sehr stark auf das Pferdemaul ein, sei es beim Durchparieren oder beim Annehmen, um das Pferd zu stellen. Eine sanfte und präzise Zügelführung ist deshalb unabdingbar. Der Reiter muss immer im richtigen Moment nachgeben.

CAMARGUE-REITWEISE

SCHENKELHILFEN

Die Schenkelhilfen treiben das Pferd an, sie wirken bei Richtungswechseln und Seitengängen ein. Dabei drücken die Waden gegen die Flanken des Pferdes. Die Fersen sollte man nicht zum Treiben benutzen, da man dabei leicht die Absätze hochzieht.

Rechter seitwärts treibender Schenkel bei Linkswendung.

Zum Treiben und für Wechsel in eine schnellere Gangart drücken Sie gleichzeitig und kurz beide Waden gegen die Flanken. Wiederholen Sie den Vorgang wenn nötig. Ihr Wille und die Intensität Ihrer Hilfen beeinflussen die Reaktion Ihres Pferdes. Die einseitige Schenkelhilfe wird bei Richtungswechseln eingesetzt. Sie zeigt dem Pferd, in welche Richtung es wenden soll. Lesen Sie dazu das Kapitel «Hilfen für Richtungswechsel» (S. 83). Schließlich setzt der Reiter die Schenkelhilfen auch bei Seitengängen ein.

STIMME

Das Pferd reagiert meist willig auf Stimmkommandos. «Terab» zum Antraben, «Haalt» zum Anhalten, Zungenschnalzen, um das Pferd aufmerksam zu machen ... Jeder Reiter hat seine eigenen Kommandos, um sich mit seinem Pferd zu verständigen. Das Wichtigste ist, dass Sie Ihre Aussprache der Situation anpassen und immer die gleichen Stimmbefehle benutzen.

Indem Sie die Stimme heben, motivieren Sie das Pferd. Aber Achtung, eine schrille Stimme ängstigt das Pferd. Eine tiefere Stimmlage hingegen wirkt beruhigend. Sie sollten Ihr Pferd auf keinen Fall anschreien.

HILFEN FÜR RICHTUNGSWECHSEL

Bei einhändiger Zügelführung legt man in Wendungen den äußeren Zügel gegen den Hals; das Pferd weicht dann dem «Druck» aus und wendet ab. Dabei bewegt der Reiter die Hand maximal zehn Zentimeter nach links oder rechts neben den Widerrist. Gleichzeitig schaut der Reiter in die gewünschte Richtung und dreht seine Schultern leicht in diese Achse. Die Zügel dürfen nicht zu kurz aufgenommen sein. Das Pferd soll lernen, mit lockeren Zügeln zu gehen. Dadurch behält es mehr Bewegungsfreiheit, die es vor allem bei schnellen Manövern (zum Beispiel Rinderarbeit, Geschicklichkeitsreiten, Reiterspiele …) benötigt.

Bei Wendungen sind die Schenkelhilfen besonders wichtig. Sie unterstützen in erster Linie den Schwung. Das Pferd kann sich nur dann korrekt biegen, wenn es in der Gangart aktiv bleibt. Treiben Sie Ihr Pferd wenn nötig.

Desweiteren benutzt der Reiter für die Wendung den seitwärts treibenden Schenkel (leicht hinter dem Sattelgurt). Es gibt zwei Möglichkeiten, den seitwärts treibenden Schenkel einzusetzen:

Bei einer Wendung nach rechts wird der linke Zügel angelegt, der Blick des Reiters geht in Bewegungsrichtung.

▶ Wenn der Reiter die Wendung mit dem äußeren Zügel beginnt, muss er gleichzeitig den äußeren Schenkel leicht hinter den Sattelgurt legen und mit der Wade oder sogar der Ferse das Pferd zum Abwenden auffordern. Dadurch hält der Reiter die Hinterhand des Pferdes auf dem Zirkel. Der Reiter muss darauf achten, die Zügel- und Schenkelhilfen gleichmäßig einzusetzen und nicht an den Zügeln zu ziehen. Der innere Schenkel bleibt in der Ausgangsposition hinter dem Gurt und wirkt gegebenenfalls vorwärtstreibend. Er beeinflusst durch den Schenkeldruck auch die Biegung des Pferdes. Der Reiter wird schnell bemerken, dass er für Wendungen nicht unbedingt die Zügelhilfe benötigt. Meisten reichen die Schenkelhilfe mit dem äußeren Bein und der Blick in die Richtung, in die er reiten möchte.

▶ Einige Gardians benutzen die Schenkelhilfen genau andersherum. Sie bringen ihren Pferden bei, auf Druck des inneren Schenkels zu wenden. Der äußere Schenkel spielt in diesem Fall die vorwärtstreibende Rolle. Jeder Reiter sollte sich über die jeweilige Ausbildung des Pferdes erkundigen. Bei der Ausbildung seines eigenen Pferdes kann er die Art Schenkelhilfe wählen, die ihm am meisten zusagt.

DIE «KÜNSTLICHEN» HILFEN

SPOREN

Fortgeschrittene Reiter mit einer ruhigen Schenkellage können Sporen tragen und somit die Schenkelhilfen verfeinern. Sporen dienen nicht zum Vorwärtstreiben, sie sollen die Hilfen lediglich verstärken bzw. die Reaktionszeit des Pferdes beschleunigen. Das Pferd sollte die Hilfen zunächst ohne Sporen kennen lernen!

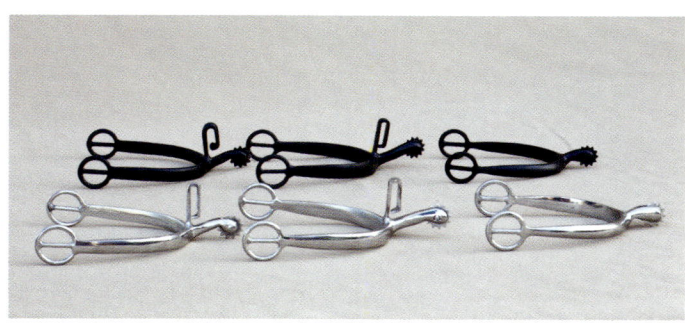

STÖCKCHEN

In der traditionellen Camargue-Reitweise wird kaum eine Gerte benutzt. Man nimmt eher ein Stöckchen oder einen kleinen elastischen Ast oder das Ende der Zügel, um das Pferd mit einem leichten Schlag auf die Schulter zu stimulieren.

Ein Stöckchen aus Nussbaum.

Die verschiedenen Sporenarten von links nach rechts: mit zusätzlicher Öse, geschwungen mit zusätzlicher Öse, einfach.

STAB

Der Stab sollte leicht, aber unbiegsam sein. Wie der Dreizack wird er bei der Rinderarbeit eingesetzt. Der Stab ist die Verlängerung des Armes. Er wirkt auf Pferd und Rind meist überzeugend und hilft, die Tiere zu lenken. Man könnte ihn mit dem Stock eines Schäfers vergleichen, der damit seine Herde zusammenhält.

Ein Stab.

DREIZACK

Der halbkreisförmige Dreizack wird auf das Ende einer ungefähr zwei Meter langen Lanze gesteckt. Er wird von den Gardians als Hilfsmittel eingesetzt, um die Rinderherden in die gewünschte Richtung zu lenken oder sich gegen ein aggressives Rind zu verteidigen. Schließlich braucht man ihn, um die Kälber beim Brennen umzuwerfen.

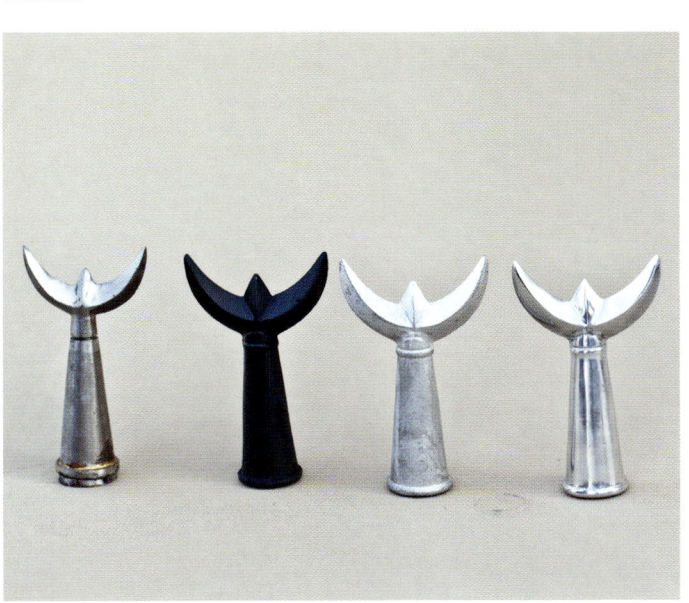

Verschiedene Modelle des Dreizacks. Von links nach rechts: poliertes Eisen, lackiertes Eisen, Aluminium und poliertes Aluminium.

PEITSCHE

Die lange Peitsche dient beim Longieren als Armverlängerung. Sie treibt das Pferd vorwärts und zeigt ihm die Richtung an.

DER RICHTIGE SITZ

In der Camargue-Reitweise wird in allen Gangarten nur ausgesessen, es gibt keinen leichten Sitz oder Leichttraben. In anderen Disziplinen kann der Reiter verschiedene Positionen einnehmen. Er kann sich auf die Steigbügel stützen und dabei das Gesäß mehr oder weniger aus dem Sattel heben oder leichttraben (im Zweitakt aufstehen und hinsetzen). Im Camargue-Sattel jedoch bleibt der Reiter in allen drei Gangarten im Sattel sitzen.

Der Reiter sitzt aufrecht und mittig, sein Gewicht ist gleichmäßig über den Sattel verteilt. Die Bereiche Becken-Wirbelsäule und Becken-Oberschenkel fangen die Bewegungen des Pferdes auf. Der Rücken (Oberkörper) bleibt dabei so gerade wie möglich. Er kann sich gelegentlich leicht nach hinten lehnen, aber niemals nach vorne. Die Steigbügel werden eher lang eingestellt. Die Beine fallen locker, kleben nicht an den Flanken und üben keinen Druck aus. Der Knöchel und das Knie fangen den Schwung des Pferdes federnd auf.

Die Arme fallen natürlich entlang des Oberkörpers herab, die Ellbogen sind leicht gebeugt, die Unterarme bilden eine Linie mit den Zügeln. Der gesamte Arm-/Schulterbereich folgt locker den Bewegungen des Pferdemauls. Die Hände werden oberhalb des Widerrists gehalten und liegen nicht auf dem Sattel oder Pferdehals auf. Wenn der Reiter einhändig reitet, kann er die zweite Hand auf den Oberschenkel oder auf die Hüfte legen, oder aber er lässt den Arm locker und ruhig mit gebeugtem Ellbogen längs des Körpers hängen.

Bei einem Übergang zu einer langsameren Gangart bleiben die Schenkel an ihrem Platz, der Oberkörper fällt nicht nach vorne, und das Becken schiebt sich tief in den Sattel.

Es ist immer angenehm, einen Reiter mit einem korrekten Sitz zu beobachten, der gleichermaßen Gewandtheit und Harmonie mit seinem Pferd ausstrahlt.

Im Schritt sitzt der Reiter auf seinen beiden Sitzbeinhöckern, das Becken ist leicht nach vorne geneigt. Der Rücken darf dabei nicht nach vorne durchgedrückt werden. Becken und Gesäß sind durchlässig und folgen ohne Übertreibung den leicht hin und her schwingenden Bewegungen des Pferderückens. Schließen Sie die Augen und fühlen Sie, wie Ihr Körper sich in den Bewegungen des Pferdes wiegt. So finden Sie den richtigen Rhythmus und bewegen sich harmonisch mit dem Schritt Ihres Pferdes.

Länge der Steigbügel: Sie sollten sich ungefähr auf Höhe der Schuhsohlen befinden, wenn der Reiter sein Bein mit aus dem Steigbügel genommenem Fuß locker hängen lässt.

CAMARGUE-REITWEISE

ÜBUNGEN ZUR VERBESSERUNG DES SITZES

▶ Reiten Sie ohne Steigbügel. Einige Minuten im Schritt reichen, um sich zu entspannen und die richtige Position im Sattel zu finden. Lassen Sie dabei einfach die Beine entspannt fallen. Sie sitzen nur auf den Gesäßknochen. Bewegen Sie ab und zu die Knöchel und heben Sie die Fußspitzen. Dabei spannen sich die Wadenmuskeln an, die Fersen drücken nach unten. Lassen Sie dann den Fuß wieder fallen. Sobald Sie sich im Schritt mit dieser Übung sicher fühlen, können Sie die Übung im Trab und im Galopp reiten.

▶ Üben Sie auch, die Steigbügel schnell wieder aufzunehmen. Heben Sie dafür die Fußspitze und drehen Sie sie nach innen, d. h. zum Pferd hin. Bewegen Sie dabei nicht das Bein, sondern nur die Fußspitze.

Das Bein hängt locker und entspannt.

Das Bein ist angespannt, die Fußspitzen zeigen nach oben.

GRUNDLAGEN DES REITENS

▶ Legen Sie mehrere Stangen auf den Boden. Der Abstand für den Schritt sollte 70–80 cm betragen, für den Trab ungefähr einen Meter und für den Galopp rund drei bis vier Meter. Passen Sie den genauen Abstand der Tritt- bzw. Sprunglänge Ihres Pferdes an. Reiten Sie mittig und rechtwinklig über die Stangen. Die Übung bietet Vorteile für Pferd und Reiter. Einmal gewöhnt man das Pferd daran, darauf zu achten, wohin es tritt. Zum anderen wird es sich über den Stangen strecken und seine Tritte bzw. den Galoppsprung verlängern – je weiter die Stangen auseinander liegen, umso mehr. Achten Sie darauf, dass das Pferd nur einen Huf zwischen den Stangen aufsetzt, also jede Stange nur einen Tritt bzw. Sprung erfordert. Die Übung hilft dem Reiter, mit seinem Becken den Bewegungen des Pferderückens besser zu folgen. Bei jedem Überwinden einer Stange schwingt das Pferd und wölbt den Rücken auf, was Sie als Reiter natürlich spüren! Damit Sie dem Pferd nicht in den Rücken fallen, achten Sie darauf, dass es den Hals nach vorne unten streckt. Atmen Sie tief durch und entspannen Sie sich. Reiten Sie diese Übung auch ohne Steigbügel, so finden Sie den richtigen Rhythmus!

Die Hand geht mit nach vorne und folgt dem Pferdemaul.

Falsch: beide Vorderhufe setzen zwischen den Stangen auf. Das Pferd geht nicht raumgreifend genug.

89

DURCHLÄSSIGKEIT UND ANLEHNUNG

«Anlehnung» bedeutet, dass das Pferd den Kontakt zur Reiterhand akzeptiert hat, sich selbst trägt und schwungvoll und losgelassen läuft. Anlehnung entsteht durch den Schub der Hinterhand hin zur Vorhand. Das Pferd ist durchlässig im Genick und lehnt sich an die Reiterhand an. Es setzt die Hinterbeine unter seinen Schwerpunkt und wölbt den Rücken auf. Dadurch werden die Gänge weich, schwungvoll und angenehmer zu sitzen. Das Pferd reagiert jederzeit willig auf Hilfen und läuft in schöner Selbsthaltung. In einer zweiten Phase entsteht dank dieser Arbeit im Pferderücken eine Oberlinie auf Höhe des Widerrists. Dabei trägt es Hals und Kopf in nahezu waagerechter Haltung. Der Reiter kann die Fühlung zum Gebiss aufgeben und jederzeit wieder aufnehmen.

Die Reiterhand bietet dem Pferd Kontakt, ohne an den Zügeln zu ziehen.

DEHNUNGSHALTUNG

Das Pferd nimmt eine tiefe Haltung ein; der Hals befindet sich fast in der Waagerechten, der Nasenrücken ist vertikal und zieht leicht nach vorne («Vorwärts-abwärts»). Dafür braucht das Pferd Spannung. Nehmen Sie deshalb zuerst so lange Kontakt zum Maul auf, bis das Pferd nachgibt und die Nase senkt. Sofort geben Sie leicht nach, ohne die Zügel ganz «wegzuwerfen» und die Gesamthaltung des Pferdes aufzugeben. Nun geht das Pferd durchs Genick, es ist leicht an der Hand. Die Zügel sind locker. Hat das Pferd ausreichend Spannung, gibt es im Genick nach und schiebt es mit der Hinterhand, wird es in dieser Haltung bleiben. Stimmt eine der Komponenten nicht, fällt das Pferd «auseinander», es fängt an zu schlurfen und fällt auf die Vorhand. Versuchen Sie es erneut. Wiederholen Sie den Vorgang so lange, bis Sie einige Schritte in Anlehnung erreicht haben und geben Sie wieder nach. Das horizontale Gleichgewicht hilft dem Pferd, in dieser bequemen Haltung zu bleiben. Es schiebt seinen Widerrist nach oben, um das Gewicht der Vorhand (Kopf / Hals) aufzufangen. So fällt es nicht auf die Schulter, sondern bleibt im (horizontalen) Gleichgewicht. Nur so können sich seine Gänge schwungvoll entfalten.

Diese Haltung ist ideal für die Dressurarbeit mit einem Jungpferd. Es lernt, sich in allen drei Gangarten zu tragen, ohne sich auf die Reiterhand zu stützen.

Die Reiterin hat mit den Zügeln Kontakt aufgenommen, damit das Pferd sich anlehnt und den Kopf nach vorne unten schiebt.

Dann gibt sie immer weiter nach und treibt das Pferd gleichzeitig vorwärts, um den Schwung erhalten. Das Pferd streckt sich nach vorne unten.

Geben Sie Ihrem Pferd nicht ständig Hilfen mit den Zügeln oder Schenkeln, sonst wird es mit der Zeit abstumpfen. Benutzen Sie diese Hilfen vielmehr impulsartig, und unterstützen Sie sie durch Ihren Sitz und die Stimme. Wichtig ist sofortiges Nachgeben, sobald das Pferd eine korrekte Haltung einnimmt.

DURCHLÄSSIGKEIT

Im Laufe der Ausbildung lernt das Pferd, sich immer mehr zu versammeln. Nun trägt es den Nasenrücken nahezu vertikal, das Genick ist der höchste Punkt. Ziehen Sie in keinem Fall zu stark an den Zügeln und zwingen Sie das Pferd nicht in diese Haltung! Mit zunehmendem Ausbildungsgrad wird es die Hinterhand mehr und mehr untersetzen, sodass die Linie vom Genick zur Hinterhand abfällt. Das Pferd tritt willig an das Gebiss heran und senkt dabei fast automatisch die Nase.

In der Camargue-Reitweise benutzt man relativ scharfe Gebisse, der Reiter braucht in jedem Fall eine einfühlsame Hand. Das Pferd darf sich nicht schwerfällig auf die Reiterhand stützen, sondern soll weiterhin schwungvoll und in Selbsthaltung gehen. Mit einer guten Spannung erreicht man gleichzeitig Stabilität. Das Pferd bewegt immer weniger den Kopf und den Hals.

Das Pferd trabt locker im Gleichgewicht, sein Widerrist bleibt angehoben. Die Zügel sind leicht angenommen.

GRUNDLAGEN DES REITENS

Das Pferd geht im Trab am Zügel.

Das Pferd geht in versammelter Haltung mit leicht angenommenen Zügeln.

ANLEHNUNG

Ein Pferd geht am Zügel, wenn es den Kontakt zur Reiterhand akzeptiert. Es lehnt sich an das Gebiss und somit an die Reiterhand an. Der Kopf bleibt in seiner Position, der Hals ist leicht gebogen, das Genick ist der höchste Punkt. Der Nasenrücken bleibt leicht vor der Senkrechten. Der Rücken schwingt und lässt den Schub von der Hinterhand nach vorne durch. Der Widerrist ist angehoben. In dieser Haltung arbeiten alle Muskeln korrekt. Ein feiner Kontakt und eine genaue Richtungsgebung helfen dem Pferd bei dieser Arbeit.

▶ Eine zu starke versammelte Haltung kann bei einem Trail-Parcours oder bei der Rinderarbeit den freien Ausdruck des Pferdes beeinträchtigen und sollte nur gemäßigt eingesetzt werden.

▶ Die Länge der Zügel und die Art des Kontakts zum Maul (permanent oder nicht) hängt also von der Disziplin sowie vom Ausbildungsgrad des Pferdes und des Reiters ab.

Kontakt zum Pferdemaul bedeutet nicht, an den Zügeln zu ziehen!

DER KAPPZAUM

Der Kappzaum ist schon seit Jahrhunderten bekannt und stammt aus der Zeit der großen Rittmeister in der französischen Reiterei. In der Camargue-Reitweise ist der Kappzaum ein wichtiges Hilfsmittel. Der Reiter sollte lernen, ihn korrekt einzusetzen. Nur so kann er von den Vorteilen profitieren und verhindern, dass das Pferd durch eine unsachgemäße Anwendung verletzt wird.

Kappzaum aus Inox.

GRUNDLAGEN DES REITENS

WARUM EINEN KAPPZAUM BENUTZEN?

Beim Anreiten und bei der Dressurarbeit mit einem Jungpferd benutzt man den Kappzaum zusammen mit einem Camargue-Gebiss. Der Kappzaum verdeutlicht dem Pferd das Wenden nach links und rechts. Durch ihn ist weniger Einwirkung mit der Hand und mit dem Gebiss erforderlich. Das Pferd wird auf beiden Seiten gymnastiziert. Nach und nach lernt das Pferd dann die einhändige Zügelführung, und der Kappzaum wird überflüssig.

WIE BENUTZT MAN EINEN KAPPZAUM?

Der Reiter hält zwei Paar Zügel in den Händen, die normalen Zügel und die Kappzaumzügel, die in die seitlichen Ringe des Kappzaums eingehakt werden. Die normalen Zügel werden in der linken Hand gehalten und laufen durch zwei Finger. Die Kappzaumzügel sind am Ende nicht miteinander verbunden. Sie liegen ebenfalls in der linken Hand, über den normalen Zügeln. Die rechte Reiterhand ist frei. Mit dieser Hand führen Sie die Kappzaumzügel und geben die Richtung an. Wollen Sie nach rechts wenden, greifen Sie direkt in den rechten Zügel, wollen Sie nach links, ziehen Sie am linken Zügelende. Die Spannung entsteht in der linken Hand und kann durch den kleinen Finger der linken Hand beeinflusst werden. Zum Wenden zupft der Reiter nur kurz am jeweiligen Zügel und gibt sofort wieder nach. Dieses Zusammenspiel von Annehmen und Nachgeben (Überstreichen) lehrt das Jungpferd, sich mit Schwung und Leichtigkeit zu bewegen. In der Ausgangsposition bleibt die rechte Hand auf dem rechten Kappzaumzügel. Sie ist niemals frei, wenn Sie mit einem Kappzaum reiten!

Haltung der Kappzaumzügel.

Direkte Zügeleinwirkung für die Rechtswendung.

Bei der Linkswendung gleitet der linke Zügel durch die linke Hand.

95

CAMARGUE-REITWEISE

Die normalen Zügel nutzt man für Übergänge und beim Durchparieren. Sie wirken direkt auf das Gebiss und auf den Pferdehals ein und bereiten das Pferd auf die einhändige Zügelführung vor. Die Zügel dürfen nicht zu lang sein, sonst verlieren sie ihre Wirkung. Zum Verkürzen der Zügel benutzen Sie die rechte Hand, das Pferd wird dann langsamer.

Verkürzen Sie die normalen Zügel, indem Sie sie durch die linke Hand gleiten lassen.

Direkter Zügelanzug rechts.

Das Pferd wendet, der rechte Zügel ist locker und kommt nach der Wendung in die Ausgangsposition zurück.

GRUNDLAGEN DES REITENS

Direkte Zügeleinwirkung links.

Nimmt man die Kappzaumzügel an, wirken sie direkt auf den Nasenrücken und biegen den Kopf des Pferdes in die jeweils gewünschte Richtung. Mit zunehmendem Ausbildungsgrad lernt das Jungpferd, sich um den inneren Schenkel zu biegen. Es wird mit der Zeit verstehen, dass beide Hilfen zusammenwirken. Sie sollten erst dann die Ausbildung mit dem Kappzaum beenden, wenn das Pferd in allen Situationen mit der einhändigen Zügelführung geritten werden kann.

Bis das Pferd in allen drei Gangarten die einhändige Zügelführung begriffen hat, vergehen in der Regel mehrere Jahre. Die richtige und sanfte Verwendung des Kappzaums soll zu einer leichten Reitweise führen.

Legen Sie den Kappzaum nicht voreilig ab. Pferd und Reiter nehmen schnell schlechte Gewohnheiten an. Gerade dann muss der Reiter manchmal schnell reagieren können, und ohne Kappzaum verderben Sie dann die vorher geleistete Arbeit. Seien Sie also geduldig in der Ausbildung mit dem Kappzaum.

▶ Bevor Sie ein Jungpferd mit Kappzaum reiten, ist es deshalb ratsam, diese spezielle Zügelführung auf einem ausgebildeten Pferd zu üben. Anfangs werden Sie sicher Schwierigkeiten haben, mit vier Zügeln nicht durcheinanderzukommen. Gelingt Ihnen die Handhabung schließlich ohne großes Nachdenken, können Sie den Kappzaum in der Ausbildung eines Jungpferdes einsetzen.

▶ Bedenken Sie, dass der Kappzaum recht scharf auf die Nase wirkt und deshalb stets mit sanfter Reiterhand geführt werden muss, damit er das Pferd nicht verletzt. Wichtig ist auch, immer im richtigen Moment nachzugeben. In keinem Fall dient der Kappzaum zur Bestrafung!

Sie sollten in der Richtungsgebung sehr präzise reiten, damit das Pferd Richtungswechsel mit einhändiger Zügelführung lernt. Bewegen Sie die Vorhand in die gewünschte Richtung und ziehen Sie nicht an den Zügeln. Der angelegte Zügel bewegt die Vorhand, dann biegt der Kappzaumzügel das Pferd in die gewünschte Richtung und bestätigt sozusagen die vorherige Zügelhilfe. Der Schenkel kontrolliert die Hinterhand. Sobald das Pferd korrekt auf die Hilfen reagiert, geben diese nach. Wiederholen Sie lieber die Hilfen öfter, als einen dauernden Druck auszuüben. So erhalten Sie die Sensibilität des Pferdes.

DER «FÜNFTE»

Der Hinterzwiesel des Camarguesattels hat zwei hervorstehende Enden, sie werden auch der «fünfte Zügel» genannt. Wenn ein Reiter ein junges Pferd einreitet, hat er im Notfall neben den Trensen- und den Kappzaumzügeln noch den «fünften» Zügel. Wenn das Pferd bockt, kann er sich mit einer Hand am Hinterzwiesel festhalten. Dabei lehnt er sich leicht nach hinten. So sitzt er tiefer und sicherer im Sattel!

Der «Fünfte».

CAMARGUE-REITWEISE

Wenn Ihr Pferd die einhändige Zügelführung begriffen hat, werden die Kappzaumzügel überflüssig. Für den Übergang lassen Sie den Kappzaum noch einige Monate unter der Camargue-Trense. So hat das Pferd nicht das Gefühl, dass plötzlich alles anders und es völlig «frei» ist. Nehmen Sie ihm den Kappzaum ab, wenn Sie sicher sind, dass Ihr Pferd bereit ist. Ersetzen Sie ihn durch einen einfachen Nasenriemen.

BIEGEN

Gewöhnen Sie ein Jungpferd zuerst vom Boden aus und dann im Stand an den Kappzaum. Hilfreich ist dabei die Biegeübung. Bei der Biegeübung soll das Pferd sich durch Einwirkung der Kappzaumzügel in Kopf und Hals nach rechts bzw. links biegen. Vom Boden aus üben Sie dies folgendermaßen: Stellen Sie sich für das Biegen nach links auf Höhe der Pferdeschulter und zupfen leicht am linken Zügel. Sobald Ihr Pferd den Kopf zu Ihnen dreht, geben Sie nach. Wenn es sich bewegt, halten Sie den Zügel leicht gespannt und warten Sie, bis es stehen bleibt. Setzen Sie auch Ihre Stimme ein. Geben Sie nach, sobald das Pferd richtig reagiert. Achten Sie darauf, dass das Pferd sich nicht im Genick verwirft! Üben Sie dann die Lektion auch vom Pferd aus. Auf der rechten Hand beispielsweise nehmen Sie den rechten Zügel an, indem Sie die Hand zu Ihrer Hüfte führen. Sobald das Pferd der Aufforderung folgt, geben Sie nach. Wenn es nicht stehen bleiben oder sich nicht biegen will, lockern Sie die Spannung im Zügel nicht, sondern unterstützen Sie Ihre Aufforderung mit einem Stimmbefehl und warten Sie. Sobald es Anzeichen macht, stehen zu bleiben, geben Sie nach. Wiederholen Sie die Übung so lange, bis das Pferd die Lektion auf beiden Seiten beherrscht – ohne Widerstand und ohne sich zu bewegen.

Diese Aufgabe verbessert die Konzentration des Pferdes. Sie eignet sich auch in Situationen, in denen das Pferd auszubrechen versucht oder dem Anzug des Kappzaumzügels nicht nachgeben will.

Die Biegeübung können Sie immer wieder einmal in Maßen einsetzen, sie lockert das Pferd in Hals und Genick und macht es geschmeidig. Halten Sie das Pferd aber nie länger als zwei, drei Sekunden in der gebogenen Stellung.

Biegung nach links ...

... der rechte Zügel gibt nach: das Pferd entspannt sich und hebt dabei nicht sofort den Kopf.

Biegung nach rechts.

GRUNDLAGEN DES REITENS

BEIDHÄNDIGE ZÜGELFÜHRUNG MIT CAMARGUE-KANDARE

Eine beidhändige Zügelführung (ein Zügel in jeder Hand) ist mit der Camargue-Kandare nicht vorgesehen. Die traditionellen Gebisse sind dafür nicht geeignet, dafür wirken sie zu scharf. Eine beidhändige Zügelführung existiert in der Arbeitsreiterei nicht. Ziel ist, das Pferdemaul zu schützen und es so wenig wie möglich abzustumpfen. Das Pferd darf die Einwirkung des Zügels nur bei Übergängen, beim Durchparieren, bei der Korrektur seines Gleichgewichts und bei einer leichten Fühlung zum Pferdemaul spüren.

DAS CAMARGUE-PELHAM

Das Camargue-Pelham ist das einzige Camargue-Gebiss, mit dem man das Pferd mit verstärktem Kontakt reiten darf. Es existiert als Stangengebiss oder gebrochen. Das Camargue-Pelham hat zwei zusätzliche Ringe auf Höhe des Mundstücks, in die man ein zweites Paar Zügel einschnallen kann. Sie werden wie die Kappzaum-Zügel benutzt. Die Zügelführung ist dabei gleich. Sie können die Hand wechseln:

▶ Wenn die Zügel in der linken Hand gehalten werden, ist die rechte Hand frei und wirkt direkt auf den rechten Zügel.

▶ Wenn die Zügel in der rechten Hand gehalten werden, ist die linke Hand frei und wirkt direkt auf den linken Zügel.

Biegung nach rechts durch Einwirken auf den oberen Pelham-Zügel.

Biegung nach links.

Die Verwendung des direkten Zügels in Verbindung mit einem Gebiss hat den Vorteil, dass das Pferd sich leichter im Genick und im Maul entspannt als mit einem Kappzaum. Unter Einwirkung des Kappzaums verwirft das Pferd sich schnell im Genick, es verdreht den Kopf und ist nicht mehr gerade. Biegung und Stellung sind mangelhaft, es entstehen Verspannungen. Das Ziel der Ausbildung sollte jedoch sein, dass das Pferd leicht und willig auf die einhändige Zügelführung reagiert. Ein entspanntes Pferdemaul ist dafür die Voraussetzung. Das Pferd muss sich «hingeben».

Beginnen Sie damit, die Biegung im Stand zu üben. Benutzen Sie dafür die direkte Zügeleinwirkung durch den oberen Pelham-Zügel. Der innere Zügel sollte immer nah am Pferdehals bleiben. Nehmen Sie Ihre Hand hoch, in Richtung Ihrer Hüfte. So nehmen Sie sanft Kontakt zum Pferdemaul auf und biegen es. Der äußere Zügel hängt leicht durch, er ist nicht gespannt. Sobald das Pferd nachgibt und die Nüster in Richtung seiner Schulter dreht, geben Sie nach. Gehen Sie ein paar Schritte und wiederholen Sie die Übung. Biegen Sie das Pferd gleichmäßig nach rechts und nach links. Beherrscht das Pferd die Lektion im Stand, können Sie sie später auch im Schritt, im Trab und im Galopp üben.

Biegung nach links mit Schenkeltrense.

Biegung nach rechts.

Schließlich können Sie die Effizienz der Flexionsübungen auf einem Zirkel prüfen. Gehen Sie dazu folgendermaßen vor: Reiten Sie einen Zirkel rechter Hand. Der linke Zügel drückt den Pferdehals auf den Zirkelbogen. Er darf dabei keinen Kontakt zum Maul haben. Der rechte Zügel wirkt eine Sekunde später ein, indem Sie ihn nah am Pferdehals nach oben annehmen. Dabei wirkt der innere Schenkel am Gurt als direkte Schenkelhilfe. Wenn das Pferd nicht auf die Einwirkung des äußeren Zügels reagiert, dürfen Sie den inneren nicht einsetzen. Nur wenn es nicht anders geht, nehmen Sie ihn mit viel Gefühl an. Nach und nach wird diese Einwirkung überflüssig.

Sie können die Biegung auch in Konterstellung reiten. Sie fördert die Beweglichkeit des Pferdes und gymnastiziert Pferde mit weniger ausgebildetem Gleichgewicht.

SCHENKELTRENSE

Wenn Ihr Pferd ein hartes Maul hat (ein Pferd, das neu ausgebildet werden muss oder das Gebiss ablehnt und das Maul aufsperrt), können Sie die Flexionsübungen mit einer Schenkeltrense durchführen. Es ist unter den klassischen Gebissen das passendste.

GRUNDLAGEN DES REITENS

Flexionsübungen mit der Schenkeltrense.

Ich persönlich reite niemals ein Trensengebiss mit einem **Camargue-Kappzaum und vier Zügeln.** Man könnte meinen, das wäre sanfter, aber das stimmt nicht. Der Einsatz und die Effizienz des Kappzaums im Zusammenhang mit einer Wassertrense ist fragwürdig. Der Reiter wird die Kappzaum-Zügel mit Sicherheit strammer halten als notwendig. Er wird die Hände weiter auseinander halten und seitwärts weisende Zügelhilfen geben. Der Übergang zur Camargue-Kandare wird vor allem für den Reiter mit Sicherheit schwieriger sein.

Der Reiter sollte sich nicht daran gewöhnen, an den Zügeln zu ziehen oder das Pferd in eine Haltung zu zwingen. Der Kontakt sollte stets leicht und gefühlvoll sein, die Zügel dürfen etwas durchhängen. Die Hand muss immer im richtigen Moment nachgeben. Flexionen sollten nur dann geritten werden, wenn sie notwendig sind. Ziel ist nicht eine erzwungene «Haltung». Fallen Sie nicht darauf herein, Ihr Pferd ständig mit beidhändiger Zügelführung zu reiten. Wir verfügen in der Camargue-Reitweise über andere spezielle Techniken, die das Pferd gymnastizieren, ausbilden und motivieren.

101

CAMARGUE-REITWEISE

WICHTIGE BEGRIFFE

Die drei folgenden Begriffe kommen in allen Reitweisen vor. In der Camargue-Reitweise sind Schub, Gleichgewicht und Geraderichtung grundlegende Voraussetzungen für die Rinderarbeit. Der Gardian braucht ein reaktionsfähiges, wendiges Pferd. In diesem Kapitel finden Sie grundlegendes Wissen, das Ihnen auch bei Turnieren, in der Dressur und im Trail-Parcours sehr nützlich sein wird.

SCHUBKRAFT

Schubkraft ist die natürliche – oder durch Dressurarbeit – geförderte Energie, mit der das Pferd sich fortbewegt. Jedes Pferd hat eine unterschiedliche Schubkraft. Einige Pferde haben rasse- und temperamentsbedingt mehr Schub als andere, man sagt auch, sie stehen «hoch im Blut». Andere Pferde hingegen, vor allem Kaltblüter oder einige Ponyrassen, haben weniger Energie und sind eher ruhige Gemüter.

Schubkraft entsteht durch den «Motor», die Hinterhand. In jeder Gangart entsteht Schubkraft durch die Aktion der Hinterbeine.

Das Camargue-Pferd ist keine Rasse, die «hoch im Blut» steht. Es ist trotzdem für seine energischen und lebhaften Gänge und seine Einsatzbereitschaft bekannt. Beachten Sie, dass jedes Pferd anders ist. Der Reiter muss lernen, in einem Pferd die jeweils notwendige Energie zu wecken oder aber sein Pferd zu beherrschen, wenn es zu viel Temperament zeigt.

GLEICHGEWICHT

Jedes Pferd befindet sich ursprünglich in seinem eigenen, natürlichen Gleichgewicht. Wie gut das ist, hängt u.a. von seinem Alter, seinem Körperbau und seinem Ausbildungsstand, aber auch von seiner Psyche ab. Natürlich beeinflusst auch der Reiter das Gleichgewicht des Pferdes. Vor allem ein junges Pferd muss erst lernen, sich mit dem Reiter auf seinem Rücken auszubalancieren. Dies geht umso leichter, je besser der Reiter selbst im Gleichgewicht sitzt. Damit das Pferd den Reiter ohne Schaden tragen kann, muss es lernen, seine Hinterhand verstärkt einzusetzen und damit mehr Gewicht aufzunehmen. Das laterale Gleichgewicht verteilt sich so gleichmäßig auf beide Beinpaare.

Anhalten aus dem Galopp: Das Pferd verlagert dabei sein Gewicht auf die Hinterhand, die Vorhand hebt leicht vom Boden ab. Die Zügel hängen durch. Dieses Pferd ist ausbalanciert.

Das Pferd ist gut auf der Hinterhand ausbalanciert.

Es gibt aber nicht nur ein Gleichgewicht. Jede Situation oder jede Lektion fordert eine Schwerpunktverschiebung vom Pferd, und zwar sowohl in der Längs- als auch in der Querachse. Der Reiter muss in der Lage sein, das Pferd in jeder Situation auszubalancieren, sei es in einem Stopp, beim Rückwärtsrichten oder in Wendungen. Er spürt besonders bei Übergängen in eine niedrigere Gangart und bei Richtungswechseln, ob sein Pferd ausbalanciert ist. Ein erfahrener Reiter kann dem Pferd helfen, falls es nicht im Gleichgewicht ist.

DAS GLEICHGEWICHT DER LÄNGSACHSE

Es handelt sich um die Verteilung des Gewichts zwischen Vorhand und Hinterhand. Sie hängt von mehreren Faktoren ab: Höhe des Balanceschwerpunkts Kopf / Hals, Untertreten der Hinterbeine zusammen mit der Schubkraft und dem Muskeltonus.

Es gibt drei verschiedene Balancezustände:

▶ **Gleichgewicht auf den Schultern:** Die Vorhand trägt mehr Gewicht als die Hinterhand. Der Schwerpunkt liegt also sehr weit vorne, auf der Vorhand. Freilebende und junge Pferde sind oft derart ausbalanciert.

▶ **Horizontales Gleichgewicht:** Das Gewicht ist gleichmäßig auf Vor- und Hinterhand verteilt. Dieses intermediäre Gleichgewicht ist neutral und stellt einen notwendigen Schritt vom schulterlastigen Gleichgewicht hin zur Balance auf der Hinterhand dar. Der Schwerpunkt liegt leicht hinter den Vorderbeinen. Reitpferde, Schulpferde und Wanderreitpferde haben meistens ein solches Gleichgewicht.

▶ **Gleichgewicht auf der Hinterhand:** Das Gewicht liegt eher auf der Hinterhand als auf der Vorhand. Die Hinterbeine nehmen mehr Gewicht auf und setzen weit unter. Dressurpferde und gut ausgebildete Arbeitsreitpferde sind derartig ausbalanciert.

LATERALES GLEICHGEWICHT

Das Gewicht des Pferdes ist gleichmäßig zwischen seiner linken und rechten Hälfte verteilt. Sein Schwerpunkt liegt in der Mitte. Sowohl auf einer geraden als auch auf einer gebogenen Linie sollte das Pferd auf beiden Händen gleichmäßig ausbalanciert sein. Bei manchen Lektionen verschiebt das Pferd mehr Gewicht auf die äußere Seite, z.B. auf dem Zirkel im Schritt; es fällt über die Schulter aus.

Korrektes laterales Gleichgewicht im Galopp. Das Pferd fällt nicht nach innen, die Reiterin sitzt im Gleichgewicht.

Das Pferd fällt nach innen und ist nicht in der Balance, deshalb wird es schneller.

GERADERICHTUNG

Das Pferd ist gerade, wenn es auf beiden Händen mit der gleichen Gewandtheit seine Lektionen absolviert. Die Geraderichtung ist die Voraussetzung für die Entwicklung und Weiterleitung von Schubkraft.

DAS GERADE PFERD

Es geht willig vorwärts. Seine Wirbelsäule bleibt gerade, und die Hinterhufe treten genau in die Spur der Vorderhufe. Auf einer gebogenen Linie sollte die Biegung der Wirbelsäule der des Bogens entsprechen. Auch hier sollten die Hinterhufe genau in die Spuren der Vorderhufe treten. Man spricht hier von **Biegung**.

DIE STELLUNG

Dies ist eine seitliche Flexion auf Höhe des Genicks. Der Hals bleibt dabei möglichst gerade. Die Ohren des Pferdes sind auf gleicher Höhe. Der Reiter sieht das Auge seines Pferdes schimmern. Die Flexion im Genick kann «direkt» sein, sie ist stärker in die Richtung orientiert, in die das Pferd geht. Wenn sie in die gegenüberliegende Richtung weist, bezeichnet man sie als Konterstellung.

WEITERE BEGRIFFE

- **Beinpaar:** Man spricht von der Beziehung zwischen zwei Beinpaaren.
  Vorderes Beinpaar: die beiden Vorderbeine
  Hinteres Beinpaar: die beiden Hinterbeine
  Gleichseitiges Beinpaar: Vor- und Hinterbein der gleichen Seite, man spricht vom rechten oder linken Beinpaar.
  Diagonales Beinpaar: die rechte Diagonale umfasst rechtes Vorderbein und linkes Hinterbein, die linke Diagonale linkes Vorderbein und rechtes Hinterbein.

- **Spur:** Dies ist der Abdruck, den der Huf auf dem Boden hinterlässt.
  Ein Pferd **tritt in die Spur**, wenn der Hinterhuf in die Spur des Vorderhufs tritt. Wenn der Hinterhuf nicht an die Spur des Vorderhufs heranreicht, **tritt das Pferd nicht genügend unter.** Tritt es in die Spur der Vorderhufe oder sogar darüber, ist die **Hinterhand genügend aktiv.**

- **Greifen:** Wenn der Hinterhuf gegen den Vorderhuf tritt, sagt man, das Pferd «greift». Bei einem beschlagenen Pferd kann man das Greifen hören.

- **Tritt:** Das ist das Geräusch, das man beim Aufsetzen des Hufs hört. Mit ein wenig Übung kann man leicht hören, in welcher Gangart das Pferd sich bewegt.

- **Auffußen:** Der Moment, in dem der Huf den Boden berührt und das Pferd sein Gewicht auf dieses Bein überträgt.

- **Abfußen:** Der Moment, in dem der Huf den Boden verlässt.

- **Schwebephase:** Das ist der Augenblick, in dem alle Beine sich in der Luft befinden.

- **Takt:** Das ist der Zeitabstand zwischen zwei Tritten.

- **Schrittlänge:** Die Distanz zwischen zwei Punkten, an denen derselbe Huf nacheinander auffußt. Diese Schrittlänge nennt man auch **Raumgriff**. Beispielsweise im Linksgalopp nennt man den Moment zwischen dem jeweiligen Auffußen des rechten Hinterbeins „Galoppsprung". Man spricht auch von der Sprunglänge.

CAMARGUE-REITWEISE

GANGARTEN

Schritt

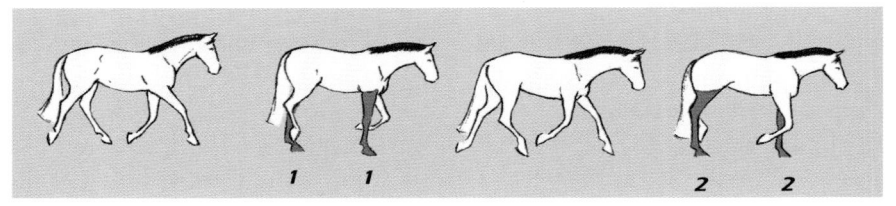

Trab

Galopp

Das Wissen über die Bewegungsabläufe in jeder Gangart ist bei der Dressurarbeit besonders wichtig, vor allem für die Übergänge. Nur so können Sie jeden Schritt im richtigen Moment fordern und fördern. Mit diesem Wissen verfeinern Sie also Ihre Hilfen, und Ihr Pferd wird mit mehr Leichtigkeit arbeiten und Spaß daran haben.

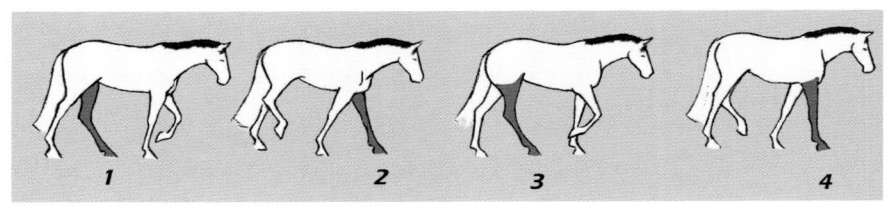

BEWEGUNGSABLÄUFE

Die Bewegungsbeschreibung beginnt immer mit dem Hinterbein. Der Schritt beginnt, wenn das Pferd das Hinterbein untersetzt. Die Schubkraft kommt aus der Hinterhand, sie ist der «Motor» und beeinflusst die Qualität der Gangart.
Das Camargue-Pferd kann sich in den drei Grundgangarten fortbewegen.

SCHRITT
Das ist die langsamste Gangart (Durchschnittsgeschwindigkeit 6–7 km/h, ungefähr 110 Meter pro Minute). Dieser symmetrische Gang besteht aus vier gleichlangen Takten. Ablauf: rechtes Hinterbein, rechtes Vorderbein, linkes Hinterbein, linkes Vorderbein. Der Schritt ist die Gangart für lange Distanzen. Er ermüdet das Pferd am wenigsten. Im Schritt kommt man überall durch, auch in schwierigem Gelände. Diese Gangart ist ideal, um dem Pferd die Grundlagen der Dressur in aller Ruhe beizubringen. Jeder Reitanfänger beginnt das Reiten im Schritt, damit er sein Pferd in aller Ruhe kennen lernen kann.

TRAB
Die Durchschnittsgeschwindigkeit im Trab beträgt 14 bis 15 km/h, also ungefähr 240 Meter pro Minute. In dieser symmetrischen, gelaufenen Gangart mit zwei gleichlangen Takten bewegt sich das Pferd mit den jeweils diagonalen Beinpaaren vorwärts. Ablauf: rechtes diagonales Beinpaar, linkes diagonales Beinpaar. Zwischen dem Aufsetzen der diagonalen Beinpaare liegt eine **Schwebephase**. Der Trab wird in der Camargue-Reitweise nur wenig benutzt. Er ist ermüdender und auf längeren Distanzen nicht sehr komfortabel für den Reiter. Er ist aber, wie der Schritt, die bessere Gangart, um das Pferd zu gymnastizieren und ihm gewisse Lektionen beizubringen. Der Reiter lernt im Trab den richtigen Sitz. Er stärkt die Muskeln und bereitet den Körper auf den Galopp vor.

GALOPP
Der Galopp ist die schnellste Gangart (Durchschnittsgeschwindigkeit 20–30 km/h, ungefähr 400–450 Meter pro Minute). Diese unsymmetrische Gangart besteht aus drei ungleich langen Takten und einer Schwebephase. Das Pferd kann auf der rechten und auf der linken Hand galoppieren, je nachdem, in welche Richtung es läuft. Bewegungsablauf im Rechtsgalopp: linkes Hinterbein, linkes diagonales Beinpaar, rechtes Vorderbein, Schwebephase. Bewegungsablauf im Linksgalopp: rechtes Hinterbein, rechtes diagonales Beinpaar, linkes Vorderbein, Schwebephase.

Der Galopp ist die beliebteste Gangart in der Camargue-Reitweise, besonders bei der Rinderarbeit. Das Pferd muss leicht vom Schritt in den Galopp und zurück wechseln können. Das ist besonders wichtig, wenn der Reiter die Herde entweder beruhigen oder aktivieren muss oder ein Rind aus der Herde holen will.

GRUNDLAGEN DES REITENS

PASSGANG

In dieser symmetrischen Gangart bewegt sich das Pferd mit den lateralen Beinpaaren vorwärts. Ablauf: linkes Beinpaar, rechtes Beinpaar.

Diese Gangart ist in der klassischen Reitweise ebenso unerwünscht wie bei Dressur- und Camargue-Turnieren oder Zuchtschauen. Manchmal fällt das Camargue-Pferd in den Pass, wenn es schneller läuft und dabei den normalen Vierertakt verliert. Das Hinterbein fußt dann im gleichen Augenblick auf wie das Vorderbein.

Bei so genannten Gangpferden, vor allem dem Islandpferd, ist der Pass hingegen erwünscht, allerdings wird er nur im Renntempo über kurze Distanzen geritten.

RÜCKWÄRTS TRETEN

Ein symmetrische Gangart im Zweitakt. Das Pferd bewegt sich rückwärts und setzt dabei immer das diagonale Beinpaar auf. Ablauf: rechtes diagonales Beinpaar, linkes diagonales Beinpaar.

Das Pferd kann von Natur aus rückwärts gehen, deshalb lernt es dies leicht. Das Rückwärtstreten ist in der Camargue-Reitweise, besonders in der Rinderarbeit, sehr nützlich, es verbessert außerdem die Bewegungsbereitschaft des Pferdes.

SPRINGEN

Man unterscheidet mehrere Phasen: Beim **Absprung** hebt sich das Pferd vom Boden. In der Schwebephase befindet sich das Pferd in der Luft, kein Bein berührt den Boden. Man spricht von der **Flugphase**. In der **Landephase** setzt das Pferd auf den Boden auf.

DIE QUALITÄT DES GANGS EINSCHÄTZEN

Der Gang sollte energisch sein (deutlich und aktiv) sowie regelmäßig und taktrein.

AKTIVITÄT

Das Pferd sollte mit Energie und Lust vorwärtsgehen. Der Muskeltonus und die Spannkraft entscheiden über den Schub der Hinterbeine. Dem Pferd fehlt es an Schub, wenn es die Hinterbeine nachzieht und der Reiter es immer vorwärtstreiben muss.

KADENZ

Das ist die Frequenz mit der das Pferd die Beine aufsetzt. In Dressuraufgaben sollte sie so gleichmäßig wie möglich sein, auch bei Übergängen.

RHYTHMUS / TAKT

Das ist die Zeit zwischen dem Auftreten jedes Beins. Der Rhythmus bzw. der Takt sollte immer gleichmäßig sein.

MANGELHAFTE GANGARTEN

Abgesehen vom häufig vorkommenden Kreuzgalopp können Sie ab und an folgende Gangfehler bei Pferden antreffen.

KREUZGALOPP

Das Pferd galoppiert normalerweise im Rechts- oder Linksgalopp. Wenn es aus dem Gleichgewicht gerät oder der Reiter falsche Hilfen gibt, kann es sein, dass das Pferd verkehrt angaloppiert. Das bedeutet, es galoppiert zum Beispiel mit den Vorderbeinen im Rechtsgalopp und mit den Hinterbeinen im Linksgalopp und umgekehrt.

VIERTAKT-GALOPP

Wenn das Pferd sehr schnell oder sehr langsam galoppiert, verdoppelt sich der dritte Takt, also das Auftreten des diagonalen Beinpaares. Dabei setzt das diagonale Vorderbein vor dem diagonalen Hinterbein auf oder umgekehrt.

TÖLT

Bei diesem aufgelösten Trab gibt es keine Schwebephase, jedes Bein des diagonalen Beinpaars setzt einzeln auf.

TRALOPP

Das Pferd galoppiert mit den Hinterbeinen und trabt mit den Vorderbeinen oder umgekehrt.

CAMARGUE-REITWEISE

ÜBERGÄNGE

Ein Übergang bedeutet, dass das Pferd die Gangart wechselt. Es gibt Übergänge in die schnellere oder in die langsamere Gangart. Man kann die Übergänge stufenweise reiten, also vom Halten in den Schritt, in den Trab, in den Galopp oder umgekehrt – oder man wechselt z.B. direkt vom Schritt in den Galopp oder sogar vom Galopp zum Halten.

Angaloppieren.

AUFSTEIGENDE ÜBERGÄNGE
Vorwärtsreiten bringt Schub. Das Pferd bewegt sich nach vorne, indem es mit den Hinterbeinen «schiebt». Es wird dank seines lateralen Gleichgewichts schneller. Dabei sollten Sie Folgendes beachten:

▶ Der Sitz des Reiters ist besonders wichtig für das Gleichgewicht des Pferdes. Wenn der Reiter sich nach vorne beugt, stört er das Gleichgewicht des Pferdes. Es wird auf die Schultern fallen, der Übergang kann nicht im Gleichgewicht erfolgen. Stellen Sie sich vor, Sie tragen ein Kind auf den Schultern, das sich nach vorne beugt! Sie kommen aus dem Gleichgewicht und müssen schnell einen Schritt nach vorne machen, um sich zu fangen!

▶ Geben Sie für den Übergang in die nächsthöhere Gangart die Zügel leicht hin, indem Sie mit der Hand vorgehen. So sind die Zügel nicht zu stark angenommen und hindern das Pferd nicht am Vorwärtsgehen. Die Zügelhilfen dürfen nicht gegen die Schenkelhilfen wirken! Bereiten Sie sich darauf vor, Ihr Pferd auch im Übergang zu lenken.

▶ Legen Sie die Unterschenkel an und üben Sie, je nachdem wie Ihr Pferd reagiert, wiederholt leichten und kurzen Druck hinter dem Sattelgurt aus. Man kann auch mit den Knöcheln oder Fersen treiben, wenn die Waden nicht genug Kraft haben. Dabei zieht man leicht und häufig den Absatz nach oben. Achten Sie darauf, ihn nach der Hilfengebung wieder zu senken. Pressen Sie nicht die Knie zusammen! Starke „Fersenhiebe" sind eine Bestrafung, man setzt sie nur dann ein, wenn das Pferd nicht auf die Schenkelhilfe reagieren will.
Sobald das Pferd nach vorne geht, müssen Sie die Schenkelhilfe einstellen, sonst wird es mit der Zeit abstumpfen. Jetzt müssen Sie nur noch das Tempo unterstützen. Üben Sie dafür ab und an leichten Schenkeldruck aus und bringen Sie Ihrem Pferd bei, sich flüssig fortzubewegen. Vermeiden Sie ständiges «Paddeln», die Beine sollten so ruhig wie möglich bleiben.
Achtung: Vom Boden aus meint man, die Beine bewegen sich nicht, der Reiter hingegen spürt, wie seine Beine sich im Rhythmus mit dem Pferd bewegen! Man nennt das auch «Verbindung» zum Pferd. Still halten bedeutet nicht, starr zu sein! Bewegung ist erlaubt, aber im Rhythmus mit den Bewegungen des Pferdes. Diese Verbindung sollte man nicht mit klaren Hilfen und insbesondere Treiben verwechseln.

▶ Auch die Stimme ist eine wichtige Hilfe, die dem Pferd anzeigt, in welcher Gangart es gehen soll: Ein Zungenschnalzen fordert es auf, oder geben Sie einen Stimmbefehl wie z.B. «Terab».

ABSTEIGENDE ÜBERGÄNGE
Gehen Sie beim Durchparieren folgendermaßen vor:

▶ Lehnen Sie sich leicht nach hinten, schieben Sie Ihr Becken tief in den Sattel. Ihr Gewicht wirkt so verstärkt auf die Hinterhand. Blockieren Sie Ihr Becken und gehen Sie nicht mehr mit der Bewegung Ihres Pferdes mit. Sonst kann es sein, dass seine Bewegung Ihren Oberkörper nach vorne wirft!

▶ Mit einem Stimmbefehl oder einem sanften Tonfall, den Ihr Pferd kennt («Haalt», «Scheritt», «Terab»), bereiten Sie das Pferd auf das Durchparieren vor.

▶ Nehmen Sie die Zügel an und verstärken Sie den Kontakt zum Pferdemaul (je nach Situation und Gangart mehr oder weniger).

Mit diesen drei Hilfen parieren Sie Ihr Pferd durch und reduzieren das Tempo.

ÜBUNGEN

Dabei entscheidet die Intensität Ihrer Hilfen über das Ergebnis. Je stärker Sie die Hilfen einsetzen, desto mehr parieren Sie durch, bis zum Halten. Sobald das Pferd langsamer geht oder anhält, geben Sie die Fühlung zum Pferdemaul sofort auf (nachgeben) und legen Ihre Hand auf den Widerrist, damit sie in keiner Weise mehr agiert. Nur wenn das Pferd im Halten nicht still stehen bleibt oder schneller wird, müssen Sie erneut eingreifen und die Hilfen erneut einsetzen. Wiederholen Sie wenn nötig den Vorgang so lange, bis Sie das gewünschte Ergebnis erreicht haben.

Wenn das Pferd nicht gehorcht und nicht anhält oder das Tempo reduziert, ziehen Sie nicht permanent an den Zügeln. Geben Sie immer wieder nach und nehmen Sie die Zügel erneut auf, so lange, bis das Pferd reagiert.

Reiten Sie mehrere Übergänge in kurzen Abständen: Schritt-Anhalten-Schritt, dann Trab-Anhalten-Trab. Wählen Sie für die Übergänge verschiedene Punkte in der Bahn, etwa auf der Mittellinie, auf einer Schlangenlinie oder einfach auf der ganzen Bahn. Dabei sollte das Pferd in den Übergängen stets gerade bleiben. Wenn diese Übung noch zu schwierig ist, bleiben Sie auf der ganzen Bahn und üben Sie entlang der Bande.

Das wiederholte Üben der Übergänge stimmt das Pferd immer feiner auf Ihre Hilfen ab. Je deutlicher der Übergang sichtbar ist, desto mehr ist das Pferd gerade und konzentriert. Achten Sie darauf, aufrecht im Sattel sitzen zu bleiben und das Gleichgewicht Ihres Pferdes nach links oder rechts nicht zu stören. Durch die Kontrolle der Pferdeschultern halten Sie es gerade. Bei aufsteigenden Übergängen wirken beide Schenkel gleichzeitig und bleiben während des Übergangs nah am Pferdekörper. So können Sie ein Pferd, das nicht gerade geht, schnell korrigieren. Außerdem kontrollieren Sie so die Hinterhand.

Achten Sie darauf, dass Ihre Schenkel nicht die Flanken Ihres Pferdes berühren, wenn Sie durchparieren wollen. Diese Schenkelhilfe dient zum Vorwärtstreiben und darf nicht gegen die Zügel- und Gewichtshilfe oder gegen den Stimmbefehl wirken. Sie sollten passiv bleiben. Sollte das Pferd jedoch zu stark auf das Durchparieren reagieren, müssen Sie es jederzeit vorwärtstreiben können.

Die Stimme sollte beruhigend wirken, nutzen Sie eine tiefe Stimmlage und logische, der Situation angepasste Worte. Wenn das Pferd beispielsweise auf den Befehl «Ohh» stehen bleibt, benutzen Sie für den Schritt eher «Scheritt».

Ich selbst benutze «Scht» als Stimm-«Strafe», und zwar schon bei der Erziehung meiner Jungpferde. Daher verwende ich es nicht zum Durchparieren, auch wenn es in der Camargue-Reitweise sonst üblich ist. Der Reiter muss sich immer dem jeweiligen «Vokabular» des Pferdes anpassen.

Das Pferd pariert vom Galopp zum Halten durch. Die Hinterbeine treten unter den Schwerpunkt, die Zügel sind locker.

CAMARGUE-REITWEISE

ANHALTEN

Beim Anhalten steht das Pferd völlig still. Anhalten kann man aus dem Schritt, dem Trab oder dem Galopp.

WARUM?

Es gibt mehrere Gründe, warum man beim Anhalten darauf achten sollte, dass das Pferd wirklich stillsteht.

▶ Zunächst einmal ist es ein Sicherheitsaspekt. Ein Pferd, das auf ein «Ohh» gut reagiert, ist besser kontrollierbar (z.B. wenn Sie einem Hindernis ausweichen oder nach einem Schreck das Pferd anhalten müssen).

▶ Ihr Pferd muss das Anhalten beherrschen, bevor Sie das Rückwärtstreten üben. Dabei sollten alle vier Beine in der Achse stehen; die Hinterbeine befinden sich unter dem Pferdegewicht.

▶ Das Anhalten bedeutet für das Pferd eine Pause. Es kann kurz durchatmen – genau wie der Reiter! Das ist wichtig, vor allem nach einer physischen oder psychischen Stresssituation. So kann es das Erlebte «verdauen».

▶ Auch beim Absteigen muss das Pferd vollkommen ruhig stehen bleiben. Das ist für die Sicherheit aller Beteiligten sehr wichtig.

Das ausgebildete Pferd steht mit allen vier Beinen ruhig in der Achse.

WIE HÄLT MAN AN?

Für das Anhalten gilt folgende Hilfengebung:

▶ **Sie sitzen tief** und fest im Sattel, damit Sie Ihr Gewicht leicht nach hinten verlagern können. So vermeiden Sie auch, dass Sie beim Abstoppen aus dem Sattel gehoben werden. Der Rücken ist gerade, der Oberkörper ist leicht nach hinten geneigt. Das Gewicht bleibt mittig, damit das Pferd gerade anhält.

▶ **Die Stimme** gibt den Befehl, z.B. «Ohh» oder «Haalt». Sie ist weich, aber bestimmt. Dieser Befehl gilt nur für diese Aktion und nichts anderes!

▶ **Die Zügelhilfen** kommen nach dem Stimmbefehl zum Einsatz. Ganz gleich, aus welcher Gangart Sie anhalten möchten, geben Sie dem Pferd Zeit, ohne Zerren und Ziehen am Zügel anzuhalten. Die Zügelhilfe gibt dabei nicht gänzlich nach, sondern bleibt in gefühlvollem Kontakt, bis das Pferd anhält. Sobald es steht, geben

GRUNDLAGEN DES REITENS

Das Jungpferd steht ruhig und unbeweglich. Die Zügel sind locker, der Reiter sitzt gerade.

Sie nach. So kann sich das Pferd im Hals entspannen. Wenn Sie den Kontakt zum Maul weiter aufrecht erhalten, riskieren Sie, dass es rückwärts tritt oder das Maul nach vorne streckt, um Ihnen die Zügel aus der Hand zu ziehen. Oder aber es wird versuchen, einige Schritte nach vorne zu gehen. Geben Sie deshalb auch nicht zu stark nach, damit Sie eingreifen können, wenn das Pferd sich bewegt. In diesem Fall fordern Sie es erneut zum Anhalten auf und geben sofort als Belohnung nach, wenn es richtig reagiert. Wenn das Pferd zur Seite ausweicht, legen Sie den jeweils äußeren Zügel an und bringen Sie die Schultern wieder in die Achse!

▶ **Die Schenkelhilfen** sind passiv. Die Beine liegen locker an, sie kontrollieren lediglich die Hinterhand des Pferdes und korrigieren sie eventuell nach rechts oder links durch leichtes Anlegen. Geben Sie keinen Druck in die Steigbügel, sonst stemmen Sie Ihre Beine nach vorne und versteifen dadurch Ihren Sitz!

« Beim Anhalten geht nicht die Reiterhand zum Bauchnabel, sondern der Bauchnabel zur Reiterhand. »

Lyne Laforme

111

CAMARGUE-REITWEISE

TEMPOWECHSEL

Man kann in jeder Gangart Tempowechsel reiten und die Schritte vergrößern oder verkleinern. Mit Veränderung von Kadenz und Geschwindigkeit ändert sich auch die Länge der Schritte. Die Gangart bleibt aber erhalten. Durch einen Tempowechsel verändert sich auch die Haltung des Pferdes. In der Verstärkung streckt das Pferd die Oberlinie, also Rücken und Hals. Es nimmt die Nase leicht nach vorne. Der Raumgriff der Schritte vergrößert sich, die Hinterhand muss dabei verstärkt schieben. Bei einer Verringerung des Tempos verkürzt sich der Raumgriff. Das Pferd versammelt sich und wird dadurch kompakter. Der Nasenrücken nähert sich der Senkrechten, das Pferd richtet sich auf. Es zeigt mehr Kadenz. Das Gleichgewicht verlagert sich auf die Hinterhand. Der Widerrist bleibt stets angehoben, dadurch behält das Pferd im Tempowechsel sein Gleichgewicht.

Verkürzung des Galopps.

Die Schrittlänge beeinflusst die Geschwindigkeit. Je länger die Schritte, desto größer ist die Distanz, die das Pferd mit jedem Schritt zurücklegt. Werden die Schritte verkürzt, geht die Bewegung mehr in die Höhe als in die Weite; das Pferd wird langsamer. Wichtig ist, dass der Takt erhalten bleibt, durch Zulegen oder Verlangsamen verändert sich lediglich die Schrittlänge. Dennoch vergrößert oder verkleinert man den Raumgriff nicht, indem man schneller oder langsamer reitet. Der gesamte Körper des Pferdes muss sich beim Zulegen nach vorne strecken. Bei einer Tempo-Reduzierung komprimiert der Reiter das Pferd, es «versammelt» sich. Dazu verlagert es mehr Gewicht auf die Hinterhand, tritt vermehrt unter, richtet sich auf, und die Vorhand wird frei und beweglich.

Schrittlänge: Die Distanz zwischen zwei Punkten, an denen derselbe Huf nacheinander auffußt. Diese Schrittlänge nennt man auch Raumgriff. Beispielsweise im Linksgalopp nennt man den Moment zwischen dem jeweilgen Auffußen des rechten Hinterbeins „Galoppsprung". Man spricht auch von der Sprunglänge.

GRUNDLAGEN DES REITENS

In der Reitersprache unterscheidet man mehrere Tempowechsel:

IM SCHRITT

In der Camargue-Reitweise kommen versammelter Schritt, Mittelschritt und starker Schritt vor.

Der Schritt ist die einfachste und ruhigste Gangart des Pferdes. Tempowechsel in dieser Gangart sind hingegen am schwierigsten. Statt die Schrittlänge zu erweitern, wird das Pferd leicht eilig und kann in eine schnellere Gangart wechseln. Bei der Versammlung besteht die Gefahr, dass es anhält, wenn die Hilfengebung ungenau ist.
Zur Schrittverstärkung brauchen Sie:

▶ **Schenkelhilfen:** Folgen Sie dem Bewegungsablauf im Schritt mit Ihren Beinen (Waden), indem Sie jeweils das rechte oder linke Bein anlegen. So, als würden Sie mit Ihrem Pferd mitlaufen. Jetzt verstärken Sie die Schenkelhilfen und vergrößern so die Schrittlänge. Zum Verkürzen des Schritts stellen Sie die Schenkelhilfe ein und begleiten Sie das Pferd, ohne jedoch den Schub zu verlieren.

▶ **Das Becken:** Verstärken Sie die Bewegung Ihres Beckens im Rhythmus des Schritts. Übertreiben Sie aber nicht, denn das würde das Pferd stören, außerdem sieht ein zappelnder Reiter unästhetisch aus. Der Rücken bleibt gerade, der Oberkörper bleibt leicht nach hinten gelehnt und sollte sich nicht vor und zurück bewegen. Wenn Sie die Bewegung im Becken blockieren, signalisieren Sie dem Pferd damit, dass es nicht schneller werden darf.

▶ **Die Hand:** Die Hand gibt nach. Sie geht nach vorne, sodass die Zügel nach und nach lockerer werden. Das Pferd wird sich durch die Einwirkung der Schenkelhilfen verstärkt nach vorne bewegen. Diesen Schub müssen Sie aufrecht erhalten und die Zügel nach und nach hingeben. Dadurch streckt das Pferd den Hals und die Nase nach vorne.
Wenn Sie das Tempo verkürzen möchten, nehmen Sie die Zügel auf. Verkürzen Sie die Zügel langsam und treiben Sie nicht weiter. Das Pferd wird den Nasenrücken nach «hinten» nehmen und sich im Hals verkürzen. Es geht langsamer.

Wenn Sie das Pferd im Schritt zu stark treiben, kann es passieren, dass es antrabt. Lernen Sie zu spüren, wie weit Sie gehen können. Jedes Pferd hat eine andere Schrittlänge. Nicht jedes Pferd kann mit der gleichen Geschwindigkeit gehen!

IM TRAB

In der Camargue-Reitweise ist der Arbeitstrab gebräuchlich. Der Mitteltrab wird zum Abreiten benutzt, er gymnastiziert das Pferd, fördert den Muskelaufbau und das Gleichgewicht. Er wird auch zur Präsentation bei Zuchtschauen eingesetzt. Der versammelte Trab bereitet das Pferd auf Lektionen der Hohen Schule vor (Passage, Piaffe...). Der starke Trab aus der klassisch englischen Reitweise existiert in der Camargue-Reitweise nicht.

Trabverkürzung.

CAMARGUE-REITWEISE

Für das Pferd sind Tempoveränderungen im Trab eine sehr gute Übung. Es lernt, den Rücken anzuspannen und gleichmäßig mit den Hinterbeinen zu schieben. So bauen sich Muskeln auf. Zur Vorbereitung der Trabverstärkung reiten Sie auf einen kleinen Zirkel mit ca. zehn Meter Durchmesser. Lassen Sie das Pferd dann auf einer geraden Linie aus dem Zirkel heraus und verstärken Sie dabei den Trab.

Folgende Hilfen brauchen Sie für einen Zirkel auf der linken Hand:

▶ **Schenkelhilfen:** Das rechte Bein bleibt beim Herausreiten aus dem Zirkel angelegt und verhindert, dass die Hinterhand nach außen ausbricht. Das linke Bein, das die Biegung kontrolliert hat, gibt nach und schließt sich von neuem, um gleichzeitig mit dem rechten Bein das Pferd zu vermehrter Schubkraft aufzufordern.

▶ **Becken:** Bleiben Sie gerade und tief im Sattel sitzen, der Rücken ist leicht nach hinten gelehnt. Wenn Sie sich zu stark zurücklehnen, blockieren Sie die Hinterhand. Versuchen Sie nicht, den Trab mit dem Becken zu verstärken. Gehen Sie lediglich in der Bewegung mit. Beim Verkürzen des Trabs setzen Sie sich gerade hin, so wie bei einem Gangartwechsel.

▶ **Hand:** Sie kontrolliert die Richtung. Wenn das Pferd sich nach vorne streckt, muss es gerade bleiben, sodass beide Hinterbeine gleich stark schieben! Die Hand darf das Pferdemaul nicht stören. Geben Sie langsam nach, damit das Pferd den Hals strecken kann. Wenn Sie mit der Hand ziehen oder unruhige Bewegungen machen, wird das Pferd den Kopf heben, den Rücken durchdrücken und Schub verlieren. Es läuft einfach schneller, ohne sich zu strecken.

Wenn das Pferd die Tritte verlängert, spüren Sie, wie es sich streckt und den Widerrist anhebt. Sein Rücken spannt sich, und es fußt energischer ab. Die Energie der Hinterbeine fließt durch den gesamten Körper. Die Vorhand und das Pferdemaul bleiben leicht! Wenn Sie den Trab verkürzen möchten, schließen Sie leicht die Finger. Ziehen Sie nicht an den Zügeln! Das Pferd soll eine gute Haltung bewahren und den Kopf nicht heben!

IM GALOPP
Versammelter Galopp, Arbeitsgalopp, Mittelgalopp, starker Galopp.

Trabverstärkung.

In der Camargue-Reitweise wird der versammelte Galopp benutzt, um dem Pferd Galopppirouetten beizubringen. Meist wird im Arbeitsgalopp geritten. Der Mittelgalopp ist der ideale Galopp für das Camargue-Pferd.

Die Verstärkung oder Verkürzung des Galopps beeinflusst die Geschwindigkeit. Dabei bleibt das Pferd jedoch in der Gangart. Das ist für den Gardian besonders bei der Rinderarbeit wichtig.

▶ **Becken:** Im Galopp ist es besonders wichtig, dass man tief im Sattel sitzt und das Pferd nicht stört. Ihr Becken ist die entscheidende Hilfe. Setzen Sie es ein! Ihre Gewichtshilfe und der Rhythmus Ihres Beckens signalisieren dem Pferd die gewünschte Länge des Galoppsprungs. Wenn Sie den Galoppsprung vergrößern möchten, vergrößern Sie Ihre Beckenbewegung. Schieben Sie mit Ihrem Gesäß im Sattel von vorne nach hinten, ohne dabei zu übertreiben. Der Oberkörper bleibt unbeweglich und gerade.

▶ **Schenkelhilfen:** Schließen Sie Ihre Beine gleich stark und geben Sie Ihrem Pferd so den notwendigen Schub. Auf dem Zirkel bleibt das innere Bein hinter dem Gurt. Es treibt und bestimmt die Biegung und das laterale Gleichgewicht des Pferdes. Das äußere Bein ist leicht zurückgenommen, es liegt verwahrend an.

▶ **Hand:** Geben Sie in der Hand nach, damit das Pferd leicht die Nase nach vorne schieben und sich strecken kann! Wenn Sie den Galopp verkürzen möchten, müssen Sie die Bewegung im Becken stoppen und den Galoppsprung nicht mehr begleiten. Richten Sie sich auf. So bremsen Sie den Schub Ihres Pferdes. Nehmen Sie Ihre Hand ein wenig zurück, sodass die Zügel sich leicht spannen. Treiben Sie nicht mehr mit den Beinen. Die Schenkel liegen verwahrend an und treiben nur, falls das Pferd in den Trab fallen möchte. Wenn das passiert, haben Sie wahrscheinlich Ihre Hilfen nicht richtig dosiert, vor allem die Ihrer Hand!

Galoppverstärkung.

CAMARGUE-REITWEISE

ANGALOPPIEREN

Das Angaloppieren aus jeder Gangart heraus muss gut vorbereitet werden und darf nicht hastig abgefragt werden. Das Pferd sollte Zeit haben, sich darauf vorzubereiten. Bevor der Reiter das Angaloppieren lernt, sollte er das Antraben beherrschen: vom Schritt in den Trab, vom Halten in den Trab und auch schnelle Übergänge wie Schritt / Trab / Schritt oder Trab / Anhalten / Trab. Diese Übergänge eignen sich übrigens auch sehr gut zum Aufwärmen und zur Vorbereitung auf das Angaloppieren.

Es gibt zwei Möglichkeiten anzugaloppieren:

▶ Durch Gleichgewichtsverlust: Dabei treibt der Reiter das Pferd im Trab vorwärts, bis es angaloppieren muss. Das Pferd fällt in den Galopp, um nicht das Gleichgewicht zu verlieren. Je höher die Geschwindigkeit im Trab, desto schwieriger ist es für das Pferd, das Gleichgewicht zu behalten. Das Angaloppieren durch Gleichgewichtsverlust wird bei der Ausbildung von Jungpferden benutzt. Sobald Pferd und Reiter diese Lektion beherrschen, sollte man nicht mehr so angaloppieren.

▶ Vielmehr galoppiert man aus dem Schritt oder Trab heraus an, ohne das Pferd schneller werden zu lassen. Nur so wird es in den Galopp springen, beispielsweise im Linksgalopp das rechte Hinterbein zuerst aufsetzen und dabei die Kruppe senken und die Schulter anheben. Zur Vorbereitung müssen Sie Ihrem Pferd mit einigen einfachen Übungen beibringen, sein

Angaloppieren aus dem Gleichgewicht heraus.

Gewicht auf die äußere Schulter zu verlagern, denn beim Angaloppieren muss die innere Schulter unbelastet sein. Das ist auch der einzige Weg, Ihrem Pferd das Angaloppieren aus dem Schritt beizubringen. Wenn Sie die Hilfen richtig einsetzen und das Pferd sein Gleichgewicht behält, wird es mit Leichtigkeit aus dem Schritt heraus angaloppieren können.

RICHTIG ANGALOPPIEREN

Nur wenn Sie die Bewegungsabläufe des Galopps gut kennen und Ihre Hilfen gezielt einsetzen können, werden Sie die Galopphilfen richtig einsetzen.

▶ **Schenkelhilfen:** Mit Ihren Schenkeln fordern Sie Schub vom Pferd, so wie in den anderen Gangarten auch. Beim Angaloppieren müssen Sie dem Pferd aber zusätzlich vermitteln, auf welcher Hand es angaloppieren soll, auf der linken oder der rechten. Bei einem ausgebildeten Pferd, das die Hilfen kennt, wird mit beiden Schenkeln gleichzeitig getrieben. Dabei wird aber der äußere Schenkel leicht nach hinten genommen. Der innere Schenkel bleibt am Gurt. Beim Angaloppieren auf der linken Hand müssen Sie mit dem linken Schenkel am Gurt treiben. Das rechte Bein wirkt verwahrend leicht zurück genommen. Achtung, es

GRUNDLAGEN DES REITENS

darf dabei nicht die Hinterhand nach innen drücken, sondern nur leicht versetzen, um dem Pferd die Richtung zu weisen. Der linke Schenkel hingegen darf nicht nach vorne gleiten! Das linke Bein am Gurt kann vor dem Angaloppieren auch stärker wirken und damit das Gewicht der Vorhand auf die rechte Schulter verlagern. Dadurch wird die linke Schulter frei. Es ist wichtig, dass das Pferd nicht nach links wendet, bevor es angaloppiert, weil es die Hilfe falsch verstehen könnte und dann rechts angaloppiert.

▶ **Becken:** Beim Angaloppieren auf der linken Hand hebt das Pferd die linke Schulter und verlagert das Gewicht nach rechts. Sie müssen also Ihr Gewicht nach rechts verlagern und sich auf den rechten Gesäßknochen setzen. Schauen Sie geradeaus.

▶ **Hand:** Sie weist die Richtung, je nachdem, ob Sie auf einer Geraden oder einem Zirkel angaloppieren möchten. Wenn Sie auf eine gebogene Linie abwenden möchten, legen Sie immer den äußeren Zügel an. Oder aber halten Sie die Vorhand auf der Geraden. Wenn Sie bei einem Jungpferd Kappzaumzügel benutzen, beeinflussen Sie damit die Stellung, je nachdem, auf welcher Hand Sie angaloppieren möchten. Wenn Sie auf der Seite angaloppieren, auf der das Pferd steifer ist, können Sie es mit dem Kappzaumzügel stärker nach innen stellen. Galoppieren Sie hingegen auf seiner besseren Seite an, können Sie mit dem **äußeren** Kappzaumzügel die Biegung kontrollieren und korrigieren.

▶ **Stimme:** Ein Stimmbefehl hilft vor allem dem Jungpferd. Es wird ihn schnell mit der entsprechenden Hilfengebung in Verbindung bringen. Galoppiert ein ausgebildetes Pferd auf der falschen Hand an, stimmt Ihre Hilfengebung vielleicht noch nicht, oder Sie sind nicht energisch genug! Sie können Ihre Hilfen mit der Stimme unterstützen.

117

WIE ERKENNT MAN, OB DAS PFERD AUF DER RICHTIGEN HAND ANGALOPPIERT?

Beobachtet man ein Pferd im Galopp, erkennt man rasch, auf welcher Hand es galoppiert. So setzt es zum Beispiel im Linksgalopp sein linkes laterales Beinpaar (linkes Vorderbein, linkes Hinterbein) weiter vorne auf als das rechte, es ist leicht nach links gestellt. Wenn es auf der «falschen Hand» galoppiert, setzt es das rechte laterale Beinpaar vor dem linken auf. Das Pferd kann nur schwer nach links wenden.

Auf der «falschen» Hand: Das Pferd galoppiert auf dem linken Bein auf einem rechten Zirkel.

Auch vom Pferd aus kann man beobachten, wie die linke Schulter im Linksgalopp weiter nach vorne greift als die rechte. Die Muskeln auf der linken Seite sind stärker sichtbar. Vermeiden Sie aber unbedingt, nach vorne zu fallen, wenn Sie auf die Schulter Ihres Pferdes gucken! Damit würden Sie das Gleichgewicht Ihres Pferdes extrem stören. Es kann auf der falschen Hand angaloppieren oder die Hand wechseln. Ein kurzer Blick genügt.

Die Haltung des Pferdes ist ebenfalls ein guter Anhaltspunkt. Galoppiert das Pferd auf der falschen Hand, sitzt man unbequem, weil das Pferd nur schwer sein Gleichgewicht halten kann. Nach und nach, mit zunehmend besserem Sitz, werden Sie die Bewegungen spüren und müssen nicht mehr auf die Schulter schauen. Ihr Gesäß geht im Sattel von vorne nach hinten und von rechts nach links in der Bewegung mit.

GRUNDLAGEN DES REITENS

Auf der «richtigen» Hand: Das Pferd galoppiert auf dem linken Bein auf einem linken Zirkel.

Achten Sie darauf, in einer Reitstunde gleichmäßig auf beiden Seiten anzugaloppieren. Wenn Sie wissen, dass Ihr Pferd Rechts- oder Linkshänder ist, sollten Sie nicht immer mit der gleichen Seite beginnen, z.B. erst links und dann rechts. Variieren Sie die Galopp-Lektionen. Gerade wenn Ihr Pferd entweder locker und warm oder schon etwas müde ist, sollten Sie immer einmal zuerst auf der einen oder anderen Hand angaloppieren. Sonst wird es immer auf der gleichen Hand angaloppieren, wenn es müde ist.

Beachten Sie auch den Trainingsplan Ihres Pferdes. Wenn Sie zweimal pro Woche reiten, wird es nicht genügend Ausdauer haben, um lange zu galoppieren. Achten Sie auf Ihr Pferd und hören Sie im richtigen Moment auf. Wenn Sie jeden Tag reiten, ist Ihr Pferd besser trainiert und verträgt ein intensiveres Training. Sie sollten Ihr Pferd aber niemals überanstrengen, damit es jeden Tag mit Freude an die Arbeit geht.

Später sollten Sie sich beim Angaloppieren angewöhnen, jedes Mal zu prüfen, ob Ihr Pferd die Vorhand hebt und sich beispielsweise im Linksgalopp auch links streckt. Sie werden nur wenige Galoppsprünge brauchen, um zu spüren, ob es auf der richtigen oder falschen Hand galoppiert. So können Sie einen Fehler schnell korrigieren und müssen keine Extrarunden reiten!

119

CAMARGUE-REITWEISE

RÜCKWÄRTSTRETEN

WARUM RÜCKWÄRTS TRETEN?

Rückwärts treten ist in der Camargue-Reitweise besonders wichtig. Der Gardian muss in vielen Situationen mit seinem Pferd rückwärts treten können: Wenn er ein Tor öffnen oder schließen muss, wenn er sich vom Rind oder von der Herde entfernen muss. Auch bei den Turnieren (Dressur, Trail-Parcours, Gelände-Parcours) wird das Rückwärtstreten verlangt. Diese Lektion ist also grundlegend in der Ausbildung des Pferdes. Sie stärkt zudem die Rückenmuskulatur und die Hinterbeine.

WIE RICHTE ICH DAS PFERD RÜCKWÄRTS?

Bei einem ausgebildeten Pferd halten Sie zunächst an, sodass alle Beine parallel stehen. Das Pferd hat das Gewicht gleichmäßig verteilt und ist gerade; Kopf, Hals, Schultern und Hüften sind auf einer Linie. «Treiben» Sie das Pferd nun mit den Schenkeln an. Es darf aber nicht nach vorne ausweichen. Halten Sie es mit angenommenen Zügeln sanft zurück. Das Pferd wird verstehen, dass es nicht nach vorne gehen kann und wird dem Druck des Gebisses nach hinten ausweichen – dahin, **wo der Weg frei ist**.

Zügel- und Schenkelhilfen sollten bestimmt, aber sanft sein. Ihre Schenkel agieren im Rhythmus der Tritte. Halten Sie die Zügelhilfe durch, solange das Pferd nicht angetreten ist. Dann können Sie an die jeweilige Situation angepasst überstreichen (aufnehmen oder nachgeben). Die Stimme ist ebenfalls hilfreich. Benutzen Sie ein Wort, das Ihr Pferd für das Rückwärtsgehen kennt.

Halten Sie das Pferd an, indem Sie den Kontakt zum Pferdemaul aufgeben. Geben Sie mit der Hand nach und reiten Sie im Schritt, Trab oder Galopp an.

Achten Sie darauf, dass das Pferd gerade rückwärts tritt. Deshalb muss es in der Ausgangsposition wie oben beschrieben richtig stehen. Legen Sie zum Korrigieren jeweils den äußeren Zügel an. Wenn die Hinterhand nach rechts ausbricht, müssen Sie den linken Zügel anlegen, um die Schultern des Pferdes gerade zu richten und umgekehrt. Sie können auch die Hinterhand mit den Schenkeln korrigieren. Nehmen Sie sie dazu leicht zurück. Der rechte Schenkel, wenn die Hinterhand nach rechts ausbricht und umgekehrt.

Beim Rückwärtstreten soll das Pferd das Gebiss willig annehmen und im Genick nachgeben. Sein Gewicht verlagert sich auf die Hinterhand, der Widerrist hebt sich. Es tritt gelöst rückwärts, ohne Schmerzen im Rücken.

Geht es hingegen mit gehobenem Kopf und vorgestreckter Nase rückwärts, wird es den Rücken durchdrücken und die Hinterbeine nicht korrekt belasten. Schnell entsteht ein Teufelskreis: Das Pferd empfindet Schmerzen beim Rückwärtstreten und wird den Rücken deshalb noch mehr durchdrücken – was die Rückenschmerzen wiederum verstärkt. Achten Sie deshalb unbedingt darauf, dass es von Anfang an in der richtigen Haltung rückwärts tritt.

Mit einem bereits fortgeschrittenen Pferd können Sie das Rückwärtstreten auch auf einem Bogen üben. Auf einem Bogen nach rechts bewegt die Hinterhand sich nach rechts, zum

Beim Rückwärtstreten muss das Pferd das Gewicht auf die Hinterhand verlagern und den Widerrist anheben.

Das rechte Vorderbein und das linke Hinterbein bilden das rechte diagonale Beinpaar.

Zirkelmittelpunkt hin. Nehmen Sie vom ersten Schritt an das linke Bein zurück und geben dem Pferd somit die Richtung vor. Legen Sie gleichzeitig den linken Zügel leicht an. Sie müssen jederzeit die Schultern mit dem jeweils äußeren Zügel korrigieren können. Das Pferd ist nach rechts gestellt, die Schultern folgen der Hinterhand auf dem Zirkel.

Diese Übung verbessert die Beweglichkeit Ihres Pferdes und fördert die Aktivität der Hinterbeine. Achten Sie darauf, dass Sie die Lektion immer gleichmäßig auf der rechten und auf der linken Hand reiten.

PROBLEME UND LÖSUNGEN

Wenn das Pferd nicht rückwärts treten will oder versucht, dem Druck der Zügel auszuweichen, überprüfen Sie Ihre Hilfengebung: die Hand blockiert die Bewegung nach vorne. Sie sollte ruhig bleiben, rucken Sie nicht an den Zügeln. Wenn Sie die Hand permanent bewegen, wird das Pferd darauf folgendermaßen reagieren: ein Schritt nach hinten, stehen bleiben oder nach vorne gehen, wieder einen Schritt rückwärts treten ... Versperren Sie Ihrem Pferd daher nur den Weg und warten Sie auf seine Reaktion, seien Sie geduldig! Das Reitergewicht bleibt unverändert gerade, nicht zu weit vorne, nicht zu weit zurück. Die Schenkel geben eine klare Aufforderung. Sobald das Pferd einen Schritt rückwärts tritt, geben Sie nach und loben es. Nach und nach wird es verstehen, was Sie von ihm möchten und freiwillig rückwärtsgehen.

Einige Pferde widersetzen sich bei dieser Lektion stark. Anzeichen von Gegenwehr sind Kopfheben, seitliches Ausbrechen, Erstarren und Aufbäumen. Bedenken Sie, dass es dorthin gehen soll, wo es nichts sieht. Das kann dem Pferd Angst machen. Solche Pferde sollte man geduldig daran gewöhnen. Beginnen Sie mit dieser Übung vom Boden aus. Lassen Sie es drei bis vier Schritte rückwärts treten und gehen Sie wieder vorwärts. Wiederholen Sie diese Übung. Weniger ist manchmal mehr. Wichtig ist die Harmonie in der Aufgabe.

Sie können jederzeit die Übungen mit der Bodenarbeit ergänzen, besonders wenn das Pferd die Übung noch nicht verstanden hat.

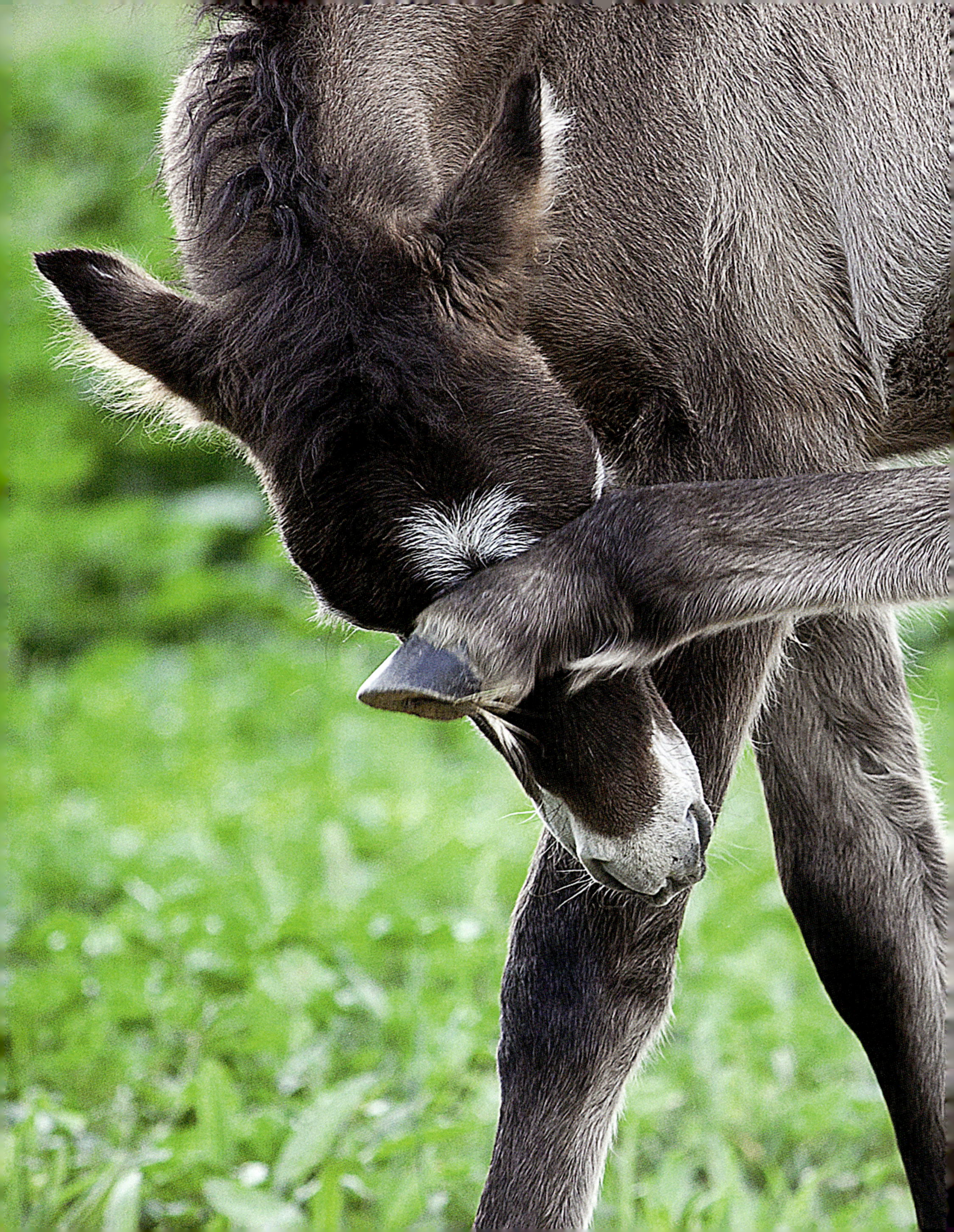

DRESSUR-AUSBILDUNG

Die Ausbildung von Pferd und Reiter verläuft schrittweise aufeinander aufbauend, nie sollte zu viel auf einmal verlangt werden. Der Reitlehrer stellt seinem Schüler zuerst leichte und dann immer schwierigere Aufgaben. Das Gleiche gilt für das Pferd. Geben Sie dem Pferd genügend Zeit, jede Lektion wirklich zu verstehen; es darf kein Ausbildungsschritt übersprungen werden. So erhalten Sie seine psychische und physische Gesundheit und erreichen eine korrekte Grundausbildung in der Dressur.

AUFWÄRMEN / LEKTIONEN

Ein Fohlen liegt im Bauch seiner Mutter immer eingerollt, entweder zur linken oder zur rechten Seite. Je nachdem, wie es als Embryo lag, sind seine Muskeln auf einer Seite verkürzt; es kommt als Rechts- oder Linkshänder auf die Welt. So wird erklärt, warum Pferde auf einer Seite oft steifer sind. Diese Asymmetrie sollte der Reiter in der Ausbildung korrigieren.

Zirkel im Trab auf der rechten Hand.

ZIRKEL

Diese Bahnfigur ist grundlegend in der Ausbildung von Pferd und Reiter. Auf dem Zirkel lassen sich Biegung und Gleichgewicht erarbeiten und kontrollieren, später auch Richtung und Geschwindigkeit. Der Reiter sollte jeden Schritt aufmerksam kontrollieren und verfolgen. Sie können den Zirkel in allen drei Gangarten reiten und seinen Durchmesser variieren. Je kleiner der Zirkel, desto schwieriger wird diese Bahnfigur für das Pferd, und desto besser müssen Sie es beherrschen. Bevor Sie enge Zirkel reiten, sollten Sie Ihr Pferd auf beiden Händen gut lösen.

WARUM?

Angenommen, die Muskeln des Pferdes sind auf der linken Seite verkürzt. Das Pferd wird nun auf der rechten Hand versuchen, den Zirkel zu verkleinern oder sich vermehrt auf das rechte Vorderbein zu stützen. Es wird über die rechte Schulter fallen oder eine Konterstellung (Stellung nach außen) einnehmen. Auf der linken Hand wird es sich stärker stellen, da die Muskeln seiner rechten Seite länger sind. Es wird den Kopf und die Hüften leichter nach innen stellen. In der Konsequenz bewegen sich Schulter und Rumpf zu stark nach außen.

Eine **korrekte Biegung** ist deshalb besonders wichtig. Das Pferd biegt seine Wirbelsäule in der Form des Bogens, auf dem es geht. Dabei folgt die Hinterhand den Spuren der Vorhand; man sagt, das Pferd geht «gerade» auf dem Zirkel. Diese Biegung wird durch folgende Hilfen erreicht:

Zirkel auf der linken Hand im Schritt.

WIE REITET MAN EINEN ZIRKEL?

Zirkel auf der linken Hand:

▶ **Zügelhilfen:** Der Reiter legt den äußeren Zügel an (bei einem Jungpferd nimmt er zusätzlich den direkten linken Kappzaumzügel an). Das Pferd hat die Nase leicht nach innen gestellt, der Hals ist also nach links gebogen.

▶ **Schenkelhilfen:** Der rechte Schenkel liegt hinter dem Gurt und gibt dem Pferd die Richtung an. Er verhindert, dass die Hinterhand den Bogen verlässt und nach außen ausschert. Der linke Schenkel treibt leicht in der Ausgangsposition am Gurt. Durch gleichmäßiges Treiben verhindern Sie, dass das Pferd den Zirkel verkleinert. Der innere Schenkel mobilisiert das Pferd, es zieht den Rumpf ein, um auf dem Bogen zu bleiben.

▶ **Gewichtshilfe:** Schauen Sie in die Richtung, in die Sie reiten und drehen Sie auch den Oberkörper in diese Richtung. Knicken Sie nicht links in der Hüfte ein, damit würden Sie das Pferd aus dem Gleichgewicht bringen. Bleiben Sie gerade auf beiden Gesäßknochen sitzen. Auf einem kleinen Zirkel (zehn Meter und weniger) müssen Sie Ihr Gewicht sogar leicht nach rechts verlagern, um die Schiefe auszugleichen und um zu verhindern, dass Ihr Pferd nach innen fällt. Wenn das Pferd korrekt auf dem Zirkel geht, können Sie diese Stellung jeweils an die Größe des Zirkels anpassen. Reiten Sie die Zirkel aber gerade anfangs nicht zu klein. Denken Sie immer daran, dass Ihr Pferd sich gelöst tragen und vorwärtsgehen soll. Wenn Sie es zu stark biegen, verliert es an Schub. Ein schlecht oder kaum trainiertes Pferd kann bei einer solchen Lektion auch Schmerzen haben und sich widersetzen.

Um den Zirkel korrekt zu reiten, teilen Sie ihn in vier gleiche Teile. Sie können zur Unterstützung beispielsweise Kegel aufstellen. Ihr Blick sollte immer auf das folgende Viertel gerichtet sein. So schauen Sie nicht auf den Boden und fallen nicht nach vorne. Wenn Sie Ihr Pferd zwischendurch ein paar Schritte lang beobachten wollen, senken Sie nur die Augen.

CAMARGUE-REITWEISE

*Das Pferd fällt
auf dem Zirkel
leicht nach innen.*

PROBLEME UND LÖSUNGEN

Bevor Sie schwierigere Übungen angehen, müssen Sie in der Lage sein, Probleme zu erkennen und zu lösen, etwa bei Schwierigkeiten auf dem Zirkel. Die Ursachen können in einer unzureichenden Ausbildung des Pferdes oder fehlender Erfahrung des Reiters liegen. Natürlich spielt auch der Charakter des Pferdes eine Rolle. Manche drängeln immer wieder zum Ausgang der Reitbahn oder in Richtung Stall. Andere kleben regelrecht an ihren Artgenossen in der Reitbahn. Solche Probleme lassen sich nicht durch Bestrafen lösen. Versuchen Sie vielmehr, die Aufmerksamkeit und die Konzentration des Pferdes zu steigern.

Hier einige Übungen:

Das Pferd fällt über die Schulter nach innen:
▶ Wenn Ihr Pferd ungewollt den Zirkel verkleinert oder abkürzt und nach innen fällt, reiten Sie aus dem Zirkel einige Schritte geradeaus. Auf der linken Hand beispielsweise müssen Sie den linken Zügel anlegen, mit dem linken Schenkel treiben und das Pferd einige Schritte lang so gestellt reiten. Sobald es wieder gerade geht, reiten Sie an genau dieser Stelle erneut einen Zirkel.

Das Pferd bricht aus dem Zirkel aus:
▶ Wenn Ihr Pferd den Zirkel vergrößert, fällt es über die äußere Schulter. Reiten Sie es in Konterstellung auf dem Zirkel. So stellen Sie es wieder gerade (siehe dazu Kapitel «Konterstellung»).

▶ Auch diese Übung korrigiert Pferde, die zu stark nach außen drängen: das «Viereck». Reiten Sie beispielsweise einen Zirkel auf der linken Hand. Sobald Sie merken, dass Ihr Pferd ausbricht, reiten Sie eine 90° Ecke. Legen Sie dafür den äußeren Zügel etwas stärker an als üblich. Der linke Schenkel treibt hinter dem Gurt, damit das Pferd nicht nach innen fällt. Ihr Gewicht liegt zum Ausgleich leicht auf dem äußeren Gesäßknochen. So stellen Sie die Schultern Ihres Pferdes nach innen, und Sie können erneut einen Zirkel reiten. Wiederholen Sie diese Übung so oft wie nötig.

KONTERSTELLUNG

Ein Pferd befindet sich in einer Konterstellung, wenn es entgegen der gerittenen Bogenlinie des Zirkels gestellt ist. Sein Blick und die Biegung der Wirbelsäule des Pferdes gehen nach außen. Man kann die Konterstellung in allen drei Gangarten reiten.

WARUM?

Wenn Ihr Pferd dazu neigt, auf Bögen und Zirkeln über die Schulter nach außen zu fallen, stellen Sie es mit dieser Übung gerade und gymnastizieren seine schwache Seite.

WIE WIRD ES GEMACHT?

Ist Ihr Pferd auf der linken Seite beweglicher und auf der rechten Seite steifer, reiten Sie im Schritt einen Zirkel auf der rechten Hand. Das Pferd ist nach rechts gestellt. Reiten Sie eine Acht und stellen Sie im Schnittpunkt der zwei Zirkel Ihr Pferd nicht um.

▶ **Schenkelhilfen:** Das Pferd ist weiter nach rechts gestellt, der rechte Schenkel befindet sich hinter dem Gurt (nicht zu weit hinten). Treiben Sie mit diesem Schenkel. So bringen Sie die Schultern des Pferdes wieder in die Achse des Zirkels. Der linke Schenkel bleibt verwahrend hinter dem Gurt und treibt, falls das Pferd versucht, nach links in einen Seitwärtsgang überzugehen. Das ist nicht gefordert.

▶ **Zügelhilfen:** Mit dem äußeren Zügel kontrollieren Sie die Schultern auf dem Zirkel und geben die Richtung vor. Reagieren Sie auf die Bewegungen des Pferdes: Sie legen ihn rechts bzw. links an, wenn es in den Zirkel drängt, zum Beispiel rechts, wenn es nach rechts gehen will.

▶ **Gewichtshilfen:** Verstärken Sie Ihre Gewichtshilfen links (gegen die Biegung, also nach außen). So halten Sie das Pferd auf dem Zirkel. Ihr Blick soll in die Richtung gehen, in die Sie reiten, also nach links.

Reiten Sie nie zu lange in der Konterstellung, einige Schritte reichen. Stellen Sie Ihr Pferd dann nach links. Auf dem rechten Zirkel stellen Sie das Pferd wieder nach rechts. Wechseln Sie den Zirkel von neuem und beginnen Sie die Übung von vorn.

Das Pferd ist auf einem Zirkel rechter Hand nach links gestellt.

Achten Sie immer darauf, dass Ihr Pferd in der Übung genügend Schub behält. Am Anfang, solange es die Lektion noch nicht begriffen hat, wird es mit Sicherheit langsamer. Mit etwas Übung wird es die Lektion leichter bewältigen. Halten Sie es mit ausreichend Energie in der gewünschten Gangart. So gymnastizieren Sie Ihr Pferd wirkungsvoll.

CAMARGUE-REITWEISE

ZIRKEL VERGRÖSSERN

Bei dieser Übung soll das Pferd auf einem Zirkel gehen und diesen vergrößern. Dabei kreuzt es Vorder- und Hinterbeine. Es bleibt in dieser Lektion permanent gestellt.

WARUM?

Das Zirkelvergrößern bereitet das Pferd auf die Seitengänge und auf Lektionen auf zwei Hufschlägen vor. Für den Reiter hat es den Vorteil, dass er spürt, wie das Pferd die Schultern nach außen bewegt und die Hinterhand folgt.

DURCHFÜHRUNG DER ÜBUNG

Stellen Sie einen Kegel in die Zirkelmitte. Er dient Ihnen als Anhaltspunkt für den Zirkeldurchmesser, vor allem während der Vergrößerung. Reiten Sie einen sechs bis acht Meter großen Zirkel auf der rechten Hand. Reiten Sie einen möglichst genauen Kreis. Die gleichmäßige Form ist sehr wichtig. Ihr Pferd ist gebogen und leicht nach rechts gestellt.

▶ **Gewichtshilfen:** Ihr Gewicht liegt auf dem linken Gesäßknochen.

▶ **Schenkelhilfen:** Der rechte Schenkel liegt leicht hinter dem Gurt. Fordern Sie das Pferd mit leichtem Schenkeldruck im Takt seiner Schritte auf, sich nach links zu bewegen. Sobald das Pferd einen Schritt nach links macht, geben Sie den Schenkeldruck auf. Beginnen Sie von neuem mit zwei Schritten, dann drei, vier …

▶ **Zügelhilfen:** Sie helfen dem Pferd, die Schultern nach außen zu tragen. Dabei darf die Hand den Widerrist nicht kreuzen, sonst verlieren Sie die Stellung nach rechts. Das rechte Vorder- und Hinterbein kreuzt vor dem linken Vorder- und Hinterbein.

Sie können den Zirkel um mehrere Meter vergrößern und ihn dann wieder verkleinern. Wiederholen Sie die Lektion. Das Pferd soll taktrein und mit gleichbleibendem Schub vorangehen. Es bleibt stets nach rechts gestellt. Die Vorhand soll vor der Hinterhand ausgreifen und die Bewegung nach links einleiten.

Ein Zirkel rechter Hand, das Pferd erweitert ihn auf Schenkeldruck.

DRESSUR-AUSBILDUNG

UMSTELLEN AUF BÖGEN

Diese Übung kann auf einer Schlangenlinie, einer Acht oder in einem Slalom geritten werden. Bei dieser Lektion lernen Sie, das Pferd während des Handwechsels korrekt umzustellen – von links nach rechts oder umgekehrt. Gleichzeitig müssen Sie Ihre Hilfengebung umstellen.

WARUM?

Diese Übung fördert das Zusammenwirken und die Koordination der Hilfen. Außerdem gymnastiziert sie das Pferd.

PROBLEME UND LÖSUNGEN

▶ **Das Pferd fällt beim Handwechsel über die innere Schulter und verkleinert den Zirkel:** Dieses Problem ist identisch zum Verhalten auf einem normalen Zirkel, die Lösung ist deshalb gleich: Reiten Sie ein paar Schritte geradeaus. Sie können auch in Schenkelweichen übergehen oder ein paar Schritte Schulterherein reiten und erst dann auf den zweiten Bogen reiten. Natürlich müssen Sie dann die Übung anpassen, Sie brauchen vielleicht mehr Platz. Das korrekte Umstellen ist in der Ausbildung des Pferdes sehr wichtig. Es lernt dabei, sein Gewicht auf die äußere Schulter zu verlagern. Beispiel: Bei einem Zirkel auf der linken Hand stellen Sie Ihr Pferd nach rechts um. Möglicherweise fällt es nun über die rechte Schulter. Wirken Sie in diesem Fall mit dem rechten Schenkel leicht hinter dem Gurt ein für ein Schulterherein oder noch etwas weiter hinten für das Schenkelweichen. Verlagern Sie Ihr Gewicht verstärkt auf den linken Gesäßknochen. Reiten Sie so einige Schritte und beginnen Sie erneut einen Zirkel auf der rechten Hand.

▶ **Das Pferd bricht aus dem Zirkel aus:** Die Lösung wird im Kapitel «Konterstellung» (S. 127) beschrieben.

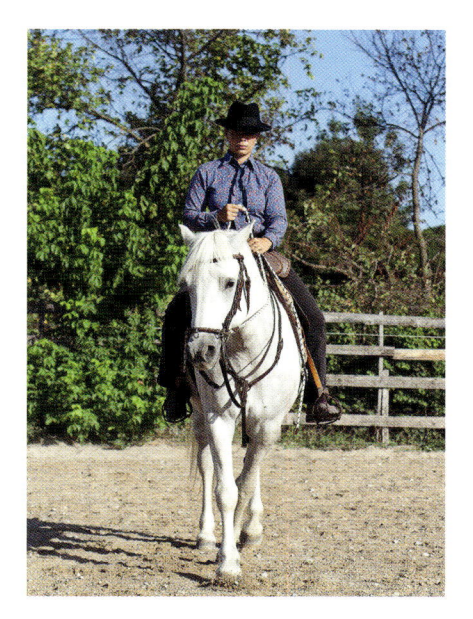

Falsch: Zirkel linker Hand, das Pferd ist in einer Konterstellung und fällt auf die linke Schulter.

Stellen Sie das Pferd einige Schritte gerade.

Beginnen Sie einen neuen Zirkel linker Hand.

129

CAMARGUE-REITWEISE

MOBILITÄT DER HINTERHAND AUF DEM ZIRKEL

Bevor Sie die Seitengänge und Lektionen auf zwei Hufschlägen angehen, muss Ihr Pferd lernen, auf den seitwärts treibenden Schenkel bei «Kruppe herein» und «Kruppe heraus» zu reagieren. Grundlage sind die Übungen der bereits beschriebenen Bodenarbeit. Wenn Ihr Pferd die Lektionen am Boden beherrscht, können Sie hier anknüpfen.

Auf einem Zirkel rechter Hand, das Pferd setzt das rechte Hinterbein weit unter sein Gewicht, die Hinterhand ist in den Zirkel hinein verschoben.

WARUM?

Diese Lektion eignet sich besonders für Jungpferde. Sie lernen dadurch, auf den seitwärts treibenden Schenkel zu reagieren. Indem Sie die Kruppe nach innen und außen verschieben, gymnastizieren Sie das Pferd, vor allem die Hinterhand. Auf einem bereits ausgebildeten Pferd lernt der Reiter, den seitwärts treibenden Schenkel richtig einzusetzen. Diese Lektion ist für Pferd und Reiter eine ideale Vorbereitung auf die Seitengänge: das Pferd lernt, entweder nur die Kruppe nach links und rechts zu bewegen oder aber die Schultern, und schließlich den gesamten Körper. Außerdem verbessert diese Lektion die Reaktion Ihres Pferdes auf die Hilfengebung. Sie ist auch in der Rinderarbeit und im Trail-Parcours sehr nützlich. Das Pferd tritt besser an ein Tor, Sie können es öffnen und schließen oder an andere Reiter seitlich heranreiten.

> **Vorbedingungen**
>
> Zur Vorbereitung dieser Lektion ist Bodenarbeit unabdingbar. Das Pferd soll gestellt und gebogen auf einem Zirkel laufen können und die Konterstellung beherrschen.

WIE WIRD ES GEMACHT?

1 Kruppe heraus auf dem Zirkel

▶ **Schenkelhilfen:** Reiten Sie im Schritt einen Zirkel auf der rechten Hand. Der rechte Schenkel treibt hinter dem Gurt seitwärts und schiebt die Kruppe nach links aus dem Zirkel heraus. Das linke Bein am Gurt erhält die Vorwärtsbewegung. Das Pferd darf langsamer, soll aber taktrein weitergehen. Die Seitwärtsbewegung darf die Vorwärtsbewegung des Pferdes nicht bremsen. Die Hinterhand bewegt sich also auf einem zweiten äußeren Zirkel, die Schultern auf dem inneren.

▶ **Zügelhilfen:** Ihre Hand dirigiert das Pferd in die gewünschte Richtung. Legen Sie dazu den äußeren, linken Zügel an. Das Pferd bleibt nach innen gestellt, Sie können sein Auge sehen. Stellen Sie das Pferd aber nicht zu stark, es soll nicht im Rumpf gebogen sein. Kopf und Hals sind nach innen gestellt, der Körper bleibt gerade.

▶ **Gewichtshilfen:** Ihr Gewicht bleibt neutral und zentriert. Sie können Ihrem Pferd helfen und Ihr Gewicht leicht auf den linken Gesäßknochen verlagern, also nach außen.

2 Kruppe herein auf dem Zirkel

▶ **Schenkelhilfen:** Reiten Sie im Schritt einen Zirkel auf der rechten Hand. Der linke Schenkel treibt seitwärts hinter dem Gurt. Er schiebt die Kruppe nach rechts in den Zirkel hinein. Der rechte Schenkel erhält die Vorwärtsbewegung. Auch hier sollte das Pferd langsam, aber taktvoll weitergehen. Die Seitwärtsbewegung darf die Vorwärtsbewegung des Pferdes nicht bremsen. Die Hinterhand bewegt sich auf einem zweiten, inneren Zirkel, die Vorhand bleibt auf dem äußeren.

▶ **Zügelhilfen:** Ihre Hand dirigiert das Pferd in die gewünschte Richtung. Legen Sie dazu den äußeren, linken Zügel an. Das Pferd bleibt nach innen gestellt, sie können sein Auge sehen. Stellen Sie es nicht zu stark, es soll nicht im Rumpf gebogen sein. Kopf und Hals sind nach innen gestellt, der Körper bleibt gerade.

▶ **Gewichtshilfen:** Ihr Gewicht bleibt neutral und zentriert. Sie können Ihrem Pferd helfen und Ihr Gewicht leicht auf den rechten Gesäßknochen verlagern, also nach innen. Ihr Blick ist nach rechts gerichtet.

PROBLEME UND LÖSUNGEN

Wenn Ihr Pferd sich bei Kruppe-herein oder Kruppe-heraus um die Vorhand dreht oder immer langsamer wird und schließlich anhält, haben Sie die Kruppe zu stark gebogen und das Pferd nicht genügend vorwärtsgetrieben. Stellen Sie das Pferd gerade und reiten Sie aktiv vorwärts. Beginnen Sie die Übung erneut auf einem größeren Zirkel.

KONTERGALOPP

Kontergalopp ist eine eigenständige Übung, bei der das Pferd sich auf der rechten Hand im Linksgalopp bewegt bzw. umgekehrt. Das Angaloppieren im Kontergalopp muss genauso geübt werden wie das «richtige» Angaloppieren.

Kontergalopp: das Pferd im Linksgalopp auf einem Zirkel rechter Hand.

WARUM?
Der Kontergalopp gymnastiziert das Pferd und verbessert sein Gleichgewicht in jeder Situation.

WIE WIRD ES GEMACHT?
Es gibt verschiedene Möglichkeiten, in den Kontergalopp zu kommen:

1 Die erste Übung besteht in einer «unterbrochenen» Linie. Galoppieren Sie auf dem Reitplatz auf der linken Hand an. Am Anfang einer langen Seite reiten Sie in einer Diagonale auf den Mittelpunkt zu. Am Mittelpunkt reiten Sie wieder auf eine Diagonale, diesmal nach rechts auf die Ecke der langen Seite zu (wie eine einfache Schlangenlinie). In der Ecke galoppieren Sie wieder auf der richtigen Hand. Sie reiten also nur wenige Schritte im Kontergalopp.

2 Galoppieren Sie normal an. Nach einigen Schritten wechseln Sie durch die Bahn. Sie galoppieren jetzt auf der «falschen» Hand. Machen Sie erneut einen Handwechsel, indem Sie eine Diagonale durch die halbe oder ganze Bahn oder eine Kehrtvolte reiten.

3 Galoppieren Sie direkt auf der «falschen» Hand an. Entweder auf dem Hufschlag oder auf der Mittellinie. Setzen Sie immer die normalen Galopphilfen für den jeweiligen Galopp ein: Wollen Sie auf der rechten Hand links angaloppieren, geben Sie die Galopphilfen für den Linksgalopp.

Wenn Sie öfter auf einem Reitplatz reiten, gewöhnt sich das Pferd an die Bande. Ohne seitliche Begrenzung weiß es dann nicht, was von ihm verlangt wird. Deshalb ist es wichtig, öfter die Lektionen und die Umgebung zu wechseln. Der Kontergalopp ist hier eine gute Übung, um Gewohnheiten aufzubrechen.

DRESSUR-AUSBILDUNG

HILFENGEBUNG IM KONTERGALOPP

▶ **Schenkelhilfen:** Beim Richtungswechsel dürfen die Schenkel keine widersprüchlichen Hilfen geben. Das Pferd würde entweder beschleunigen, umspringen, in den Kreuzgalopp oder in den Trab fallen. Die Schenkel sollten immer an ihrem Platz bleiben und sich während des Kontergalopps nicht bewegen.

▶ **Gewichtshilfen:** Beim Angaloppieren verlagern Sie Ihr Gewicht auf den äußeren Gesäßknochen. Sie müssen im Kontergalopp diese Gewichtsverlagerung beibehalten, Sie sitzen also immer auf der äußeren Seite in Bezug zu der Hand, auf der Sie galoppieren. Wenn Sie zum Beispiel auf einem rechten Zirkel im Linksgalopp reiten, bleibt Ihr Gewicht auf dem rechten Gesäßknochen. Übertreiben Sie diese Gewichtsverlagerung aber nicht!

▶ **Zügelhilfen:** Die Hand darf die Stellung des Pferdes nicht behindern. Benutzen Sie den äußeren Zügel, um die Vorhand des Pferdes auf dem Hufschlag zu halten, immer vor der Hinterhand. Beim Linksgalopp auf einem rechten Zirkel behalten Sie eine leichte Rechtsstellung (im Freilauf ist das Pferd im Galopp immer leicht gebogen!). So helfen Sie dem Pferd, seine linke Schulter ausgreifen zu lassen. Mit dem äußeren, angelegten Zügel bringen Sie die Schultern leicht nach links.

Die positive Wirkung des Kontergalopps liegt darin, dass das Pferd gerader wird, weil es die Vorhand vor der Hinterhand hat (sie bricht nicht nach links aus).

Diese Übung ist am Anfang schwierig für das Pferd. Es muss physisch auf den Kontergalopp vorbereitet sein, seine Kadenz finden und sich strecken, um sich in dieser Übung zu entspannen. Reiten Sie nicht zu lange im Kontergalopp, aber reiten Sie ihn präzise und nur auf großen Bögen. Sobald das Pferd sich im Kontergalopp entspannt und Sie die Hilfen beherrschen, können Sie mit Richtungswechseln beginnen. Reiten Sie verschiedene Zirkeldurchmesser, aber überdenken Sie Ihre Bahnfiguren im Voraus. Das Pferd sollte immer auf der gleichen Hand bleiben, entweder im normalen Galopp oder im Kontergalopp, zum Beispiel bei Kehrvolten.

Eine feine Hilfengebung ist für diese Übung ausschlaggebend. Schon bei der leisesten falschen Einwirkung über Schenkel, Hand oder Gewicht wird das Pferd in den normalen Galopp umspringen. Die umgekehrte Hilfengebung kann für den Reiter verwirrend sein. Er sollte sich im Schritt, vor dem Angaloppieren, genau auf die Bahnfigur und auf die Hilfen konzentrieren und erst dann angaloppieren, wenn er die Lektion genau vor Augen hat!

Das Pferd im Rechtsgalopp auf der linken Hand. Es ist gerade und blickt nach vorne.

SEITWÄRTSBEWEGUNGEN

Bei diesen ersten Übungen bewegt sich das Pferd seitwärts, und zwar rechtwinklig zu einer gedachten Geraden. Das Pferd lernt diese Aufgabe in drei Schritten: Zuerst bewegt es die Hinterhand, dann die Vorhand und schließlich den gesamten Körper.

Das innere Hinterbein tritt bei der Vorhandwendung unter das Gewicht.

HINTERHAND BEWEGEN

Aus dem Halten heraus beschreibt das Pferd mit der Hinterhand einen Halbkreis um die Vorhand. Schieben Sie dabei die Hinterhand seitlich aus der Ausgangsposition, die Schultern bewegen sich nicht von der Stelle und bilden die Achse.

WARUM?

Mit dieser Übung vertiefen Sie beim Pferd das Verständnis für den seitwärts treibenden Schenkel, denn in dieser Lektion bewegt sich nur ein Teil seines Körpers: die Hinterhand. Die Vorhandwendung bereitet das Pferd auf schwierigere Aufgaben wie die halbe Schrittpirouette und Kehrtwendungen vor.

WIE WIRD ES GEMACHT?

Für eine halbe Wendung um die Vorhand nach links:

▶ **Schenkelhilfen:** Nehmen Sie Ihren rechten Schenkel zurück und treiben Sie damit das Pferd seitlich. Es soll dem Schenkeldruck weichen und mit einem Schritt in die gegenüberliegende Richtung reagieren. Die Hinterhand bewegt sich also nach links. Man sagt, das Pferd weicht dem Schenkel. Die Bewegung beginnt mit dem rechten Hinterbein, das nach links unter das Pferdegewicht treten soll und dabei vor dem rechten Hinterbein kreuzt.

▶ **Zügelhilfen:** Die Hand bleibt geschlossen und verhindert, dass das Pferd vortritt. Wenn das Pferd die Schultern und den Hals nach rechts oder links bewegt, verhindert der Reiter dies, indem er den Zügel an der entsprechenden Seite anlegt. Das Pferd sollte leicht entgegen der Bewegungsrichtung gestellt sein. Man sagt, «es sieht» seine Hinterhand ausbrechen. Bei einer Vorhandwendung nach links behält das Pferd eine leichte Stellung nach rechts. Es darf aber nicht völlig gebogen sein! Bei einer korrekten Stellung sieht der Reiter die Augenbraue des Pferdes, nicht mehr. Bei einer Vorhandwendung nach rechts treibt der linke Schenkel, und das Pferd ist leicht nach links gestellt.

▶ **Gewichtshilfen:** Das Gewicht bleibt neutral, mittig. Sie können, wenn nötig, bei einer Wendung nach links leicht die rechte Seite entlasten, indem Sie sich verstärkt auf den linken Gesäßknochen setzen.

VORHAND BEWEGEN

Es gibt zwei Möglichkeiten, die Schultern des Pferdes zu bewegen: mit der Kurzkehrtwendung und der Hinterhandwendung (Pirouette). In beiden Fällen bewegt das Pferd die Vorhand um die Hinterhand.

WARUM?

Diese Übung ist hervorragend geeignet, um das Pferd zu gymnastizieren und die Bewegungen der Schultern zu koordinieren. Außerdem lernt das Pferd, Richtungswechsel auf kleinem Raum auszuführen. Das ist vor allem in der Rinderarbeit wichtig.

WIE WIRD ES GEMACHT?

1 Kurzkehrtwendung

Diese Aufgabe kann man im Schritt oder im Galopp reiten. Das Pferd behält dabei die Tritte der jeweiligen Gangart (Viertakt im Schritt und Dreitakt im Galopp), es wendet aber auf der Stelle. Im Schritt geht das Pferd auf einem maximal zwei Meter großen Zirkel und bleibt in die Richtung gestellt, in die es sich bewegt (wie im Travers). Im Galopp beträgt der Zirkeldurchmesser nur ungefähr einen Meter.

▶ **Gewichtshilfen:** Zu Beginn der Kurzkehrtwendung bzw. halben Schrittpirouette nach links versammeln Sie das Pferd im Schritt, wodurch das Gangmaß sich zwar verkürzt, der Takt jedoch erhalten bleibt. Ihr Oberkörper bleibt aufrecht und entlastet die Schultern des Pferdes. Ihr Gewicht ist leicht nach links orientiert.

▶ **Zügelhilfen:** Mit dem rechten angelegten Zügel geben Sie dem Pferd die Richtung an und erhalten die Stellung nach links. Wenn Sie mit einem Kappzaum reiten, legen Sie ebenfalls den äußeren Zügel an und stellen das Pferd zusätzlich mit dem inneren Zügel nach links.

▶ **Schenkelhilfen:** Mit dem rechten Schenkel treiben Sie die Vorhand des Pferdes nach links, je nachdem, wie Ihr Pferd reagiert, nehmen Sie den Schenkel mehr oder weniger zurück. Normalerweise bleibt der Schenkel leicht hinter dem Gurt. Das linke Hinterbein soll möglichst auf der Stelle treten, es ist die Achse, um die das Pferd sich dreht. Das rechte Hinterbein kreuzt vor dem linken. Sobald das Pferd mit der Kurzkehrtwendung begonnen hat, lassen Sie es sich eigenständig in der Übung bewegen und treiben es nicht ständig.

1. Beginn der Kurzkehrtwendung nach links.

2. Das rechte Hinterbein hebt ab und setzt vor dem linken Hinterbein auf.

3. Das rechte Vorderbein kreuzt vor dem linken.

4. Das Pferd bewegt sich nach links.

DRESSUR-AUSBILDUNG

Als Vorübung zur Kurzkehrtwendung reiten Sie zuerst auf einem größeren Zirkel mit bis zu sechs Meter Durchmesser. Die Hinterhand ist in den Zirkel hinein verschoben. Nach und nach reduzieren Sie den Durchmesser. Schließlich wird der Zirkel so klein, dass das Pferd eine Kurzkehrtwendung macht. Dabei sollte Ihr Pferd gestellt sein und sich ohne Spannung bewegen. Der Takt im Schritt soll erhalten bleiben.

Wenn Ihr Pferd leicht über die innere Schulter fällt, halten Sie Ihr Gewicht mittig. Ein ausgebildetes Pferd mit einem fortgeschrittenen Reiter kann schließlich eine ganze Schrittpirouette reiten.

Das rechte Hinterbein kreuzt in der Seitwärtsbewegung vor dem linken. Im nächsten Tritt hebt das linke Hinterbein ab und setzt beinahe an der gleichen Stelle wieder auf.

Variante:
Für eine bessere Vorbereitung auf die Rinderarbeit und auf eine Kehrtwendung im Galopp reiten Sie diese Übung mit weniger Biegung als in der Schrittpirouette oder der Kurzkehrtwendung. Das Pferd sollte möglichst gerade bleiben, es reicht eine leichte Stellung. Es sollte immer in die Richtung schauen, in die es sich bewegt. Die sonstigen Hilfen sind unverändert.

In beiden Varianten bleibt die Trittfolge der Hinterbeine identisch! Das äußere Hinterbein kreuzt vor dem inneren.

2 Hinterhandwendung

Bei der Hinterhandwendung, wie ich sie unterrichte, bewegt sich das Pferd auf der Stelle, es darf nicht nach vorne gehen. Es wechselt die Richtung so schnell wie möglich, das innere Hinterbein bleibt am Boden oder hebt leicht ab, um an der gleichen Stelle wieder aufzutreten. Die Vorderbeine bewegen sich seitlich. Diese Bewegung ist vor allem in der Rinderarbeit, aber auch im Trail-Parcours notwendig. In der Fachsprache nennt man diese Bewegung auch «Haken» (frz. Crochet). Dieser Ausdruck kann eine negative Bedeutung bekommen, wenn die Bewegung unklar oder hektisch ausgeführt wird. Eine gute Hinterhandwendung sollte in einem Dressurviereck vor allem taktrein und feinfühlig, in der Rinderarbeit hingegen spontan und flüssig geritten werden. Das Pferd darf die Bewegung in der Rinderarbeit selbstständig ausführen und sollte sie deswegen vorher gelernt haben.

Die Übung beginnt aus dem Stand oder aus einer versammelten Gangart heraus. Das Pferd muss in der Lage sein, sich auf die Hinterhand zu «setzen», damit die Vorhand leicht wird und wenden kann.

137

CAMARGUE-REITWEISE

1. Hinterhandwendung nach links.

2. Das Pferd verlagert das Gewicht auf die Hinterhand.

3. Es bewegt die Vorderbeine nach links.

4. Die Hinterbeine bewegen sich nicht vorwärts, sondern dienen als Achse.

▶ **Gewichtshilfen:** Für eine Hinterhandwendung nach links müssen Sie Ihrem Pferd helfen, sein Gewicht auf die Hinterhand zu verlagern. Dafür orientieren Sie selber Ihr Gewicht mit geradem Rücken nach hinten. Das Pferd darf sich nicht bewegen und keinen Schritt nach vorne gehen. Es kann eventuell nach hinten ausweichen und sich zum Abstoßen auf das linke Hinterbein «setzen». Ihr Gewicht ist leicht auf den rechten Gesäßknochen verlagert und macht dadurch die innere, also die linke Schulter frei.

▶ **Zügelhilfen:** Mit dem rechten angelegten Zügel geben Sie dem Pferd die Richtung an und erhalten die Stellung nach links. Die Stellung sollte nur leicht angedeutet sein. Wenn Sie mit einem Kappzaum reiten, bleibt die Zügelhilfe des äußeren Zügels gleich, gleichzeitig stellen Sie das Pferd direkt mit dem inneren linken Zügel. Bei dieser Lektion darf das Pferd nicht nach vorne gehen, halten Sie am Anfang der Wendung deshalb leichten Kontakt zum Maul. Idealerweise sollte das Pferd auf den angelegten Zügel (und wenn notwendig den Kappzaumzügel) sowie auf die Gewichtsverlagerung reagieren.

▶ **Schenkelhilfen:** Der rechte Schenkel agiert treibend hinter dem Gurt, um dem Pferd die Richtung zu weisen.

SEITWÄRTSTRETEN

Das Pferd bewegt sich zur Seite, rechtwinklig zu seiner Körperachse. Es tritt nicht nach vorne. Die Nase darf leicht in die Richtung zeigen, in die es geht (Sie können sein Auge sehen), das Pferd sollte ansonsten gerade bleiben. Es ist NICHT in oder gar gegen die Bewegungsrichtung gebogen. Sein äußeres Hinter- und Vorderbein kreuzen vor dem inneren lateralen Beinpaar.

WARUM?

Diese Übung wird in der Dressur und im Trail-Parcours abgefragt. Man benötigt das Seitwärtstreten, um sich einem Hindernis zu nähern, einen Gegenstand aufzunehmen oder um ein Tor zu öffnen. Im Seitwärtstreten kann auch eine Bodenstange überquert werden, wobei die Vorderbeine vor der Stange und die Hinterbeine hinter der Stange bleiben.

WIE WIRD ES GEMACHT?

▶ **Gewichtshilfen:** Sie sollten gerade auf dem Pferd sitzen, mittig, aber leicht nach hinten geneigt, mit gleichmäßiger Gewichtsverteilung auf beiden Gesäßknochen.

▶ **Schenkelhilfen:** Beim Seitwärtstreten nach rechts agiert der linke Schenkel so lange mit zunehmendem Druck, bis das Pferd reagiert und die Bewegung beginnt. Wenn es zu Anfang nur langsam reagiert, müssen Sie den Druck verstärken, so lange, bis das Pferd dies als unangenehm empfindet und dem Druck ausweicht. Sobald es einen Schritt macht, verringern Sie den Schenkeldruck und legen das Bein nur leicht an. Ziel ist, dass das Pferd auf den leisesten Druck spontan antwortet, ohne dass Sie die Hilfe verstärken müssen. Machen Sie Pausen und loben Sie das Pferd.

▶ **Zügelhilfen:** Die Hand hält den Hals und die Schulter des Pferdes gerade und verhindert, dass das Pferd nach vorne tritt. Halten Sie leichten Kontakt zum Pferdemaul. Dosieren Sie diese Fühlung, damit es nicht nach hinten ausweicht.

▶ **Stimme:** Sie können das Pferd mit Schnalzen ermutigen und ihm mehr Schub verleihen.

PROBLEME UND LÖSUNGEN

1 Wenn das Pferd nach vorne gehen möchte, nehmen Sie die Zügel an und zeigen ihm die Bewegung zur Seite. Prüfen Sie, ob Ihr Pferd auf den seitwärts treibenden Schenkel reagiert. Wenn das Pferd den seitwärts treibenden Schenkel noch nicht annehmen kann, versteht es diese Aufgabe nicht, es wird versuchen, die Lösung im Vorwärts zu finden.

2 Wenn das Pferd nach hinten ausweicht, geben Sie mit der Hand nach und treiben Sie kurz mit beiden Schenkeln, bis das Pferd wieder vortritt. Achten Sie darauf, die Seitwärtsbewegung nicht mit Zügel-, sondern mit den Schenkelhilfen einzuleiten, sonst versteht das Pferd dies als Kommando zum Rückwärtstreten.

3 Wenn die Vor- oder die Hinterhand vorauseilen, halten Sie sie mit dem angelegten Zügel oder dem Schenkel zurück, bis das Pferd wieder gerade gestellt ist.

Das Pferd bewegt sich seitwärts und bleibt dabei gerade.

Die Vorderbeine kreuzen, das Pferd bewegt sich seitlich.

CAMARGUE-REITWEISE

ARBEIT AUF ZWEI HUFSCHLÄGEN

Dieser Ausdruck wird für Aufgaben verwendet, bei denen das Pferd sich nicht gerade auf einer Linie vorwärts bewegt. Seine Vorderbeine bewegen sich auf einer gedachten Linie und die Hinterbeine auf einer zweiten, parallel verlaufenden – daher der Ausdruck «auf zwei Hufschlägen». Solche Aufgaben können aber auch auf drei oder vier Hufschlägen geritten werden, je nachdem, wie stark die Biegung des Pferdes ist.

Schulterherein auf vier Hufschlägen. Das Pferd ist stark nach rechts gebogen.

Der große Rittmeister François Robichon de La Guérinière sagte einst: «Schulterherein führt zu so vielen positiven Ergebnissen, dass ich diese Aufgabe dem Pferd zuerst und zuletzt beibringe. Es wird im ganzen Körper geschmeidig und löst alle Körperteile.» Und Nuño Oliveira sagte, es sei «das Aspirin der Reiterei, es heilt alles.»

SCHULTERHEREIN

Die am häufigsten angewandte Lektion ist Schulterherein auf zwei Hufschlägen. Das Pferd bewegt sich auf einer geraden Linie, ist aber gegen die Bewegungsrichtung gestellt.

WARUM?

▶ Das Schulterherein gymnastiziert die Hinterhand und den Schulterbereich des Pferdes, es reagiert sensibler auf die Hilfen und bewegt sich rhythmisch mit Schub, es versammelt sich.

▶ Der Reiter kann diese Aufgabe reiten, um sein Pferd zu beruhigen, wenn es nervös ist oder eine Hilfengebung nicht verstanden hat.

▶ Schulterherein bereitet das Pferd auf die Traversale vor.

Schulterherein sollte schon das junge Pferd lernen, weil es durchaus eine natürliche Bewegung ist. Das Pferd nimmt diese Haltung ein, wenn es sich ängstlich von etwas wegbewegt oder wenn es im Stierkampf dem Stier ausweicht («Quiebro»). Es sollte auch mit dem fortgeschrittenen Pferd trainiert werden, denn es ist die letzte Übung vor der Versammlung und der Schlüssel zur Geraderichtung. Sie kanalisiert und beruhigt das Pferd, sie hilft ihm, sich zu konzentrieren und verbessert seine allgemeine Beweglichkeit.

WIE WIRD ES GEMACHT?

Diese Bewegung lässt sich am besten entlang einer Bande üben.
Schulterherein auf der rechten Hand: Das Pferd geht auf dem Hufschlag auf der rechten Hand und ist nach rechts

DRESSUR-AUSBILDUNG

gestellt. Die Hinterhand bleibt auf dem Hufschlag und die Vorhand bewegt sich auf dem zweiten Hufschlag nach links.

▶ **Schenkelhilfen:** Der rechte Schenkel ist in dieser Aufgabe ausschlaggebend. Er treibt hinter dem Gurt seitwärts nach links und sorgt für die Stellung. Der linke Schenkel unterstützt den Schub.

▶ **Zügelhilfen:** Ein leicht angelegter Zügel links hält die Schultern auf einem gedachten zweiten Hufschlag, die Hinterhand bleibt auf der Bahn.

▶ **Gewichtshilfen:** Das Gewicht ist leicht nach links geneigt. Setzen Sie sich ganz natürlich in Bewegungsrichtung auf den linken Gesäßknochen.

VARIANTE: KONTER-SCHULTERHEREIN

Die Bewegung und die Hilfen sind identisch, das Pferd bewegt sich jedoch mit dem Kopf Richtung Hufschlag, die Hinterhand befindet sich auf einer gedachten parallelen Linie zum Hufschlag. Auf der rechten Hand ist das Pferd nach links gestellt und bewegt sich vom linken treibenden Schenkel weg nach rechts. Der Kopf bleibt auf Höhe des Hufschlags. Die Stellung des Pferdes ist identisch zum normalen Schulterherein.

Schulterherein und Konter-Schulterherein können auch auf Hufschlagfiguren wie Diagonale, Zirkel oder Kehrvolte geritten werden.

Die vier Hufschläge sind sichtbar, das rechte Vorderbein kreuzt vor dem linken.

Schulterherein mit Kappzaum.

Falsch: Die Hinterhand fällt nach außen.

Richtig: Renvers auf drei Hufschlägen.

CAMARGUE-REITWEISE

SCHENKELWEICHEN

Wie der Name dieser Übung besagt, soll das Pferd dem seitwärts treibenden Schenkel «weichen» und sich dabei seitlich vorwärts bewegen. Bei dieser Seitwärts-Vorwärtsbewegung kreuzt es die Beine. Das äußere laterale Beinpaar setzt vor dem inneren lateralen Beinpaar auf.

Reiten Sie diese Übung im langsamen Schritt. Das Pferd soll jeden Huf bewusst aufsetzen, so langsam, dass man die Tritte zählen kann. Wenn es hastig geht, kann es die Beine nicht richtig kreuzen, wodurch sich die Seitwärtsbewegung verschlechtert. Schub erhält man, wenn das Pferd die Übung verstanden hat und der Reiter die Hilfen beherrscht. In diesem Ausbildungsstadium kann der Reiter den Schritt beschleunigen, er sollte aber nicht hastig werden.

WARUM?
Beim Schenkelweichen lernt das Pferd die Einwirkung des seitwärts treibenden Schenkels kennen. Dadurch wird es auf Lektionen vorbereitet, die auf zwei Hufschlägen geritten werden, wie beispielsweise die Traversale.

Schenkelweichen nach links, das Pferd ist leicht nach rechts gestellt. Der rechte Kappzaumzügel ist leicht angenommen.

> **Vorbedingungen**
>
> ▶ Ihr Pferd sollte im Zirkel die Hinterhand nach innen und nach außen schieben können.
>
> ▶ Es sollte Seitwärtstreten (ohne Stellung) kennen und beherrschen.

DRESSUR-AUSBILDUNG

WIE WIRD ES GEMACHT?

Beginnen Sie auf einer geraden Linie, beispielsweise in der Mitte des Reitplatzes. Reiten Sie einige Schritte geradeaus, beginnen Sie dann mit der Seitwärts-Vorwärtsbewegung nach rechts und reiten Sie bis zum Hufschlag.

▶ **Gewichtshilfen:** Setzen Sie sich mittig in den Sattel, aber mit einer leichten Gewichtsverlagerung auf den rechten Gesäßknochen. Der Rücken bleibt gerade und leicht nach hinten gelehnt.

▶ **Schenkelhilfen:** Der linke treibende Schenkel leitet die Bewegung ein. Er wirkt als seitwärts treibender Schenkel direkt hinter dem Gurt.

▶ **Zügelhilfen:** In dieser Lektion ist das Pferd nicht gebogen, sondern nur leicht nach links gestellt. Die Hand folgt der Bewegung des Pferdes. Wenn das Pferd zu stark mit der Vorhand ausgreift, halten Sie sie mit dem rechten angelegten Zügel zurück (und / oder dem linken Kappzaumzügel). Wenn die Hinterhand vorauseilt, drücken Sie mit dem linken angelegten Zügel die Vorhand nach rechts (und / oder mit dem rechten Kappzaumzügel).

PROBLEME UND LÖSUNGEN

▶ Ihr Pferd fällt mit der Hinterhand vor die Schulter nach rechts aus (man sagt, es geht nicht regelmäßig). Vielleicht treibt der Schenkel zu stark, agiert zu weit hinter dem Gurt oder aber Sie haben mit dem angelegten Zügel die Vorhand des Pferdes nicht genug nach rechts gedrückt. Sie sollten die Vorwärtsbewegung bremsen und die Vorhand leicht korrigieren. Reiten Sie weiter und treiben Sie das Pferd mit dem linken Schenkel vorwärts-seitwärts. Jede Hilfe muss präzise und kurz sein, die Dosierung ist für den Erfolg ausschlaggebend.

▶ Wenn das Pferd der Bewegung nicht genügend mit der Hinterhand folgt, müssen Sie die Vorwärtsbewegung leicht bremsen und die Vorhand kontrollieren. Sie sollte nicht vor die Hinterhand kommen. Treiben Sie das Pferd mit dem linken Schenkel verstärkt vorwärts-seitwärts. Beobachten Sie seine Reaktion. Wenn die Hinterhand zu stark ausfällt, müssen Sie mit der Hand nachgeben, um die Vorwärtsbewegung nicht zu stören. Dabei muss die Vorhand weiter nach rechts greifen.

▶ Wenn das Pferd sich nicht ausreichend seitlich bewegt, verstärken Sie die Einwirkung des seitwärts treibenden Schenkels (unkomfortable Situation für das Pferd), bis es dem Druck ausweicht. Lassen Sie nach, sobald das Pferd einen richtigen Schritt macht. Reiten Sie vorwärts und beginnen Sie von Neuem, bis das Pferd spontan auf die Schenkelhilfe reagiert. Achten Sie darauf, dass es nicht nach vorne läuft! Nehmen Sie wenn nötig die Zügel an.

▶ Wenn das Pferd sich zu stark seitlich bewegt, fehlt es an Schub von hinten. Reiten Sie ein oder zwei Schritte vorwärts und beginnen Sie von neuem, so lange, bis die Schritte aktiver werden. Achten Sie auch darauf, die Zügel nicht zu stark anzunehmen und so die Vorwärtsbewegung zu behindern.

Halten Sie den Rhythmus und zählen Sie die Schritte: «Ein Schritt nach vorne, ein Schritt zur Seite, ein Schritt nach vorne ...».

Schenkelweichen nach rechts mit Kappzaum.

CAMARGUE-REITWEISE

TRAVERS

Beim Travers ist die Hinterhand des Pferdes nach innen verschoben, das Pferd ist in Bewegungsrichtung gebogen. Die Vorhand bleibt auf dem Hufschlag.

Travers auf drei Hufschlägen, der Kappzaumzügel hält den Kopf nach rechts gestellt.

WARUM?

Diese Übung mobilisiert vor allem die Hinterhand. Das äußere Hinterbein soll sich auf dem gleichen Hufschlag wie das innere Vorderbein befinden. Diese Lektion kann man in allen drei Gangarten reiten, zuerst sollte das Pferd sie aber im Schritt lernen und beherrschen. Sie ist für das Pferd relativ anstrengend und verlangt Schub und Kraft aus der Hinterhand. Travers eignet sich als

▶ Vorbereitung für die Schrittpirouette, die Kurzkehrtwendung und die Traversale.

▶ Im Travers lernt das Pferd, das Gewicht auf die Hinterhand zu verlagern, um die Schultern zu entlasten.

▶ Der Travers verbessert das Angaloppieren, weil das Pferd sein inneres Hinterbein verstärkt nutzt.

Vorbedingung

Die Vorbedingung für Travers und für Renvers ist «Hinterhand heraus und herein» auf dem Zirkel oder auf einer geraden Linie geritten. Es handelt sich dabei um die gleiche Bewegung, nur ohne Biegung. Diese vorbereitenden Übungen sind am Anfang einfacher für das Pferd. Der Reiter lernt dadurch bereits die Hilfengebung und deren Dosierung kennen. Das Pferd wird gymnastiziert, bis es sich in der Bewegung biegen kann.

WIE WIRD ES GEMACHT?

Für Travers nach rechts: Reiten Sie auf der rechten Hand einen zehn Meter großen Zirkel. Ihr Pferd ist nach rechts gebogen, sein rechtes Hinterbein setzt weit unter. Vor dem Ende des Zirkels reiten Sie auf die Bande zu und bereiten Ihre Hilfen vor:

▶ **Gewichtshilfen:** Das Körpergewicht ist nach rechts in die Bewegungsrichtung orientiert. Der Rücken bleibt gerade, lehnen Sie sich nicht zu weit nach hinten. Fixieren Sie mit Ihrem Blick einen Punkt und behalten Sie die gedachte Linie im Blick. Das Pferd soll gerade gehen und darf weder mit der Vorhand noch mit der Hinterhand ausbrechen.

▶ **Schenkelhilfen:** Der linke Schenkel treibt leicht hinter dem Gurt und hält die Hinterhand vom Hufschlag entfernt, während die Vorhand auf dem Hufschlag bleibt. So gebogen bewegt sich das Pferd vorwärts.

▶ **Zügelhilfen:** Die Hand dosiert die Bewegung und den Abstellungswinkel der Vorhand. Außerdem kontrolliert sie die Versammlung und die Stellung nach rechts.

Reiten Sie am Anfang nur einige Schritte im Travers und loben Sie das Pferd. Reiten Sie immer wieder kürzere Abschnitte anstelle langer Strecken. Stellen Sie das Pferd zwischendurch gerade und traben Sie an, damit es wieder Schub bekommt.

DRESSUR-AUSBILDUNG

VARIANTE: RENVERS

Beim Renvers bewegt sich das Pferd mit der Kruppe zur Bande gerichtet seitlich vorwärts und bleibt dabei in diese Richtung gebogen.

WARUM?

Renvers bietet zunächst die gleichen Vorteile wie Travers. Es bereitet zusätzlich auf den Kontergalopp vor. Diese Lektion auf zwei Hufschlägen kann auch im Kontergalopp geritten werden. Sie fördert die Mobilität der Hinterhand und bereitet das Pferd auf den fliegenden Galoppwechsel vor.

Mit dem Renvers können Sie überprüfen, ob Ihr Pferd den Travers wirklich beherrscht, denn in dieser Lektion kann es sich nicht an der Bande «anlehnen».

WIE WIRD ES GEMACHT?

Für das Renvers nach rechts: Reiten Sie auf der rechten Hand einen zehn Meter großen Zirkel mit Stellung nach rechts. Vor dem Ende des Zirkels reiten Sie auf die Bande zu und bereiten Ihre Hilfen vor:

▶ **Gewichtshilfen:** Das Körpergewicht ist nach rechts in die Bewegungsrichtung orientiert. Der Rücken bleibt gerade, lehnen Sie sich nicht zu weit nach hinten. Fixieren Sie mit Ihrem Blick einen Punkt und behalten Sie die Linie im Blick. Das Pferd soll gerade gehen und darf nicht mit Vor- oder Hinterhand ausbrechen.

▶ **Schenkelhilfen:** Der linke Schenkel treibt leicht hinter dem Gurt und hält die Hinterhand auf dem Hufschlag, während die Vorhand auf dem inneren Hufschlag bleibt und das Pferd so gebogen vorwärts geht.

▶ **Zügelhilfen:** Mit den Zügeln regulieren Sie den Winkel und die Geradlinigkeit der Vorhand und kontrollieren die Versammlung des Pferdes. Es bleibt nach rechts gestellt und darf nicht nach links ausweichen.

Reiten Sie am Anfang nur einige Schritte und loben Sie das Pferd. Reiten Sie immer wieder kürzere Abschnitte anstelle langer Strecken. Streuen Sie öfter Übergänge in den Trab ein und reiten Sie das Pferd gerade gestellt vorwärts, damit es wieder Schub bekommt.

PROBLEME UND LÖSUNGEN

Versichern Sie sich, dass die Hinterhand nach innen gestellt ist und die Vorhand nicht nach außen schwenkt. In diesem Fall wäre das Pferd nicht richtig gestellt, die Bewegung wäre falsch.

Wenn das Pferd diese Lektion verweigert, ist es vielleicht noch nicht ausreichend auf diese Übungen vorbereitet. Für die Arbeit auf zwei Hufschlägen muss das Pferd die Schenkelhilfen kennen und wirklich akzeptieren (Schenkelweichen, Seitwärtstreten, Schulterherein ...).

Renvers nach links, das Pferd ist nach links gebogen.

Gute Stellung, aber ein zu starker Winkel.

145

CAMARGUE-REITWEISE

TRAVERSALE

Das Pferd bewegt sich seitlich, es ist dabei in Bewegungsrichtung gestellt. Die Traversale ist am schwierigsten und nur für fortgeschrittene Pferde geeignet.

> **Vorbedingung**
>
> Pferd und Reiter müssen Schenkelweichen und Schulterherein sicher beherrschen.

WARUM?
Diese Lektion gymnastiziert das Pferd und sensibilisiert es auf die Hilfengebung. Der Reiter verbessert mit der Traversale das Zusammenspiel seiner Hilfen. Er muss lernen, die Bewegung zu fühlen. Ein guter Reiter spürt, ob die Traversale korrekt ist und kann sich gegebenenfalls selber korrigieren.

WIE WIRD ES GEMACHT?
Für eine Traversale nach links: Reiten Sie in der Ecke der Bahn auf der linken Hand eine zehn Meter große Volte. Nach Erreichen des Hufschlags führen Sie Ihr Pferd in ein Schulterherein. Ihr Pferd ist nach links gestellt. Geben Sie die Hilfen für die Seitwärts-Vorwärtsbewegung nach links und halten Sie die Biegung des Pferdes aufrecht. Die Vorhand darf leicht vor der Hinterhand gehen, Sie sollten aber parallel zum Hufschlag bleiben oder maximal im 45°-Winkel zum Hufschlag.

▶ **Gewichtshilfen:** Beim Schulterherein bleibt Ihr Gewicht auf der rechten Gesäßseite, während der Traversale hingegen sollten Sie Ihr Gewicht eher auf den linken Gesäßknochen, also in Bewegungsrichtung, verlagern. Bleiben Sie mittig sitzen und halten Sie den Rücken gerade.

Richtig.

▶ **Schenkelhilfen:** Der rechte Schenkel treibt das Pferd nach links. Dabei sollte der Schenkel nicht zu weit zurückgenommen werden. Er bewegt nicht nur die Hinterhand, sondern eher den gesamten Körper. Deswegen liegt er kurz hinter dem Gurt. Der linke Schenkel unterstützt den Schub.

▶ **Zügelhilfen:** Die Zügel kontrollieren die Stellung des Pferdes nach links und die Bewegung der Vorhand. Bleibt die Vorhand zurück, drückt der äußere Zügel sie nach links, der innere Zügel hält sie zurück, wenn sie vorgreift. Die Zügel dürfen die Vorwärtsbewegung aber nicht behindern. Das Pferd braucht in dieser Lektion ausreichend Schub.

Die Traversale bereitet das Pferd auf fliegende Galoppwechsel vor. Eine Galopptraversale nach links wird im Linksgalopp geritten. Dafür sollte das Pferd langsam, kadenziert und versammelt galoppieren können.

PROBLEME UND LÖSUNGEN

▶ **Die Vorhand greift vor der Hinterhand aus:** Halten Sie die Schulter zurück, indem Sie den linken Zügel leicht nach rechts anlegen. Die Hand sollte sich auf Höhe des Widerrists befinden, damit das Pferd nicht nach rechts abwendet. Das Pferd bleibt nach links gestellt.

▶ **Die Vorhand folgt zu spät der Hinterhand:** Vielleicht ist sie zu stark belastet, wodurch die Hinterhand besser ausgreifen kann. Drücken Sie die Vorhand mit dem rechten Zügel in die Bewegung. Halten Sie sich gerade und lehnen Sie sich leicht nach hinten, so entlasten Sie die Vorhand. Treiben Sie nicht zu stark mit dem rechten Schenkel, damit die Hinterhand nicht zu weit vorgreift.

▶ **Das Pferd bleibt nicht gestellt:** Reiten Sie wieder öfter Schulterherein, Travers und Renvers und benutzen Sie wenn nötig einen Kappzaum. Mit dem Kappzaum können Sie das Pferd über den direkten Zügel leichter stellen. Sobald das Pferd die Biegung beibehält, können Sie ihn wieder weglassen.

Falsch: Die Hinterhand greift vor der Vorhand aus.

Falsch: Das Pferd ist nicht gerade nach rechts gestellt.

CAMARGUE-REITWEISE

GALOPPWECHSEL

Das Pferd galoppiert entweder im Rechts- oder im Linksgalopp. Wenn es im Freilauf die Richtung ändert, springt es um. Das bedeutet, dass es seinen Galopp je nach Biegung der Kurven anpasst und jeweils rechts oder links galoppiert. Unter dem Reiter muss es zuerst lernen, auf der Hand anzugaloppieren, auf der Sie reiten möchten. Sobald es das beherrscht, können Sie mit Richtungswechseln im Galopp beginnen und nach und nach die Galoppwechsel einbauen. Diese können einfach oder fliegend geritten werden.

EINFACHE GALOPPWECHSEL

Mit Galopp-Schritt-Galopp-Übergängen (oder Galopp-Trab-Galopp) wechseln Sie die Richtung. Der Wechsel wird also in mehrere Teilschritte aufgelöst, was auch für das Pferd eine gute Übung ist. Es lernt, seine Bewegungen zu koordinieren und punktgenau auf die Hilfen zu reagieren.

WARUM?
Diese Übung bereitet Pferd und Reiter auf die fliegenden Galoppwechsel vor.

> **Vorbedingungen**
>
> Das Pferd muss ohne Schwierigkeiten auf beiden Händen angaloppieren können, und zwar sowohl auf dem Hufschlag als auch in jeder Hufschlagfigur. Sie sollten sich auf die Hilfengebung konzentrieren können, damit Sie das Pferd nicht verwirren.

DRESSUR-AUSBILDUNG

WIE WIRD ES GEMACHT?

Für einen korrekten einfachen Galoppwechsel sollte das Pferd die Übergänge sauber, flüssig und im Gleichgewicht ausführen. Nur dann wird der neue Galopp ausbalanciert und taktrein sein.

Sie können einfache Galoppwechsel auf einer Mittellinie, einer Acht oder auf einer Diagonalen reiten. Das Pferd sollte gerade mit nur leichter Stellung galoppieren. Reiten Sie am Mittelpunkt einen Übergang vom Galopp in den Trab. Zählen Sie ungefähr vier Tritte und bereiten Sie währenddessen Ihre Hilfen für den Linksgalopp vor.

Achten Sie darauf, dass Ihr Pferd während dieser paar Schritte gelöst bleibt, es sollte sich gerade und konzentriert bewegen und auf Ihre Hilfen achten.

Nach und nach können Sie die Zwischenschritte verringern. Das Pferd wird dadurch immer stärker versammelt und besser ausbalanciert; Sie selbst werden geschickter und schneller in der Hilfengebung – die perfekte Vorbereitung für den fliegenden Wechsel.

1. Übergang vom Rechtsgalopp zum Schritt.

2. Einige Meter im Schritt reichen, um das Pferd nach links zu stellen.

3. Angaloppieren auf der linken Hand.

CAMARGUE-REITWEISE

FLIEGENDE GALOPPWECHSEL

Fliegender Galoppwechsel bedeutet, dass das Pferd während des Galopps vom Rechts- in den Linksgalopp umspringt (und umgekehrt). Es braucht keine Zwischenschritte im Trab oder Schritt. Es handelt sich quasi um ein erneutes Angaloppieren aus dem Galopp heraus!

Galoppwechsel von rechts nach links.

WARUM?

Es ist praktisch und spart Zeit, den Galopp bei Richtungswechseln nicht unterbrechen zu müssen. Pferde beherrschen fliegende Wechsel von Natur aus, doch das Reitergewicht auf dem Rücken stört ihr natürliches Gleichgewicht. Einige springen unter dem Reiter leichter um als andere, aber lernen sollte diese Lektion jedes Pferd.

> **Vorbedingungen:**
>
> Bevor Sie mit den fliegenden Galoppwechseln beginnen, sollte Ihr Pferd folgende Übungen beherrschen:
>
> ▶ Den Kontergalopp, er bereitet die Muskulatur vor und gymnastiziert das Pferd.
>
> ▶ Einfache Galoppwechsel für eine bessere Kontrolle der Gangarten. Beherrscht das Pferd einfache Wechsel, verringert das den Stress, den fliegende Galoppwechsel hervorrufen können.
>
> ▶ Schließlich sollte das Pferd auch Seitengänge und Lektionen auf zwei Hufschlägen ausführen können. Sie gymnastizieren nicht nur, sondern schulen die Kontrolle von Vor- und Hinterhand. Ein wichtiger Punkt ist auch die Kadenz, besonders im Galopp.

DRESSUR-AUSBILDUNG

WIE WIRD ES GEÜBT?

Galoppieren Sie auf der schlechteren Seite des Pferdes an. Es ist leichter, die ersten Galoppwechsel von der schlechteren zur besseren Seite zu üben. Für das Training der Galoppwechsel gibt es verschiedene Methoden.

1 Üben Sie einfache Galoppwechsel und reduzieren Sie dabei die Schritte zwischen dem Angaloppieren, bis Ihr Pferd nur noch einen Schritt Zeit hat, um auf das Umstellen der Hilfen zu reagieren.

Auf einer Acht stellen Sie im Mittelpunkt Ihre Hilfen um und biegen das Pferd von rechts nach links oder umgekehrt. Achten Sie darauf, dass Ihr Pferd sich nicht in den neuen Galopp «hineinwirft».

▶ **Schenkelhilfen:** Der rechte Schenkel treibt am Gurt und sorgt für die Biegung im Zirkel. In dem Augenblick, in dem Sie die Hand wechseln, stellen Sie das Pferd für zwei, drei Schritte gerade. So haben Sie mehr Zeit, Ihre Hilfen vorzubereiten, und das Pferd kann sich nicht in den neuen Galopp «werfen». Ihr linker Schenkel treibt nun am Gurt, der rechte Schenkel schiebt sich nach hinten und leitet den Galoppwechsel ein.

▶ **Gewichtshilfen:** Das Gewicht verlagert sich vom linken auf den rechten Gesäßknochen. Schauen Sie in die Richtung, in die Sie reiten möchten.

▶ **Zügelhilfen:** Achten Sie darauf, dass Sie Ihr Pferd nicht stören und an den Zügeln ziehen. Die Hand zeigt ebenfalls leicht in die neue Richtung, sie bleibt ruhig.

2 Nehmen Sie die Bande zur Hilfe: Geben Sie die Hilfen für den fliegenden Wechsel am Ende einer Diagonalen oder in einer Ecke, dann springt das Pferd leichter auf die richtige Hand um.

3 Nach der Kehrtvolte und einigen Sprüngen in der Traversale befinden Sie sich auf der anderen Hand. Der Wechsel findet beim Erreichen des Hufschlags statt. Die Hilfen (Schenkel, Gewicht und Hand) sind dieselben wie bei den vorherigen Übungen.

4 Nehmen Sie eine Bodenstange zu Hilfe: Sie können den Galoppwechsel auch beim Überspringen einer Bodenstange reiten, und zwar folgendermaßen:

Vom Rechts- in den Linksgalopp:
▶ **Schenkelhilfen:** Stellen Sie Ihr Pferd nach rechts und reiten Sie auf die Bodenstange zu. Der linke Schenkel drückt das Pferd leicht nach rechts, der rechte Schenkel liegt am Gurt. In dem Augenblick, in dem das Pferd über die Stange springt, nehmen Sie den rechten Schenkel zurück, der linke Schenkel treibt am Gurt.

▶ **Gewichtshilfen:** Das Gewicht verlagert sich von links nach rechts.

▶ **Zügelhilfen:** Die Hand darf das Pferd nicht stören, halten Sie sie ruhig. Sie zeigt leicht in die Richtung, in die Sie reiten.

Diese Methode sollte mit Vorsicht angewandt werden, weil das Pferd dabei oft schneller wird. Sie ist aber nützlich, weil der Reiter deutlich spürt, wie das Pferd über der Stange umspringt.

Galoppwechsel von links nach rechts.

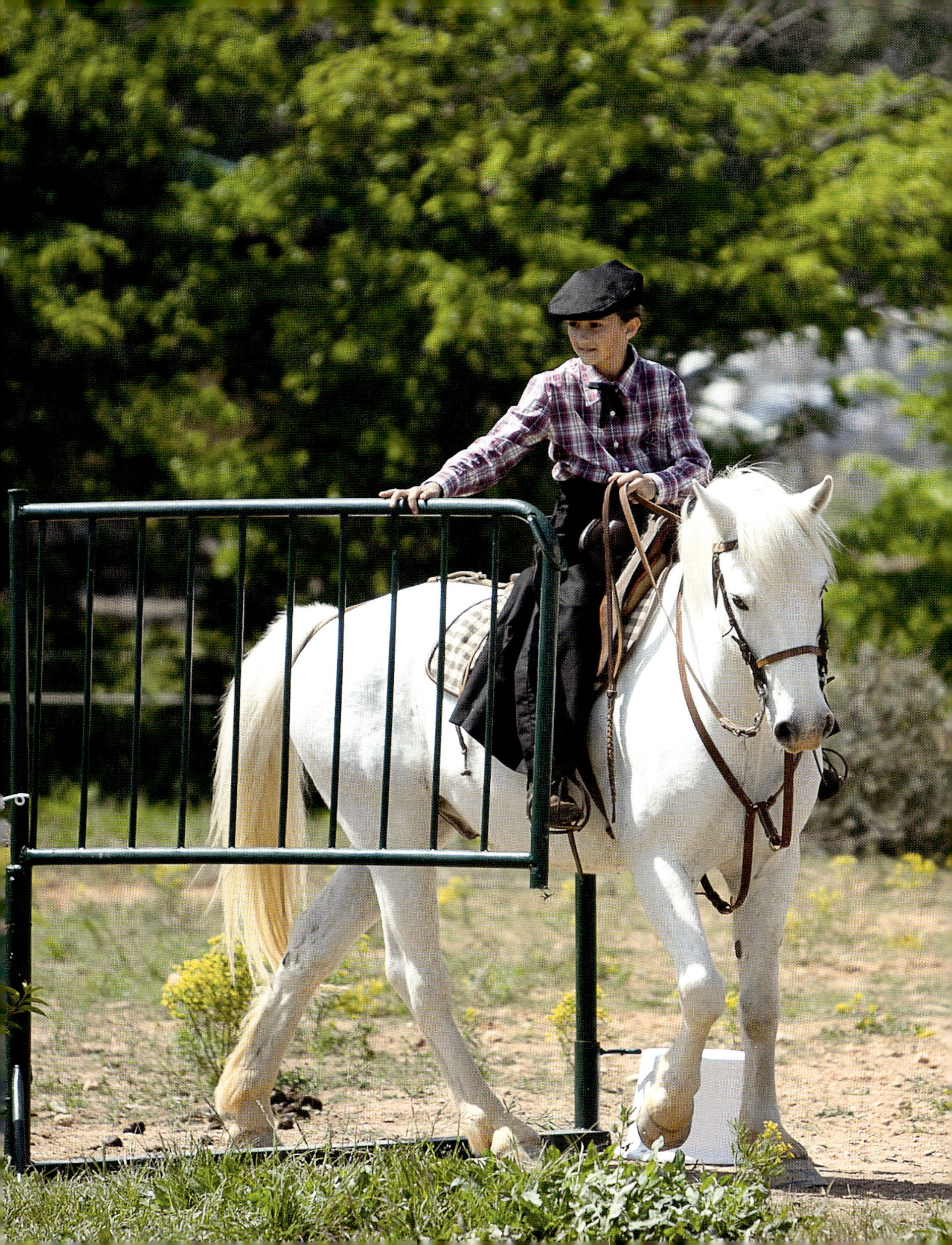

DIE DISZIPLINEN

Die Camargue-Reitweise umfasst mehrere Disziplinen, die in den speziellen Turnieren geritten werden. Pferd und Reiter müssen jede einzelne gut kennen. Gleichzeitig kann der Reiter das tägliche Training der verschiedenen Aufgaben sehr abwechslungsreich gestalten. Ob Freizeit- oder Turnierreiter: Wir zeigen Ihnen zahlreiche Übungen für ein erfolgreiches, motivierendes Pferdetraining.

CAMARGUE-REITWEISE

DRESSUR

Der Dressurpart umfasst verschiedene Lektionen, die in einer vorgegebenen oder auch individuellen Reihenfolge in einem Dressurviereck mit den Maßen 40 × 20 Meter geritten werden. Der Reitplatz ist an den langen und kurzen Seiten mit Markierungen versehen, die bei der Einteilung der Bahnfiguren helfen. Jede Lektion wird von den Richtern einzeln in einem Protokoll bewertet. Beurteilt werden beispielsweise der Ausbildungsgrad, die Konzentration und die Ruhe des Pferdes etc., beim Reiter wird insbesondere auf eine korrekte Hilfengebung und auf die Kenntnis der obligatorischen Hufschlagfiguren geachtet.

Beispiel für eine Dressuraufgabe:

Camargue Dressurprüfung (Klub 1, Jungpferde 3/5 Jahre).

Fig.	Lektion	Kriterien	Note von 0 bis 10	Bemerkungen
1	Einreiten im Trab, über den Schritt durchparieren zum Halten, Grüßen. Anreiten im Schritt, rechter Hand.	Geraderichtung beim Einreiten, weicher Übergang, ruhiges Stehen		
2	Mitte der langen Seite 10m-Zirkel rechter Hand, danach weiter auf dem Hufschlag bis zur kurzen Seite.	Präzision der Hufschlagfigur, richtige Gangart		
3	Ab der Mitte der kurzen Seite Schlangenlinie mit 4 Bögen; der 1. im Trab, der 2. im Schritt, der 3. im Trab, Übergang Trab / Halten / Trab zwischen den Bögen 3 und 4. Beenden der Schlangenlinie in der Mitte der gegenüberliegenden kurzen Seite linke Hand.	Alle Übergänge erfolgen auf der Mittellinie, Präzision der Hufschlagfigur und der Übergänge, Einhaltung der geforderten Gangarten		
4	Mitte der langen Seite 10m-Zirkel linker Hand, danach weiter auf dem Hufschlag bis zur kurzen Seite. Übergang zum Schritt.	Präzision der Hufschlagfigur, richtige Gangart		
5	An der langen Seite Mittelschritt bis zur Mitte, Übergang zum versammelten Schritt.	Einhaltung des geforderten Schritttempos, saubere Übergänge, Erhalten der Vorwärtsbewegung beim Verkürzen		
6	In der ersten Ecke aus dem Schritt angaloppieren. Linksgalopp.	Anspringen im richtigen Galopp, sauberer Übergang		
7	Ab Mitte der kurzen Seite 20m-Zirkel im Linksgalopp.	Präzision der Hufschlagfigur, Einhaltung der geforderten Gangart auf der richtigen Hand		
8	Durchparieren zum Trab, Mitte der langen Seite durch die halbe Bahn wechseln. Durchparieren zum Schritt.	Präzision der Hufschlagfigur, Einhaltung der geforderten Gangart		
9	In der ersten Ecke aus dem Schritt angaloppieren. Rechtsgalopp.	Anspringen im richtigen Galopp, sauberer Übergang		
10	Ab Mitte der kurzen Seite 20m-Zirkel im Rechtsgalopp.	Präzision der Hufschlagfigur, Einhaltung der geforderten Gangart auf der richtigen Hand		
11	Durchparieren zum Trab, in der Mitte der langen Seite durch die halbe Bahn reiten, ohne die Hand zu wechseln.	Präzision der Hufschlagfigur, Einhaltung der geforderten Gangart		
12	Durch die Länge der Bahn, über den Schritt Durchparieren zum Halten, Grüßen. Die Bahn am langen Zügel verlassen.	Geraderichtung beim Einreiten, weicher Übergang, ruhiges Stehen		
	TOTAL von 120:			
	Gesamtnoten:			Bemerkungen
13	Hilfengebung			
14	Präzision der Hufschlagfiguren			
15	Kleidung, Ausrüstung, Fellpflege			
16	Willigkeit	Gehorsam, Leichtigkeit der Bewegungen.		
17	Schwung	Aktivität der Hinterhand.		
	Punktabzüge (Strafpunkte):			
	TOTAL von 170:			

DIE DISZIPLINEN

Fig.	Lektion	Kriterien	Note von 0 bis 10	Bemerkungen
1	Einreiten im Galopp, über den Schritt durchparieren zum Halten, Grüßen. Anreiten im Trab, linke Hand.	Geraderichtung beim Einreiten, weicher Übergang, ruhiges Stehen, Durchlässigkeit		
2	Acht (zwei 10m-Zirkel) im Trab, dann auf den Hufschlag rechte Hand.	Durchlässigkeit, Präzision der Hufschlagfigur, Biegung, Kadenz		
3	Vor der Ecke in den Schritt durchparieren.	Durchlässigkeit, Spontanität, deutlicher Übergang		
4	Auf der langen Seite Schenkelweichen nach rechts bis zur Mittellinie.	Durchlässigkeit, Kontrolle der Vor- und Hinterhand, Regelmäßigkeit der Bewegung		
5	Ab der Mittellinie halber 10m-Zirkel linker Hand.	Durchlässigkeit, Präzision der Hufschlagfigur, Biegung, Kadenz		
6	8–12 Tritte Schulterherein nach links.	Durchlässigkeit, Kontrolle der Vor- und Hinterhand, Regelmäßigkeit der Bewegung		
7	Mitte der kurzen Seite durchparieren zum Halten, mindestens 5 Tritte rückwärtsrichten.	Durchlässigkeit, Stillstand, Geraderichten beim Halten und beim Rückwärtsrichten		
8	Auf der langen Seite Schenkelweichen nach links bis zur Mittellinie.	Durchlässigkeit, Kontrolle der Vor- und Hinterhand, Regelmäßigkeit der Bewegung		
9	Ab der Mittellinie halber 10m-Zirkel rechter Hand.	Durchlässigkeit, Präzision der Hufschlagfigur, Biegung, Kadenz		
10	8-12 Tritte Schulterherein nach rechts.	Durchlässigkeit, Kontrolle der Vor- und Hinterhand, Regelmäßigkeit der Bewegung		
11	In der ersten Ecke im Rechtsgalopp angaloppieren.	Durchlässigkeit, sauberer Übergang in den Galopp, Spontaneität, Balance		
12	Auf der Mitte der kurzen Seite 15m-Zirkel im Rechtsgalopp.	Durchlässigkeit, Präzision der Hufschlagfigur, Biegung, Kadenz		
13	Verstärken und Zurücknehmen des Galopps über drei Seiten (zwei lange Seiten verstärken, eine kurze Seite verkürzen).	Durchlässigkeit, Variation der Sprunglängen, Anspringen im richtigen Galopp, deutlich erkennbare Übergänge		
14	Durch die Bahn wechseln, an der Mittellinie in den Schritt durchparieren.	Durchlässigkeit, Präzision der Hufschlagfigur, weicher Übergang		
15	Angaloppieren linker Hand.	Durchlässigkeit, Korrektheit des Angaloppierens, Frische, Balance		
16	Ab Mitte der kurzen Seite 15m-Zirkel im Linksgalopp.	Durchlässigkeit, Präzision der Hufschlagfigur, Biegung, Kadenz		
17	Verstärken und Zurücknehmen des Galopps über drei Seiten (zwei lange Seiten verstärken, eine kurze Seite verkürzen).	Durchlässigkeit, Variation der Sprunglängen, Anspringen im richtigen Galopp, deutlich erkennbare Übergänge		
18	Durch die Länge der Bahn reiten, in den Schritt durchparieren, Halten, Grüßen. Die Bahn am langen Zügel verlassen.	Geraderichtung beim Einreiten, weicher Übergang, ruhiges Stehen, Anlehnung / Durchlässigkeit		
	TOTAL von 180:			
	Gesamtnoten:			Bemerkungen
19	Gangarten	Willigkeit und Gleichmäßigkeit		
20	Willigkeit	Gehorsam, Leichtigkeit der Bewegungen		
21	Schwung	Aktivität, Untertreten, Beweglichkeit der Hinterhand		
22	Kleidung, Ausrüstung, Fellpflege			
23	Hilfengebung			
	Punktabzüge (Strafpunkte):			
	TOTAL von 230:			

Beispiel für eine Dressuraufgabe:

Camargue Dressurprüfung (Klub Elite, Jungpferde 4/8 Jahre).

155

CAMARGUE-REITWEISE

TRAIL-PARCOURS

HINDERNISSE DES TRAIL-PARCOURS

1 HINDERNISSE ZUR VERBESSERUNG DES GERADERICHTENS UND DER BIEGUNG

ACHT ZWISCHEN TONNEN

Dieses Hindernis besteht aus zwei Tonnen, die mit sechs Meter Abstand voneinander aufgestellt werden. Der Reiter reitet gerade und mittig zwischen die Tonnen, umrundet die eine nach rechts, trifft wieder auf die Mitte, umrundet die andere Tonne nach links und verlässt das Hindernis wieder mittig und gerade.

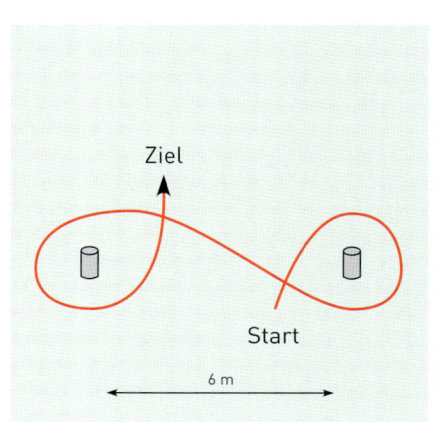

DREI TONNEN

Das Hindernis besteht aus drei Tonnen, die ein Dreieck bilden und in einem Abstand von sechs Meter zueinander stehen. Das Hindernis muss wie folgt bewältigt werden: Der Reiter umrundet zuerst die rechte Tonne mit einer Rechtsvolte, wechselt dann in den Linksgalopp und umrundet die gegenüberstehende Tonne, wechselt erneut, umreitet die letzte Tonne und verlässt das Hindernis an der gleichen Stelle, an der er eingeritten ist.

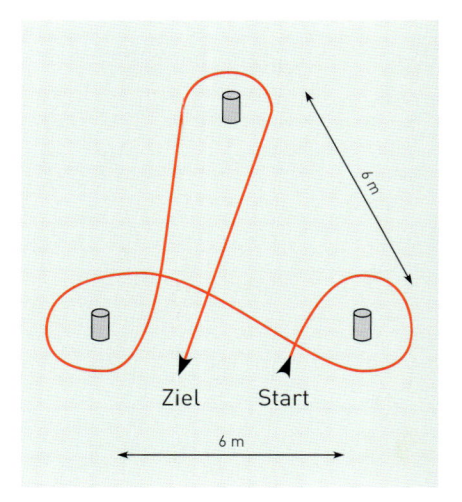

Der Trail-Parcours umfasst ungefähr zehn Hindernisse, die der täglichen Arbeit der Gardians nachempfunden sind. Beispielsweise muss ein Tor vom Pferderücken aus geöffnet oder eine Brücke überquert werden. Dabei kommt es auf die Geschicklichkeit und Beweglichkeit des Pferdes an. Der Parcours wird auf einem Reitplatz oder einem anderen umgrenzten Platz aufgebaut. Es gibt zwei verschiedene Trail-Prüfungen: In der einen wird auf Zeit geritten. Der Parcours und die Hindernisreihenfolge sind vorgegeben, jedes Hindernis hat eine bestimmte Nummer. Die andere Prüfung ist ein Punkte-Parcours, in dem der Reiter die Hindernisse frei wählen darf. Dabei kann jedes Hindernis höchstens zwei Mal absolviert werden. Je nach Schwierigkeit des Hindernisses gibt es eine unterschiedliche Punktzahl. Diese Punktzahl steht auf einem Schild neben dem Hindernis. Einige Hindernisse sind mit Fähnchen versehen. Der Reiter darf sie nur in einer vorgeschriebenen Richtung anreiten (rot steht immer rechts, weiß steht immer links). Bis auf einige Ausnahmen darf der Reiter die Gangart, in der er das Hindernis absolvieren möchte, frei wählen. Ist die Gangart jedoch vorgegeben, bekommt er für die richtige Ausführung Bonuspunkte.

DIE DISZIPLINEN

PARALLEL-SLALOM

Das Hindernis besteht aus fünf bis sieben Stangen oder Kegeln, die auf nicht im Boden verankerten Sockeln befestigt sind. Die Stangen stehen in zwei parallelen Reihen mit sechs Meter Abstand. Das Pferd umrundet die Stangen nacheinander slalomartig mit halben Volten.

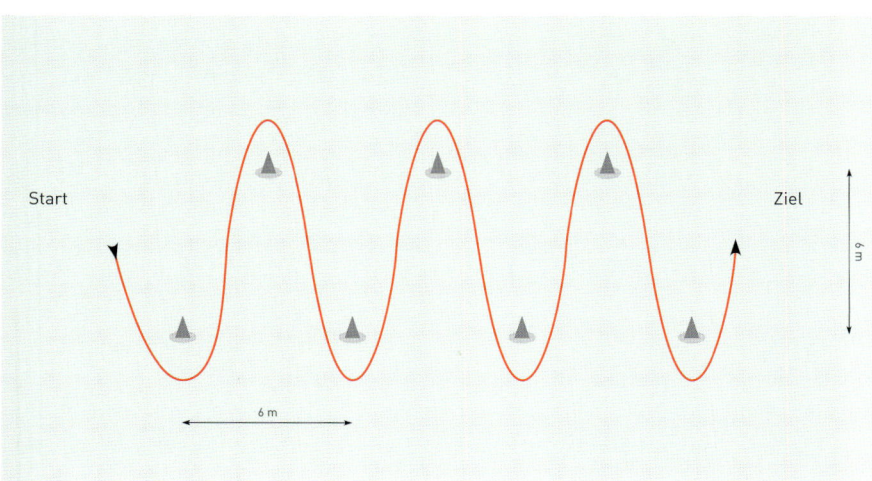

EINFACHER SLALOM

Das Hindernis besteht aus drei bis sechs Stangen oder Kegeln, die auf Sockeln montiert sind, die nicht im Boden verankert sind. Diese Stangen werden auf einer geraden Linie im Abstand von sechs Metern aufgestellt. Das Pferd bewegt sich auf einer flachen Slalomlinie durch die Stangen.

CAMARGUE-REITWEISE

REITERPARCOURS

Die Teilnehmer müssen einen Stock aus einer Tonne nehmen, eine Acht reiten (um zwei Kegel mit mindestens sechs Meter Abstand) und danach den Stock wieder in einer anderen Tonne deponieren.

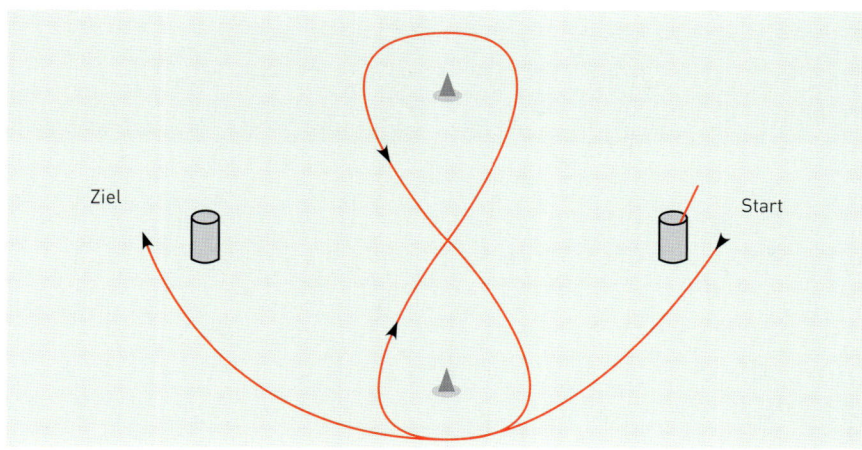

PFOSTEN

Der Reiter muss um einen Pfosten reiten, der so aufgestellt ist, dass er Reiter und Pferd zu einem Richtungswechsel von mindestens 180° zwingt.

WIE TRAINIERT MAN ES?

Bei den meisten Hindernissen kommt es darauf an, dass die Biegung des Pferdes erhalten bleibt. Auf einem Bogen nach rechts beispielsweise muss das Pferd in Bewegungsrichtung gebogen sein (Sie müssen sein rechtes Auge sehen können) und sich gleichmäßig um die Tonne oder die Stange biegen. Benutzen Sie bei allen Richtungsänderungen die Schenkel: bei einer Rechtsbiegung liegt der linke Schenkel leicht hinter dem Gurt und der rechte am Gurt. Der rechte Schenkel zeigt dem Pferd nicht nur, dass es sich um diesen Schenkel biegen soll, sondern erhält auch die Aufrichtung, sodass das Pferd nicht über die innere Schulter fällt. Die rechte Schulter Ihres Pferdes sollte sich in der Wendung heben und nicht senken. Durch wiederholtes Anlegen des äußeren Zügels verdeutlichen Sie dem Pferd, wo es hingehen soll. So verhindern Sie, dass Sie in den Wendungen zu sehr am Zügel ziehen. Wenn Sie große Bögen reiten, ist das impulsartige Anlegen besser als das dauerhafte Anlegen, denn dabei besteht die Gefahr, dass Sie den äußeren Zügel zu stark annehmen und das Pferd stören. Halten Sie sich immer gerade, orientieren Sie Ihr Körpergewicht leicht auf den linken Gesäßknochen, um die rechte Schulter Ihres Pferdes zu entlasten. Achten Sie auch darauf, dass Ihr Pferd in den Bögen nicht mit der Hinterhand ausfällt. Dies würde bedeuten, dass es zu viel Gewicht auf der Vorhand hat und nicht ausreichend auf der Hinterhand «läuft». Reiten Sie häufig große Bögen im Schritt, führen Sie die Hinterhand des Pferdes mit dem äußeren Schenkel und schieben Sie sie

DIE DISZIPLINEN

leicht nach rechts. Je nachdem, ob Sie auf der beweglicheren oder steiferen Seite Ihres Pferdes reiten, können Sie entweder verstärkt den äußeren Schenkel einsetzen, um auf die Hinterhand einzuwirken, oder aber Ihr Pferd mit dem inneren Schenkel biegen.

Wenn Sie für ein Turnier trainieren, sollten Sie verschieden große Bögen in unterschiedlichen Gangarten reiten. Gewöhnen Sie Ihr Pferd zunächst im Schritt daran, die Hindernisse zu respektieren. Es darf sie nicht umwerfen oder anrempeln. Im Trab bekommt das Pferd nach und nach mehr Selbsthaltung, Sie können die Bögen um die verschiedenen Hindernisse jetzt enger reiten. Im Galopp sollte das Pferd zunächst wieder auf größeren Bögen geritten werden, damit es Zeit für die Richtungs- und Galoppwechsel hat. Es ist ratsam, die Galoppwechsel auch außerhalb des Trail-Parcours zu üben. Erst wenn das Pferd diese Lektion sicher beherrscht, können Sie die Bögen auch im Galopp verkleinern.

Im Training sollten Sie niemals auf Zeit reiten: Üben Sie vielmehr in aller Ruhe die Technik und die saubere Ausführung. Die Geschwindigkeit kommt dann von alleine!

2 HINDERNISSE ZUR VERBESSERUNG DER RICHTUNG UND DER SPONTANEITÄT

HOLZBRÜCKE

Das Hindernis besteht aus einer Brücke aus Brettern. Das Hindernis muss mindestens drei bis vier Meter lang, 80 cm breit und 20 cm hoch sein. Der Belag darf nicht rutschig sein. Das Pferd muss über die gesamte Brücke gehen.

Das Pferd geht ruhig über die Brücke. Beim Heranreiten ist es gerade gestellt.

CAMARGUE-REITWEISE

SPRUNG
Der Reiter muss mit seinem Pferd einen Sprung von maximal 60 cm Höhe überwinden, ohne ihn um- oder abzuwerfen (oder zu zerstören).

PFERCH
Dieses Hindernis besteht aus einem Pferch mit einem Durchmesser von sechs Metern, in dem sich ein weiterer kleinerer Pferch mit einem Durchmesser von drei Metern befindet. Der dazwischen liegende Gang hat eine Breite von 1,20 Metern. Der innenliegende Pferch dient als Gehege für Geflügel oder Ähnliches. Das Pferd betritt den Pferch, geht eine Runde in dem Gang, verlässt das Hindernis, tritt wieder ein und geht nochmals eine Runde in die andere Richtung.

WASSERSTELLE
Der Reiter muss mit seinem Pferd eine Wasserstelle durchqueren.

Gehege mit einem Huhn.

Geben Sie die Zügel hin und lassen Sie das Pferd am Wasser schnuppern.

DIE DISZIPLINEN

LABYRINTH

Die Teilnehmer müssen durch ein Labyrinth aus Stangen reiten, die Breite der durch die Stangen gebildeten Gänge beträgt ca. 90 cm. Die Höhe der horizontalen Balken liegt zwischen 30 cm und 60 cm. Der Reiter muss zwischen den Stangen reiten, ohne sie umzustoßen.

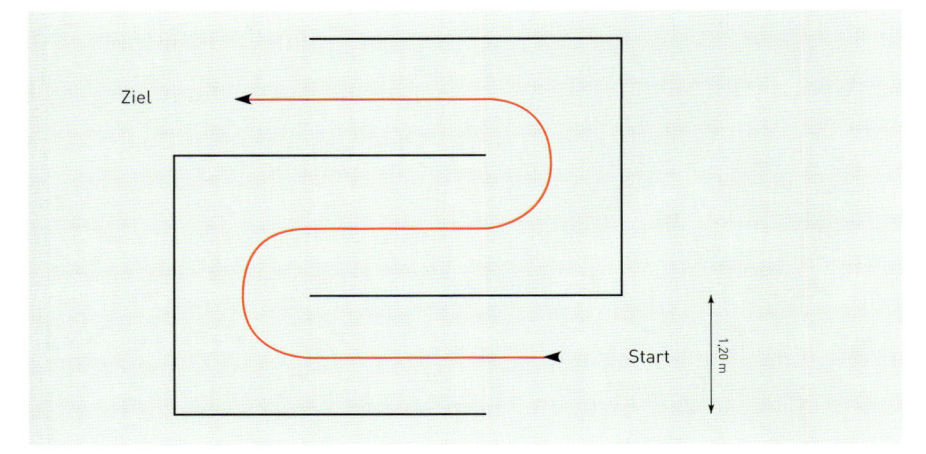

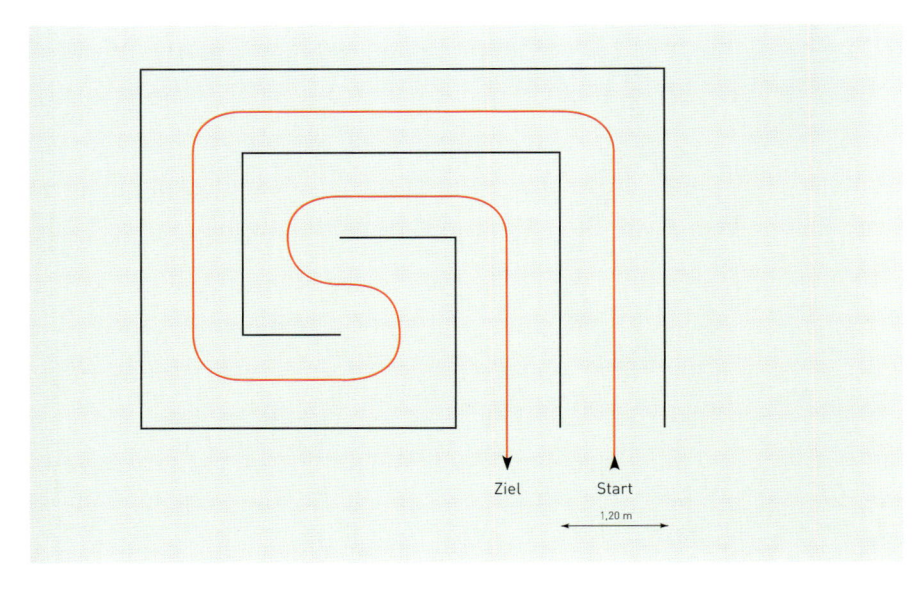

SCHNECKE

Die Teilnehmer müssen durch eine 1,20 Meter breite Schnecke reiten, ohne die Stangen umzuwerfen. Die horizontalen Stangen befinden sich in einer Höhe von 10 bis 60 cm. Die Stangen sollten mobil und nicht auf ihrer Auflage fixiert sein.

CAMARGUE-REITWEISE

WIE TRAINIERT MAN ES?

Die beschriebenen Hindernisse erfordern ein besonderes Maß an Vertrauen und Willigkeit seitens des Pferdes. Bevor Sie Ihr Pferd an diese Hindernisse heranführen, muss es in allen drei Gangarten gerade und flüssig gehen und auf beiden Händen regelmäßige Bögen beherrschen. Merke: Das Pferd geht gerade, wenn die Hinterhand sowohl auf der Geraden als auch auf gebogener Linie der Spur der Vorhand folgt.

Das Pferd sollte außerdem problemlos Handwechsel beherrschen, mit aktiver Hinterhand vorwärtsgehen und weich stoppen können.

Das Pferd muss auch visuell (unbekannte Formen, Farben ...), auditiv (Geräusch der Hufe auf der Brücke, Tiere im Gehege ...), sensitiv (Beschaffenheit des Sprungs, Einreiten ins Wasser, ...) und olfaktorisch (Tiere im Gehege) auf die Hindernisse vorbereitet sein. Vier der fünf Sinne des Pferdes sind also beim Durchreiten dieser Hindernisse involviert. Bereiten Sie das Pferd deshalb im Vorfeld gut darauf vor, so beugen Sie Widersetzlichkeiten und Abwehrreaktionen vor. Hat das Pferd Angst vor einem Hindernis, ist es nicht durchlässig, es reagiert nicht auf die Hilfen oder hält nicht an. Wenn Sie aber dem Pferd genügend Zeit lassen, sich mit den Hindernissen in Ruhe auseinanderzusetzen, wird es Selbstvertrauen gewinnen und überlegt und ruhig agieren.

PROBLEME UND LÖSUNGEN
Die o.g. Hindernisse reiten Sie gerade oder rechtwinklig an.

▶ **Wenn Ihr Pferd ein Hindernis verweigert und zur Seite ausweicht,** müssen Sie es schon beim Anreiten ruhig und gerade halten. Zwingen Sie es nicht übertrieben an das Hindernis heran, sondern achten Sie darauf, dass es gerade bleibt. Normalerweise bricht das Pferd immer bevorzugt zu einer bestimmten Seite aus. Wenn es zum Beispiel nach rechts drängt, biegt es sich auf natürliche Weise leichter nach links. So kann es nach rechts wegspringen. Sie müssen es also mittig an das Hindernis heranreiten und sollten es dabei leicht nach links drücken und sogar nach rechts stellen. Wenn es spürt, dass es nicht zur gewohnten Seite ausbrechen kann, wird es nachgeben und gerade vorwärtsgehen. Drehen Sie Ihr Pferd niemals mit dem Rücken zu den Hindernissen, sondern richten Sie immer den Kopf in Richtung des Problems. Reiten Sie auch nicht zu weit vom Hindernis weg, um einen neuen Anlauf zu nehmen. Das Pferd wird sonst schnell herausfinden, dass es sich weit vom Hindernis entfernt ausruhen kann. Entweder versuchen Sie die Schwierigkeit vor dem Hindernis zu lösen, indem Sie das Pferd gerade und mit verstärktem Schenkeldruck an die Schwierigkeit heranführen bis es das Hindernis absolviert, oder aber Sie reiten vom Hindernis weg und arbeiten das Pferd beispielsweise auf Zirkeln im Trab oder Galopp, was für das Pferd anstrengend ist, und kommen dann erneut in Ruhe auf das Hindernis zu. Die Zone, in der es Ruhe und Komfort findet, sollte am Hindernis sein und nicht weit davon entfernt!

▶ **Wenn Ihr Pferd rückwärtsgeht oder einfach stehen bleibt,** gehen Sie wie bereits beschrieben vor. Halten Sie das Pferd gerade und treiben Sie es mit den Schenkeln verstärkt vorwärts. Achten Sie darauf, nicht gleichzeitig an den Zügeln zu ziehen! Loben Sie jeden Schritt nach vorne, indem Sie sofort den Druck wegnehmen und es einige Sekunden in Ruhe stehen lassen. Sie können auch im Trab oder Galopp Zirkel reiten und es dann in aller Ruhe wie oben beschrieben erneut an das Hindernis heranführen!

▶ **Denken Sie auch daran, mit der Hand mitzugehen,** wenn Ihr Pferd an etwas riechen möchte. Wenn die Zügel zu kurz sind und das Pferd den Hals nicht strecken kann, um an etwas zu schnuppern, wird es mehr Zeit benötigen, das Neue zu verstehen und auf die Hilfen seines Reiters zu reagieren!

▶ **Das Labyrinth und die Schnecke sollten im versammelten Schritt durchritten werden,** das Pferd darf nicht im Hindernis anhalten. Im versammelten Schritt haben Sie ausreichend Zeit, die Hilfen für die Richtungswechsel zu geben. Mit der Hand dirigieren Sie die Schultern, und mit den Schenkeln kontrollieren Sie die Hinterhand. Geben Sie die Hilfen genauso wie sonst auch. Sie können wenn nötig die Hinterhand des Pferdes mit dem äußeren seitwärts treibenden Schenkel leicht nach außen drücken, wenn es sein inneres Hinterbein nicht ausreichend untergesetzt hat und droht, gegen eine Stange zu stoßen. Wenn das Pferd in der Mitte des Hindernisses anhält, ist es schwieriger, es wieder gerade in den Schritt zu reiten. Oft touchiert die Hinterhand beim Anreiten eine Stange!

Streicheln Sie niemals ein Pferd, das aus Angst stehen bleibt oder sich verweigert! Diese Geste wird es nicht besänftigen, sondern in seiner Idee bestätigen! Streicheln am Hals ist ein Lob. Und nur ein Lob! Wenn Sie es in einer solchen Situation «loben», unterstützen Sie sein Verhalten, in diesem Fall das Verweigern. Sie können es loben, sobald es sich überwunden und das Hindernis komplett bewältigt hat.

3 HINDERNISSE MIT RÜCKWÄRTSTRETEN UND MOBILISIERUNG DER VOR- UND HINTERHAND

GLOCKE AM ENDE EINES KORRIDORS

Das Hindernis besteht aus zwei parallelen, vier Meter langen Latten oder Stangen, die auf 4 in der Erde verankerten Pflöcken in einer Höhe von 0,60 cm aufliegen. Die Breite des Gangs beträgt 1,20 Meter. Am Ende des Gangs ist eine Glocke auf ungefähr zwei Meter Höhe montiert. Das Pferd betritt den Gang und geht bis zum Ende. Der Reiter muss die Glocke läuten und das Pferd anschließend vollständig rückwärts aus dem Gang herausreiten, ohne dabei eine Stange abzuwerfen.

Glocke am Ende des Korridors: das Pferd steht still und bleibt ruhig.

STANGEN-L RÜCKWÄRTS

Dieses Hindernis besteht aus vier Stangen, die in L-Form auf dem Boden angeordnet sind. Der Gang dazwischen hat eine Breite von 1,5 Metern. Die Stangen liegen leicht erhöht auf kleinen Sockeln. Das Pferd tritt vorwärts in den Korridor, durchschreitet ihn und verlässt ihn rückwärtstretend.

Reiten Sie durch das L und halten Sie am Ende an. Dann reiten Sie rückwärts wieder heraus.

WIE REITET MAN DIESE HINDERNISSE?

Die Übungen mit Rückwärtstreten erfordern Konzentration und Ruhe vom Pferd und somit auch vom Reiter. Das Pferd sollte das Rückwärtstreten sowohl vom Boden als auch unter dem Reiter sicher beherrschen. Es sollte in Ruhe und ohne Widerstand auf einer geraden Linie rückwärtsgehen können. Erst dann können Sie diese Übung zwischen zwei Stangen trainieren. Das Ziel ist, niemals eine Stange zu berühren. Wenn Sie dem Pferd das Rückwärtstreten in den Stangen beibringen wollen, wird es die Stangen öfter abwerfen und dadurch nervös werden. Deswegen eignet sich zum Üben zunächst eine Bande oder ein Zaun besser.

Anschließend üben Sie das Stehenbleiben vor der Glocke. Das Pferd muss ruhig stehen bleiben, während Sie die Glocke läuten! Es darf nicht von alleine mit dem Rückwärtstreten beginnen. Meistens wird es versuchen, hastig und schief und mit einer gewissen Nervosität aus dem Hindernis zu kommen. Reiten Sie in den Korridor ein und halten Sie am Ende an. Erst dann betätigen Sie die Glocke. Warten Sie noch einige Sekunden und geben Sie dann die Hilfen für das Rückwärtstreten. Jede Art Widerstand (das Pferd bewegt sich zur Seite, bäumt sich auf oder tritt von alleine rückwärts) muss im Hindernis bis zur vollständigen Ruhe gelöst werden.

Bei der Lektion «L Rückwärts» reiten Sie im Schritt bis zum Ende des Korridors. Die Vorderbeine des Pferdes müssen sich außerhalb der Stangen befinden. Sobald das Pferd still steht, beginnen Sie mit dem Rückwärtstreten. Einige ruhige Schritte reichen am Anfang. Das Pferd muss 100%ig gehorchen, sonst schaffen Sie die Wendung im L nicht. Biegt der Gang beispielsweise nach rechts ab, müssen Sie im Rückwärtstreten die Vorhand (also die Vorderbeine) mit dem äußeren angelegten Zügel nach links orientieren. Dadurch wird die Hinterhand nach rechts orientiert. Gleichzeitig müssen Sie mit dem linken Schenkel die Hinterhand nach rechts drücken. Der linke Schenkel wirkt in diesem Fall als seitwärts treibender Schenkel leicht hinter dem Gurt. So wird das Pferd rückwärts um die Kurve kommen, ohne die Stangen zu berühren. In einer derart schwierigen Lektion sind diese Hilfen natürlich nicht die einzigen. Sie müssen in der Lage sein, Ihr Pferd kontrolliert in beide Richtungen zu dirigieren und falsche Bewegungen der Vor- oder Hinterhand zu korrigieren. In diesem Fall müssen Sie die Hilfen gegenstellen können. Wenn das Pferd zu schnell rückwärtstritt, sind Fehler vorprogrammiert. Sie müssen dem Pferd also beibringen, sich im Hindernis ruhig und gelassen zu bewegen, besonders, wenn Sie das Pferd anhalten und geraderichten wollen.

Ein Pferd muss das Abverlangte verstehen, um wirklich sein Bestes zu geben. Viele Reiter überspringen wichtige Etappen in der Pferde-Ausbildung. Gerade das Tor kann leicht Stress und Angst beim Pferd auslösen. Es wird fliehen wollen und mit Unruhe, Steigen und Umdrehen reagieren. Auch ein ausgebildetes Pferd kann wieder schlechte Angewohnheiten annehmen, wenn der Reiter die einzelnen Schritte nicht respektiert. Je mehr Sie auf die richtige Technik achten, desto mehr Erfolg werden Sie bei diesem Hindernis haben.

CAMARGUE-REITWEISE

TOR

Das ungefähr 1,30 Meter breite Tor muss Scharniere besitzen und darf den Boden nicht berühren. Der Öffnungs- und Schließmechanismus sollte einfach gestaltet sein, etwa mit einem Ring. Das Tor muss in der Waage sein und darf nicht von alleine schließen, wenn es losgelassen wird. Der Verschluss sollte sich auf einer Höhe von 1,50 bis 1,80 Meter befinden. Der Reiter dirigiert das Pferd neben das Tor, öffnet es, reitet hindurch und schließt das Tor wieder vom Pferderücken aus.

WIE REITET MAN DIESES HINDERNIS?

Es gibt mehrere Möglichkeiten, ein Tor zu öffnen und zu schließen, je nachdem, wie Sie an das Tor heranreiten. In jedem Fall benutzen Sie die rechte Hand für das Tor und halten in der linken Hand die Zügel:

1 Vorwärts durch das Tor:

Reiten Sie so an das Tor heran, dass es sich rechts von Ihnen befindet. Halten Sie das Pferd parallel zum Tor an. Mit der rechten Hand öffnen Sie den Verschluss und drücken das Tor leicht nach rechts. Dabei muss Ihr Pferd ein oder zwei Schritte rückwärtstreten, damit es durch die Öffnung gehen kann. Lassen Sie das Pferd nach rechts treten und schieben Sie das Tor so auf. Der linke Schenkel und der angelegte linke Zügel dirigieren das Pferd nach rechts. Anschließend folgt eine Wendung um

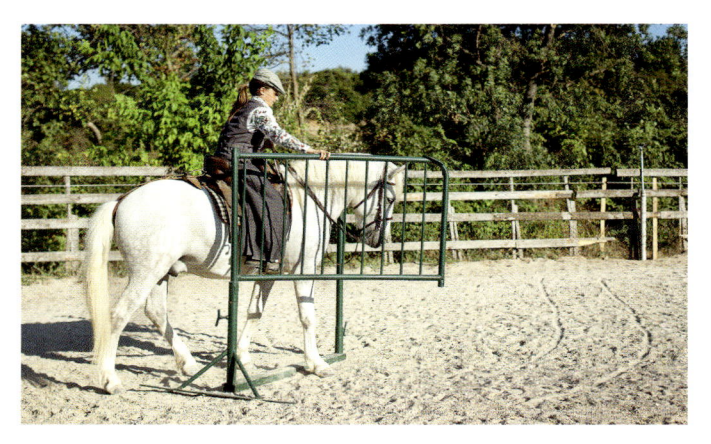

1. Drücken Sie das Tor auf und durchreiten Sie es.

2. Wenden Sie Ihr Pferd um die Vorhand nach links.

3. Schließen Sie das Tor, indem Sie das Pferd seitwärts treten lassen.

4. Das Pferd steht beim Schließen des Gatters still.

DIE DISZIPLINEN

die Vorhand nach links. Das Tor befindet sich nun wieder rechts von Ihnen. Treiben Sie das Pferd mit dem linken Schenkel seitwärts (die Hand kontrolliert in diesem Augenblick die Vorhand) und schließen Sie so das Tor.

2 Rückwärts durch das Tor:
Reiten Sie so an das Tor heran, dass es sich rechts von Ihnen befindet, die Pferdenase zeigt diesmal Richtung Torscharnier. Halten Sie das Pferd parallel zum Tor an. Mit der rechten Hand öffnen Sie den Verschluss des Tors und ziehen es leicht nach links, indem Sie das Pferd seitwärtstreten lassen. Wenden Sie die Hinterhand nach rechts Richtung Öffnung und lassen Sie es rückwärts hindurchtreten. Auf der anderen Seite schieben Sie die Vorhand nach links und schließen so das Tor.

In beiden Fällen reiten Sie durch das Tor, ohne es loszulassen. Ein Tor so öffnen und schließen zu können ist im richtigen Leben eines Gardians und auch eines Freizeitreiters, also bei Ausritten durch verschiedene Weiden, sehr nützlich. So müssen Sie nicht absteigen, und die Tiere auf der Weide können nicht ausbrechen! Das Pferd sollte dieses Hindernis in Ruhe und korrekt lernen und beherrschen. Auf dem Turnier ist es in einigen Klassen vorgeschrieben, das Tor nicht loszulassen. Lässt der Reiter es doch los, gibt es Strafpunkte.

1 und 2. Öffnen Sie das Tor und drücken Sie die Hinterhand Ihres Pferdes nach rechts.

3. Treten Sie ruhig durch die Öffnung rückwärts.

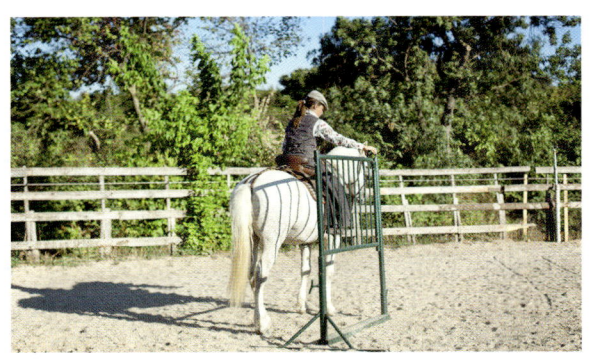

4. Schieben Sie die Vorhand Ihres Pferdes nach links und schließen Sie das Tor.

167

SEITWÄRTSRICHTEN ÜBER EINE STANGE

Das Hindernis besteht aus einer vier Meter langen Stange, die auf zehn Zentimeter hohen Sockeln aufliegt. Das Pferd tritt von rechts (oder links) an das Hindernis heran, wird im rechten Winkel zur Stange platziert und überquert sie im Seitwärtstreten. Dabei darf es die Stange nicht berühren (die Vorderhand befindet sich vor der Stange, die Hinterhand hinter der Stange).

Wie beim Rückwärtstreten sollte das Pferd diese Lektion zunächst ohne die Bodenstange lernen. Das Pferd sollte sowohl nach rechts als auch nach links seitwärtstreten können. Dabei darf es nicht nach vorne gehen. Erst dann können Sie eine Stange in die Mitte des Reitplatzes legen. Reiten Sie die Stange im rechten Winkel an und halten Sie mittig daneben. Beginnen Sie mit der Volltraversale beispielsweise nach rechts. Dabei treibt der linke Schenkel die Hinterhand, Ihre Hand dirigiert die Vorhand leicht nach rechts. Während der gesamten Übung müssen Sie Ihr Pferd genau unter Kontrolle haben. Vor- und Hinterhand sollten je nach Bedarf kontrolliert und bewegt werden können!

PROBLEME UND LÖSUNGEN

In dieser Lektion widersetzt sich das Pferd relativ häufig. Bleiben Sie ruhig, versuchen Sie erneut die Aufmerksamkeit des Pferdes zu erlangen und machen dort weiter, wo die Schwierigkeiten begonnen haben. Lassen Sie ihm Zeit, die Lektion zu verstehen. Eine Stange zwischen den Beinen kann für das Pferd durchaus beängstigend sein; es wird versuchen, nach vorne oder hinten zu fliehen. Wenn Sie es daran hindern, kann es passieren, dass es versucht zu steigen oder sich heftig zu widersetzen. Es sollte in jedem Fall die Volltraversale beherrschen, bevor Sie sie über die Stange reiten.

DIE DISZIPLINEN

4 HINDERNISSE FÜR GESCHICKLICHKEIT UND PRÄZISION

TOPF MIT ERDE

Dieses Hindernis besteht aus einem ungefähr ein Meter hohen Tisch, auf dem ein mit Erde gefüllter Topf steht. Der Reiter nähert sich dem Tisch, packt den Topf am Griff, hebt ihn mindestens auf Schulterhöhe hoch und stellt ihn wieder zurück auf den Tisch.

AB- UND AUFSTEIGEN IN EINER BEGRENZTEN ZONE

Der Reiter muss in einer definierten Zone (etwa ein markierter Kreis auf dem Boden) vom Pferd steigen. Er darf die Seite frei wählen. Beide Füße müssen den Boden berühren. Dann steigt er von der Seite seiner Wahl wieder auf. Das Pferd darf dabei nicht aus der Zone treten.

WIE TRAINIERT MAN ES?

Bei diesen Hindernissen muss das Pferd lernen, still zu stehen: Halten Sie Ihr Pferd neben einem Gegenstand oder an einem bestimmten Punkt an und warten Sie, bis es still steht. Beugen Sie sich dann vor und nehmen Sie den Topf oder einen anderen Gegenstand auf oder steigen Sie ab. Achten Sie darauf, dass Ihr Pferd sich nicht bewegt. Stellen Sie ihn erst dann wieder ab oder steigen Sie auf. Das Pferd muss warten, bis Sie es zum Antreten auffordern. Denken Sie daran, nicht ständig an den Zügeln zu ziehen oder sie permanent gespannt zu halten. Kurze Aktionen mit der Hand genügen.

STANGEN UNTERREITEN

Die Teilnehmer müssen unter zwei bis vier hintereinander aufgereihten, mindestens 1,80 Meter hohen Toren durchreiten, ohne die Stangen abzuwerfen. Tiefes Ducken ist gefragt! Die horizontalen Stangen sollten mobil und leicht sein, damit sie den Reiter nicht verletzen können.

Pferde, die ein solches Hindernis nicht kennen, bekommen leicht Angst, sich den Kopf zu stoßen. Gewöhnen Sie es deshalb vorher in Bodenarbeit daran. Achten Sie darauf, dass Ihr Pferd Sie nicht anrempelt und zu schnell durch das Hindernis eilt. Sobald es das Tor ruhig bewältigt, durchreiten Sie es im Schritt und gewöhnen Sie das Pferd daran, dass Sie sich vorbeugen. Erst wenn es mit Ruhe und Vertrauen unter den Stangen hergeht, können Sie das Hindernis im Trab und schließlich im Galopp reiten.

CAMARGUE-REITWEISE

RINGSTECHEN

Dieses Hindernis ist auch Teil der Gardianspiele. Das Hindernis besteht aus einem an einer Querstange aufgehängten Eisenring. Nachdem der Reiter einen 1,20 bis 1,50 Meter langen Stock aus einer Tonne oder einem Fass genommen hat, reitet er im Galopp Richtung Hindernis und spießt den Ring mit Hilfe des Stockes auf. Danach muss der Stock in einer anderen Tonne deponiert werden.

EINEN GEGENSTAND UMSTOSSEN

Dieses Hindernis besteht aus einem Gegenstand (z.B. Ball), der auf einer Unterlage (z.B. Strohballen) in ungefähr einem Meter Höhe platziert wird. Der Reiter greift aus einer Tonne einen Stock, wirft damit den Gegenstand um und platziert den Stock anschließend in einer zweiten Tonne.

WIE WIRD ES GEMACHT?

Bei beiden Hindernissen müssen Sie einen Stock aus einer Tonne aufnehmen und ihn wieder zurückstellen, sobald Sie das Hindernis bewältigt haben. Üben Sie zunächst das Aufnehmen und Abstellen des Stocks. Beobachten Sie, ob Ihr Pferd dabei Angst zeigt. Das kommt häufig vor. Wenn es Angst hat, nehmen Sie den Stock mehrmals ruhig auf und stellen ihn wieder ab. Sobald Ihr Pferd Vertrauen hat und ruhig stehen bleibt, wiederholen Sie die Übung im Schritt, dann im Trab und im Galopp. Nehmen Sie den Stock auf einer Seite auf und stellen Sie ihn auf der anderen Seite wieder ab. Anschließend üben Sie das Ringstechen oder das Umwerfen des Gegenstandes, in allen drei Gangarten. Achten Sie darauf, dass Ihr Pferd stets schwungvoll geht und eine gewisse Versammlung behält. Dadurch wird die Übung einfacher. Wenn Sie sich nur auf den Gegenstand konzentrieren, verlieren Sie leicht Ihr Pferd oder die korrekte Ausführung aus dem Blick. Bedenken Sie, dass die Qualität der Ausführung vor allem in der Qualität des Galopps liegt!

EINEN GEGENSTAND IM GALOPP AUFNEHMEN

Der Reiter muss aus dem Galopp einen auf einem 60 Zentimeter hohen Podest deponierten Gegenstand aufnehmen und ihn danach auf einem zweiten Podest wieder abstellen.

Dieses Hindernis ist am schwierigsten und erfordert am meisten Geschicklichkeit, weil der Reiter sich weit hinunter beugen muss, um den Gegenstand im Galopp aufzunehmen. Er muss diese Gangart also sehr gut beherrschen und sein Pferd stets gerade und in einem rhythmischen Galopp halten können!

TURNIERE REITEN

Wenn Sie bei Turnieren Erfolg haben möchten, müssen Sie Ihr Pferd sorgfältig ausbilden, es an die verschiedenen Hindernisse gewöhnen – und sich selbst mental vorbereiten! Auf dem Turnier sollten Sie jedes Hindernis analysieren und dann Ihre eigene Parcours-Strategie entwickeln: Welche Linienführung wählen Sie, wie reiten Sie die einzelnen Hindernisse an? Vermeiden Sie unnötige Volten und Bögen, reiten Sie direkt auf die Hindernisse zu. Regulieren Sie stets die Geschwindigkeit, Sie können nicht den gesamten Parcours im schnellen Galopp reiten! Tempo ist nur dann möglich, wenn Ihr Pferd perfekt ausgebildet ist und jedes Hindernis kennt. Auch Sie selber müssen an die Geschwindigkeit gewöhnt sein. Schauen Sie voraus und antizipieren Sie jedes Hindernis. Wenn Sie ins Blaue hinein losreiten ohne vorher nachzudenken, werden Sie mit Sicherheit unnötige Fehler machen. Und vergessen Sie das Atmen nicht! Vergessen Sie nie die Devise «Dabei sein ist alles». Es ist und bleibt nur ein Turnier. Trotz guter Vorbereitung erreichen Sie vielleicht keine Platzierung. Ein Fehler ist schnell passiert, und auch das ist nicht schlimm. Ihr Pferd sollte in keinem Fall die Konsequenzen spüren, bleiben Sie immer ruhig im Umgang mit Ihrem Pferd! Auf dem Turnier, an einem für das Pferd unbekannten Ort mit fremden Geräuschen, Hektik und Gewimmel können Sie kein Problem lösen!

*«Gewinner haben einen Plan,
Verlierer haben Entschuldigungen!»*

Michel Robert

CAMARGUE-REITWEISE

TRAININGSPARCOURS

Die folgenden Anleitungen für einen Trainingsparcours helfen Ihnen dabei, bereits zu Hause einen längeren Ablauf zu üben. Wir zeigen Ihnen beispielhafte Übungsfolgen für Anfänger (Reiter oder Pferd), Fortgeschrittene und Masterklasse.

Der normale Abstand bei Slalom-Hindernissen beträgt sechs Meter. Die Abstände können aber verändert werden. Wenn Sie mit einem jungen Pferd trainieren oder Sie ein unerfahrener Reiter sind, zögern Sie nicht, sie bis auf acht oder zehn Meter zu vergrößern.

Reiten Sie einen Trainingsparcours nie öfter als zweimal ohne Pause!

Bei den folgenden Parcours-Vorschlägen können Sie nach Belieben mit jedem Hindernis beginnen. Reiten Sie auch auf beiden Händen.

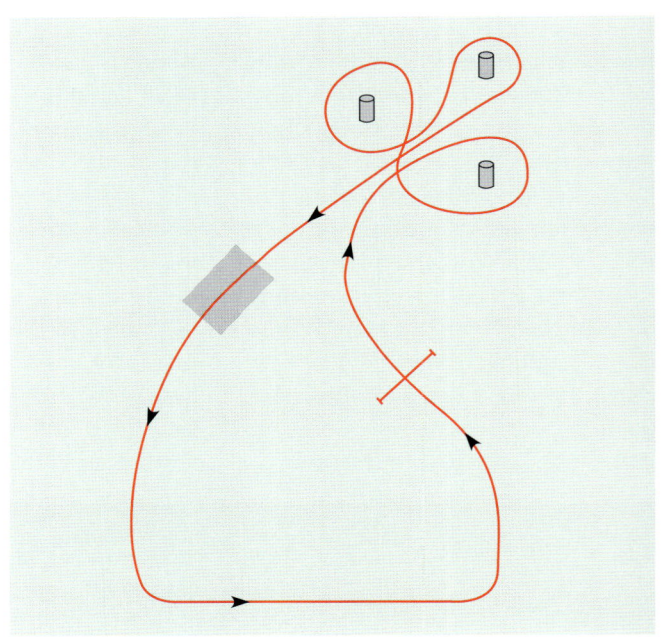

1 FORTGESCHRITTENE UND / ODER MASTERKLASSE

- In der Ecke im Linksgalopp angaloppieren
- Sprung auf der Diagonalen, maximal 40 Zentimeter hoch: Reiten Sie gerade an das Hindernis heran und springen Sie in der Mitte, immer noch im Linksgalopp. Während des Springens schauen Sie in Richtung der Tonnen rechts und wechseln Ihre Galopphilfen, damit das Pferd merkt, dass es nach rechts weitergeht. Es wird mit dem rechten Huf zuerst aufsetzen. Tut es das nicht, gehen Sie einige Schritte in den Trab über und galoppieren Sie rechts wieder an.
- Drei Tonnen im Trab oder im Galopp, je nach Niveau
- Reiten Sie nach der dritten Tonne erneut im Rechtsgalopp an, wenn Sie vorher im Trab waren. Reiten Sie aus dem Hindernis raus und schauen Sie in Richtung Brücke.
- Reiten Sie im versammelten Galopp auf die Brücke zu. Passen Sie die Gangart an: Entweder reiten Sie im Galopp weiter oder wechseln in den Trab oder Schritt. Die Richtung (gerade und mittig) ist wichtiger als die Geschwindigkeit!
- Galoppieren Sie nach der Brücke wieder im Linksgalopp an.

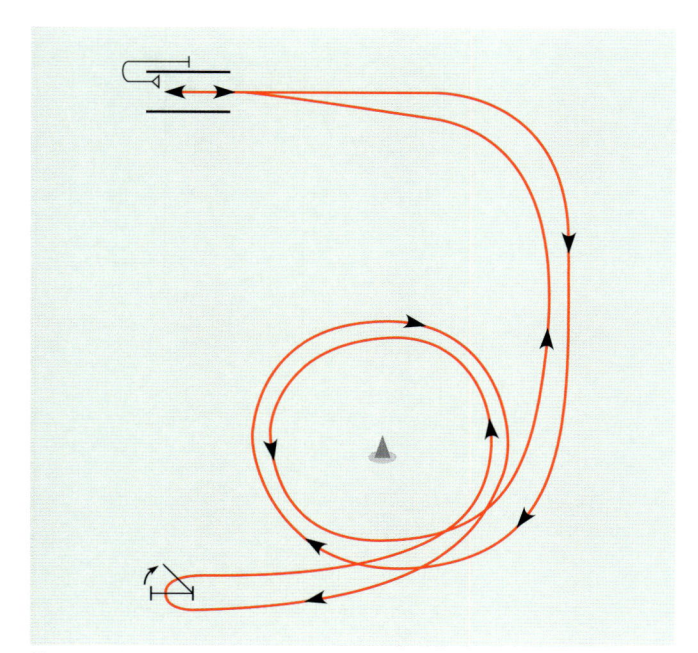

DIE DISZIPLINEN

2 ANFÄNGER BIS MASTERKLASSE

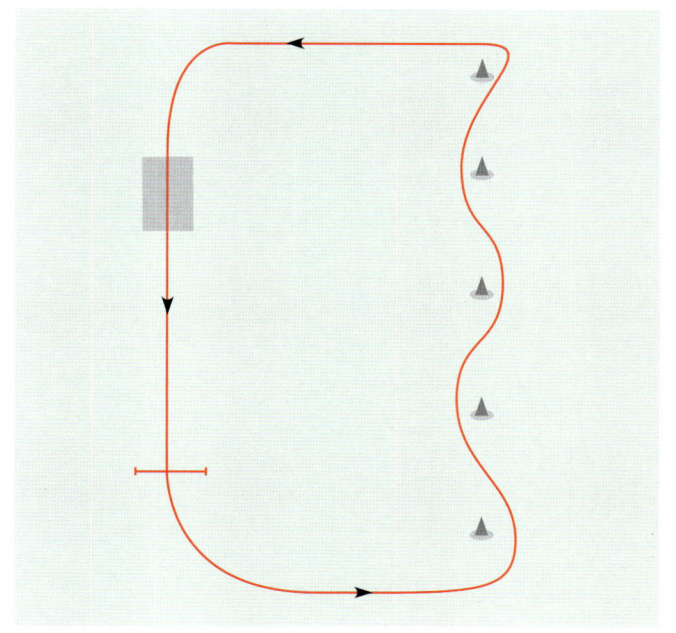

3 ANFÄNGER BIS MASTERKLASSE

- Beginnen Sie mit der Glocke im Korridor. Reiten Sie im Schritt ein und läuten Sie die Glocke, reiten Sie dann rückwärts wieder heraus.
- Angaloppieren auf der rechten Hand
- Zirkel im Galopp um einen Kegel (Durchmesser je nach Niveau)
- Reiten Sie von links an das Tor und parieren Sie an der richtigen Stelle zum Halten durch. So sparen Sie Zeit. Optimieren Sie Ihre Bewegungen, reiten Sie keine unnötigen Manöver!
- Reiten Sie durch das Tor, indem Sie es mit der rechten Hand öffnen und schließen. Ihr Pferd muss dabei ruhig bleiben und kurz wenden, damit Sie das Tor nicht loslassen müssen.
- Sobald Sie das Tor geschlossen haben, reiten Sie im Linksgalopp an.
- Zirkel im Galopp um den Kegel
- Reiten Sie erneut in den Korridor. Parieren Sie möglichst nah vor dem Hindernis bis zum Halten durch. Reiten Sie in das Hindernis ein, läuten Sie die Glocke und lassen Ihr Pferd langsam und gerade rückwärtstreten.

- Brücke
- Sprung (40 Zentimeter maximal)
- Slalom
- Sie dürfen die Gangart frei wählen. Sie können den Parcours im Schritt, Trab oder Galopp reiten oder auch die Gangarten wechseln: Sprung im Galopp oder im Trab, Slalom im Galopp oder Trab, Brücke im Schritt …
- Achten Sie darauf, dass Ihr Pferd gerade bleibt, vor allem beim Heranreiten an die Brücke und an den Sprung. Zielen Sie genau auf die Mitte.

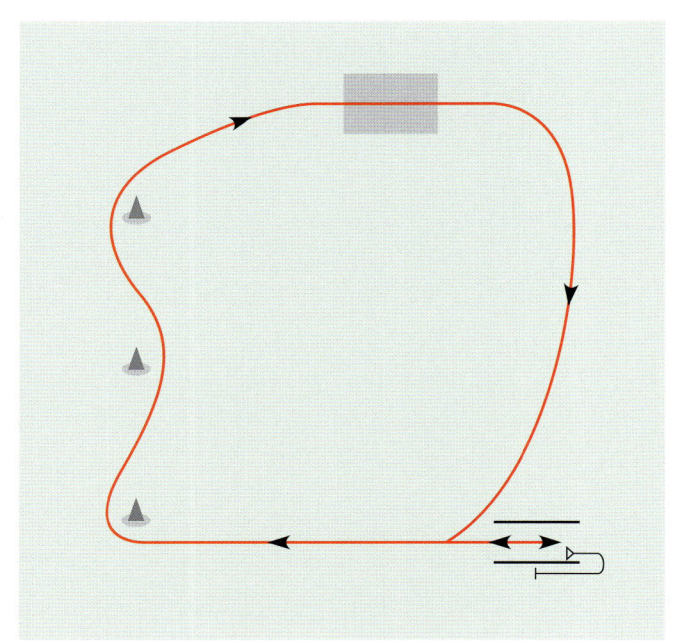

CAMARGUE-REITWEISE

4 ANFÄNGER BIS MASTERKLASSE

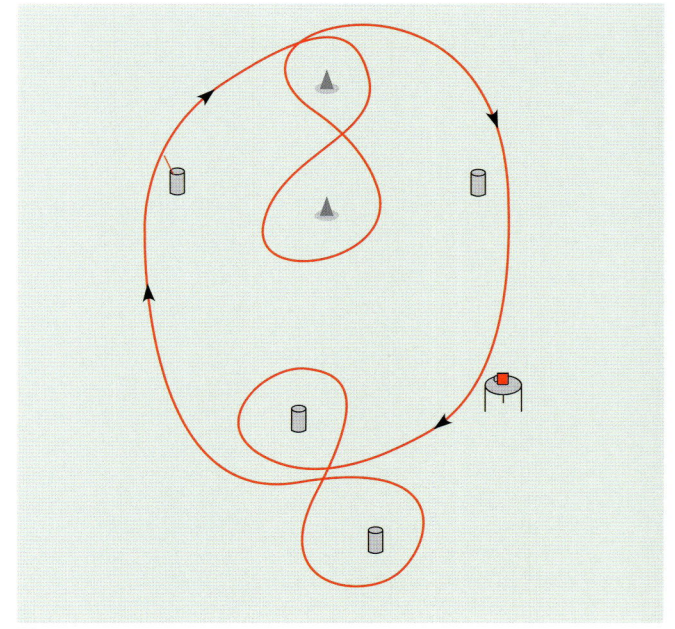

5 ANFÄNGER BIS MASTERKLASSE

- Brücke
- Slalom
- Korridor / Glocke
- Sie dürfen die Gangart frei wählen. Sie können den Parcours im Schritt, Trab oder Galopp reiten oder die Gangarten wechseln: Slalom im Galopp oder im Trab, Brücke im Schritt oder im Trab, Gleiches gilt für das Anreiten an den Korridor.
- Achten Sie darauf, dass Ihr Pferd gerade bleibt, vor allem beim Heranreiten an die Brücke und den Korridor. Zielen Sie genau auf die Mitte.
- Reiten Sie an den Korridor genau in der Achse an. Wenn Sie die Linie gut vorbereiten, vermeiden Sie unnötige Volten und gewinnen Zeit. Passen Sie Ihre Geschwindigkeit und die Linienführung im Parcours so an, dass Sie direkt in den Korridor hineinreiten können. Halten Sie Ihr Pferd ruhig.

- Reiterparcours
- Acht um Tonnen
- Topf mit Erde
- Sie dürfen die Gangart frei wählen. Sie können den Parcours im Schritt, Trab oder Galopp reiten oder die Gangarten wechseln: Reiterparcours und Tonnen im Galopp oder im Trab, Anhalten zum Hochheben des Tontopfes aus dem Schritt, Trab oder Galopp.
- Wichtig ist, dass das Pferd beim Anheben des Topfes wirklich ruhig steht – vor allem, wenn Sie gerade im Trab oder im Galopp aus einem Hindernis kommen.
- Der Stock für den Reiterparcours kann in jeder Gangart aufgenommen werden. Sogar im Stand. Das Wichtigste ist, das Sie Ihn auf Anhieb greifen. Verfehlen Sie ihn, müssen Sie die Tonne erneut anreiten und verlieren Zeit! Das Gleiche gilt für die Tonne, in die Sie den Stock wieder abstellen.
- Für die Acht um die Tonnen sollten Sie sich Zeit nehmen, um Ihr Pferd zu stellen. Sie sollten dieses Hindernis noch vor den drei Tonnen im Galopp trainieren, das wäre eine logische Reihenfolge.

DIE DISZIPLINEN

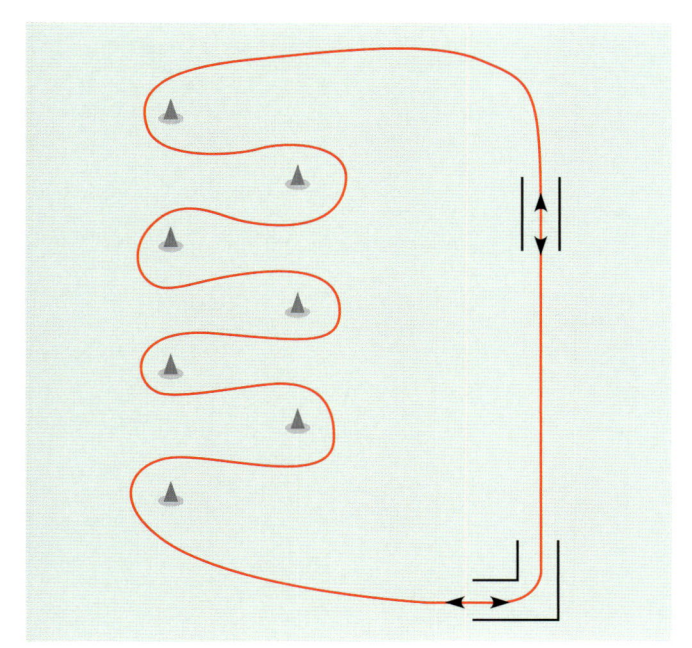

6 FORTGESCHRITTENE UND / ODER MASTERKLASSE

- Parallel-Slalom
- Gerade Rückwärtstreten
- Rückwärts-L
- Sie können den Korridor in jeder Gangart anreiten. Wichtig ist, dass Sie Ihr Pferd beim Rückwärts ruhig und gerade halten.
- Achten Sie auf die Qualität des Rückwärtstretens. Das Pferd darf nicht von alleine oder hastig und schief rückwärtstreten.
- Den Parallel-Slalom sollten Sie zuerst mindestens einmal im Schritt, dann im Trab absolvieren. Nur ein erfahrenes Pferd kann dieses lange und anstrengende Hindernis korrekt im Galopp bewältigen.

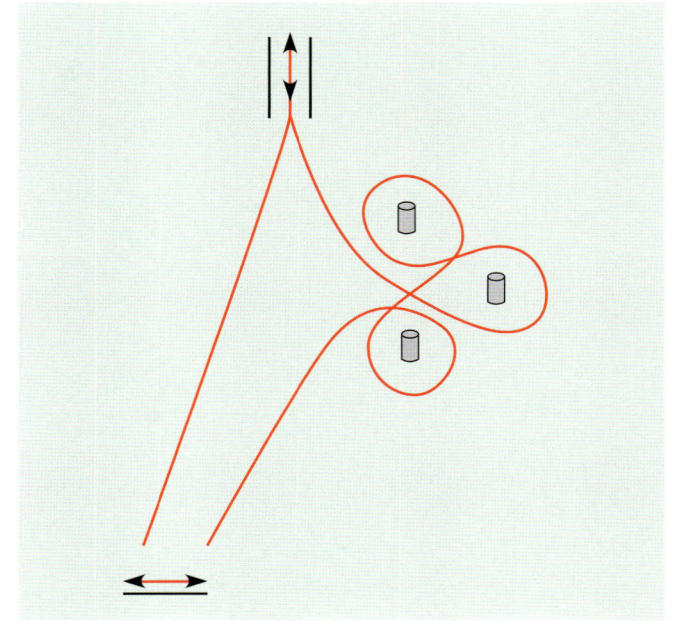

7 FORTGESCHRITTENE UND / ODER MASTERKLASSE

- Drei Tonnen
- Gerade Rückwärtstreten
- Seitwärtstreten über eine Bodenstange
- Die drei Tonnen können mit einem erfahren Pferd im Trab oder Galopp umrundet werden.
- Reiten Sie möglichst passend an den Korridor und an die Stange heran, sodass Sie Ihr Pferd ruhig in das Hindernis reiten können. Nehmen Sie sich Zeit! Anschließend reiten Sie im Trab oder Galopp weiter.
- Achten Sie auf die Qualität des Rückwärtstretens. Das Pferd darf nicht von alleine antreten oder schneller werden. Es sollte gerade bleiben.
- Bei der Volltraversale über die Stange üben Sie beide Richtungen, von links nach rechts und umgekehrt.

175

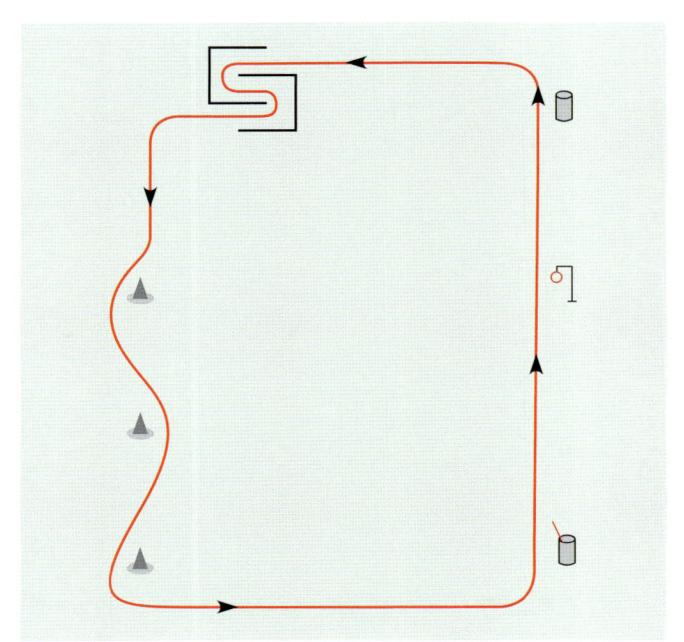

CAMARGUE-REITWEISE

8 FORTGESCHRITTENE BIS MASTERKLASSE

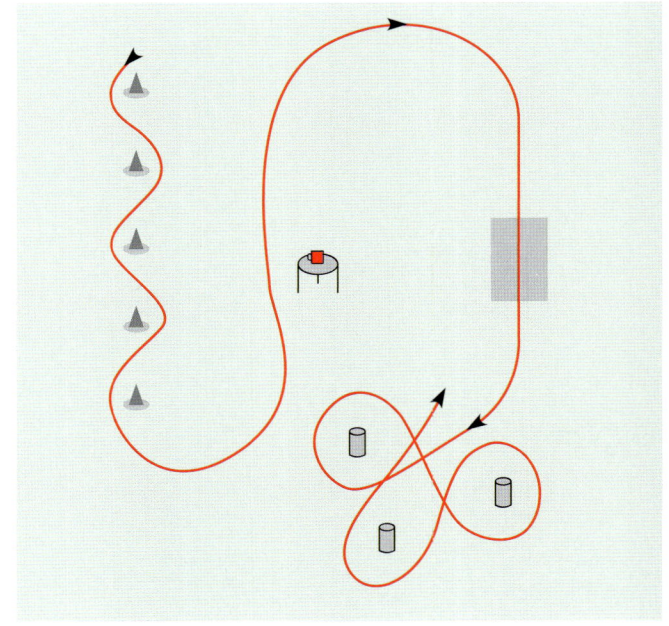

9 ANFÄNGER BIS MASTERKLASSE

- Ringstechen
- Labyrinth
- Slalom linker Hand, weil Sie den Stock mit der rechten Hand aufgreifen müssen.
- Üben Sie das Aufnehmen des Stocks im Galopp, stechen Sie in den Ring und stellen Sie den Stock aus dem Galopp in der zweiten Tonne ab. Auch auf dem Turnier müssen Sie alle drei Elemente im Galopp bewältigen!
- Wichtig ist die Qualität der Gangart, achten Sie auf eine gleichmäßige Kadenz und reiten Sie nicht zu schnell.
- Parieren Sie in den Schritt durch und reiten Sie ruhig in das Labyrinth.
- Galoppieren Sie für den Slalom an.

- Tonnen
- Brücke
- Topf mit Erde
- Slalom
- Die Tonnen können im Trab oder im Galopp umrundet werden, vorausgesetzt, das Pferd hat schon Erfahrung.
- Reiten Sie in der von Ihnen gewählten Gangart gerade und mittig an die Brücke heran.
- Achten Sie darauf, dass Ihr Pferd am Tontopf wirklich still steht, besonders, wenn Sie den Tontopf im Trab oder im Galopp angeritten haben.
- Den Slalom können Sie im Galopp üben; achten Sie immer auf eine gleichmäßige und versammelte Kadenz.

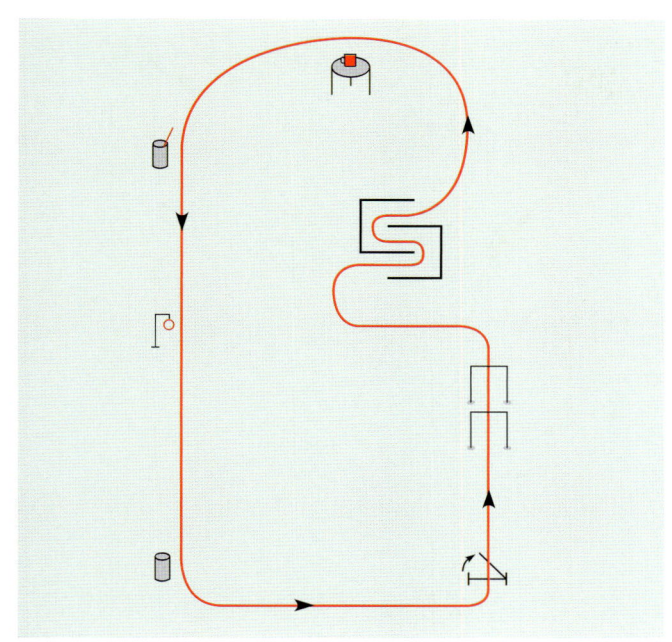

10 ANFÄNGER BIS MASTERKLASSE

- Ringstechen
- Tor
- Stangen unterreiten
- Labyrinth
- Tontopf
- Reiten Sie auf der linken Hand an, weil Sie für den Topf, den Stock und das Ringstechen die rechte Hand brauchen.
- Üben Sie das Aufnehmen des Stocks im Galopp, stechen Sie in den Ring und stellen Sie den Stock ohne Gangartenwechsel wieder ab. Im Turnier ist dieses Hindernis nur gültig, wenn Sie alle drei Elemente im Galopp reiten.
- Achten Sie im Galopp auf eine gleichmäßige Kadenz und Geschwindigkeit.
- Halten Sie am Tor so an, dass Sie es mit der rechten Hand öffnen können und reiten Sie dann hindurch.
- Unterqueren Sie die Stangen in der von Ihnen gewählten Gangart und bleiben Sie dabei die ganze Zeit nach vorne gelehnt.
- Parieren Sie in den Schritt durch und reiten Sie ruhig in das Labyrinth.
- Halten Sie dann an und heben den Topf hoch. Danach Anreiten im Rechtsgalopp.

CAMARGUE-REITWEISE

PARCOURS-BEISPIELE
FÜR TRAILRITTE JEDER KLASSE

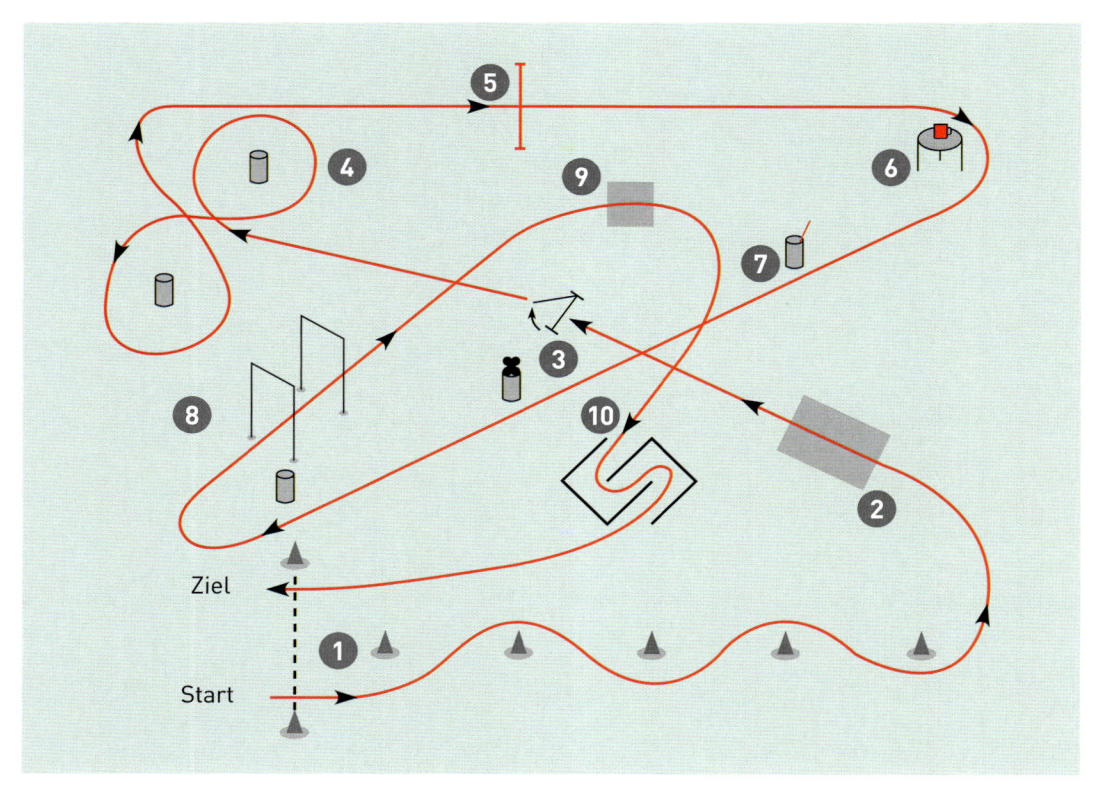

Parcours-Beispiel eines Turniers in der Anfängerklasse (Reiter oder Pferd).

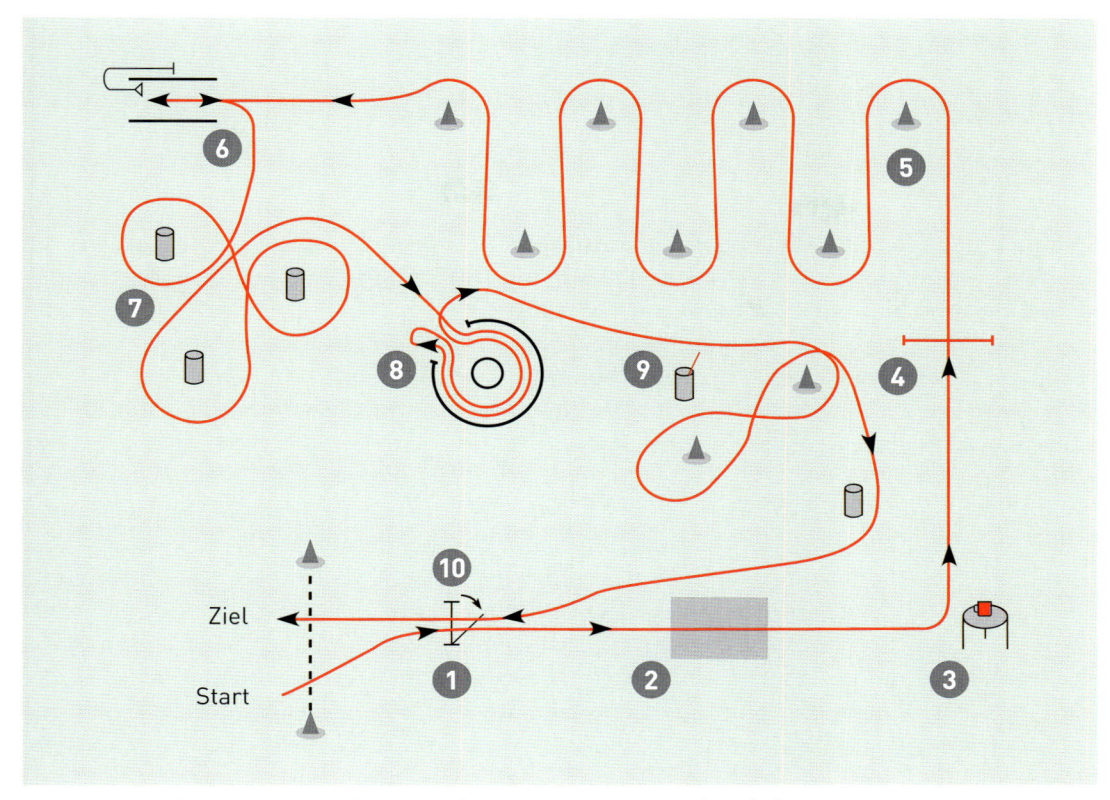

DIE DISZIPLINEN

Parcours-Beispiel eines Turniers in der Fortgeschrittenen-Klasse (Reiter oder Pferd).

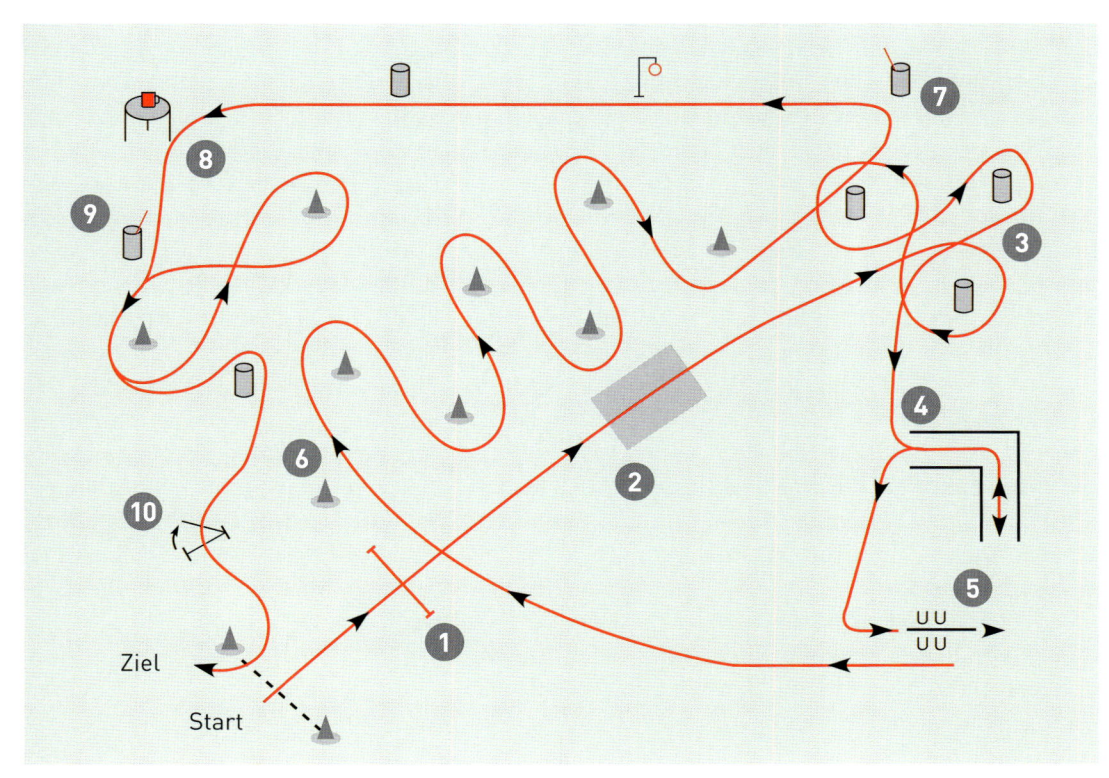

Parcours-Beispiel eines Turniers in der Master Klasse (Reiter und Pferd).

CAMARGUE-REITWEISE

GELÄNDE-PARCOURS

Der Gelände-Parcours besteht aus ungefähr zehn Hindernissen und Aufgaben, wie sie auch im natürlichen Gelände vorkommen. Das Pferd muss dafür geschickt, wendig, schnell und gut ausbalanciert sein, außerdem ist es wichtig, dass es schnell «herunterschalten» kann. Diese Prüfung findet immer draußen in einer natürlichen Umgebung statt. Jedes Hindernis ist mit einer Nummer versehen. Fähnchen geben an, in welche Richtung das Hindernis angeritten werden muss (ein rotes Fähnchen rechts und ein weißes Fähnchen links).

HINDERNISSE DES GELÄNDE-PARCOURS UND DEREN AUSFÜHRUNG

TOR
Das ungefähr 1,30 Meter breite Tor muss Scharniere besitzen und darf nicht den Boden berühren. Der Öffnungs- und Schließmechanismus sollte einfach gestaltet sein, etwa mit einem Ring. Das Tor muss in der Waage sein und darf nicht von alleine schließen, wenn es losgelassen wird. Der Verschluss sollte sich auf einer Höhe von 1,50 bis 1,80 Meter befinden.

BRÜCKE
Das Hindernis besteht aus einer Brücke aus Brettern. Das Hindernis muss mindestens drei bis vier Meter lang, 80 cm breit und 20 cm hoch sein. Der Belag darf nicht rutschig sein.

ANHALTEN UND/ODER RÜCKWÄRTSTRETEN
In einem Korridor von drei Meter Länge und 1,20 Meter Breite soll das Pferd zum Halten durchparieren. Die Vorderbeine befinden sich dabei hinter einer auf dem Boden markierten Linie am Ende des Korridors. Das Pferd darf die Stangen, die den Korridor bilden, nicht umwerfen. In einigen Prüfungen muss der Reiter das Pferd wieder rückwärts aus dem Korridor heraustreten lassen.

LABYRINTH
Die Teilnehmer müssen durch ein Labyrinth aus Stangen reiten, die Breite des Gangs beträgt ca. 90 cm. Die Höhe der horizontalen Balken liegt zwischen 30 cm und 60 cm. Der Reiter muss durch die Stangen reiten, ohne sie umzustoßen.

STANGEN UNTERREITEN
Das Hindernis besteht aus drei bis sechs Stangen oder «Toren», die auf einer geraden Linie im Abstand von 6 Meter aufgestellt sind. Das Pferd muss zwischen den Pfosten einen Slalom gehen oder durch die Tore laufen.

WASSERLOCH
Dieses Hindernis ist natürlichen Wasserstellen im Gelände nachempfunden (Furt, Bach …). Der Teilnehmer muss mit seinem Pferd diese Wasserstelle durchqueren.

GRABEN
Der Reiter muss über einen kleinen Graben springen, der mit Fähnchen markiert ist.

BAUMSTAMM
Der Reiter muss über einen Baumstamm mit maximal 0,60 Meter Höhe springen.

Diese Hindernisse werden wie im Trail-Parcours beschrieben geritten.

AUFSPRUNG
Es handelt sich um eine Art Stufe, die das Pferd hochspringen muss. Sie darf maximal 0,60 Meter hoch sein. Den Aufsprung können Sie etwas schneller anreiten, weil das Pferd mehr Kraft benötigt. Gehen Sie mit der Hand vor, damit Sie nicht im Maul rucken, und lehnen Sie sich leicht nach vorne, ohne das Gesäß aus dem Sattel zu heben. Ihr Rücken muss vertikal bleiben. Sie können auch in die Mähne greifen und sich daran festhalten. So lehnen Sie sich auf jeden Fall vor.

TIEFSPRUNG
Es handelt sich um eine Art Stufe, die das Pferd hinunterspringen muss. Sie darf maximal 0,80 Meter hoch sein. Diese Stufe sollte ruhig und gerade in einer gemäßigten Geschwindigkeit angeritten werden. Das Pferd soll den Tiefsprung heruntergehen und nicht in einem großen Sprung überwinden. Bleiben Sie gerade im Sattel sitzen und fangen Sie den Sprung auf, indem Sie sich nach hinten lehnen. So bleibt Ihr Rücken immer in der Vertikalen. Lassen Sie die Zügel ein bisschen nach vorne gleiten, damit Sie nicht im Pferdemaul rucken. Schauen Sie in keinem Fall nach unten, sondern eher nach vorne, auf das nächste Hindernis. So behalten Sie ein besseres Gleichgewicht.

DIE DISZIPLINEN

Der Reiter begleitet das Pferd, indem er mit der Hand vorgeht. Er entlastet den Rücken, indem er sich leicht nach vorne lehnt.

Der Reiter gibt das Maul frei und hält den Oberkörper vertikal.

SCHRITTZONE

In einem Korridor mit zwei Toren im Abstand von sieben Meter muss der Reiter im Schritt gehen, es ist kein Trab oder Galopp erlaubt. Sie müssen die Gangarten Ihres Pferdes also gut kontrollieren können. Bauen Sie sich zu Hause zur Übung eine Schrittzone und üben Sie die Übergänge aus dem Galopp in den Schritt. Nehmen Sie sich die notwendige Zeit, bis das Pferd ruhig im Schritt geht und galoppieren Sie erst dann wieder an. Üben Sie das mehrere Male und achten Sie darauf, dass Ihr Pferd im Schritt wirklich ruhig bleibt.

CAMARGUE-REITWEISE

ANDERE DISZIPLINEN

Weitere Disziplinen in der Camargue-Reitweise sind die Rinderarbeit, die Coursejado (Brandeisenmarkierung), das «Spiel der Freiheit» und der Parallel-Slalom. Weiterhin gibt es die sogenannten Gardianspiele.

RINDERARBEIT

Die Rinderarbeit ist die Hauptbeschäftigung des Gardian. Sie ist in der Zucht, der Manade, Bestandteil des täglichen Lebens. Für die unblutigen Stierkämpfe, die Course Camarguaise, werden männliche und weibliche Rinder aussortiert. Für die Brandeisenmarkierung müssen Kälber aus der Herde ausgesondert werden. Für Impfungen muss die Herde auf den Hof geholt werden; außerdem führt der Gardian die Herden von einer Weide zu einer anderen. Das Pferd ist für diese Arbeit der unentbehrliche Partner des Gardian. Rinderarbeit an sich bedeutet, ein Rind aus der Herde auszusortieren. Danach ein weiteres und noch eins, bis alle gewünschten Rinder von der Herde getrennt sind. Der Gardian bringt das Rind in eine Zone, in der es bleiben soll (Stall, Arena, Lkw, eine andere Weide ...). Heutzutage finden in der Rinderarbeit Wettbewerbe statt, für die eine Standardisierung der Bewertung gefunden werden musste. Ihr Ursprung aber liegt in der echten Arbeit draußen auf dem Feld, sie sind kein Spiel.

Die Rinderarbeit und vor allem die Camargue-Rinder kann man nicht in einem Buch erklären. Reiter und Pferd müssen ein Gespür dafür entwickeln, man nennt es «Vista». Dieses Gespür ist ausschlaggebend für den Erfolg. Es gibt kein Grundrezept, das man standardgemäß anwenden könnte. Pferd und Reiter müssen sich den jeweiligen Situationen anpassen können.

Ich werde jedoch versuchen, die großen Linien näher zu erläutern:

▶ **Bevor Sie ein Rind aussortieren,** müssen Sie die Herde in ein Gehege oder eine Weide («en pays») führen, in dem Sie die Rinder aussortieren werden, man nennt das «accamper». Die Gardians halten die Herde zusammen («applanter»). Dann wird der erste Stier ausgesondert, meistens einer der kastrierten Leittiere, der «Simbéu». Man wählt ihn aufgrund seines ruhigen Gemüts und hofft, dass er diese Ruhe auf die Herde überträgt. Er trägt eine große Halsglocke, sodass man ihn auch von weitem hören kann.

▶ **In der Herde reiten:** Die Art und Weise, wie Sie an die Herde heranreiten, ist für die folgenden Geschehnisse entscheidend. Das Pferd soll aufmerksam und sehr ruhig sein. Es muss langsam und entspannt im Schritt gehen. Je nachdem, wo «Ihr» Rind (das Sie aussortieren möchten) steht, entscheiden Sie, wo in der Herde Sie sich platzieren. Am besten sollten zwei Drittel der Herde hinter Ihnen und ein Drittel vor Ihnen sein.

Heranreiten an die Herde.

CAMARGUE-REITWEISE

▶ **Das Rind aussortieren:** Sobald Sie sich an der richtigen Stelle befinden, können Sie den Stier aussortieren, indem Sie ihm die Richtung angeben. Sie müssen Ihr Pferd so bewegen, dass Sie dem Rind entweder den Weg weisen oder versperren, je nachdem, wie und wo es steht. Die anderen Stiere müssen also hinter Ihnen bleiben, bis schließlich nur noch «Ihr» Rind vor Ihnen steht. Genau hier muss Ihr Pferd seine Fähigkeit zur Rinderarbeit beweisen. Es sollte von alleine den Bewegungen des Stieres folgen und verhindern, dass er in eine unerwünschte Richtung läuft. Das Pferd ist also zuerst sehr ruhig und dann sehr aktiv.

Das Pferd greift den Bewegungen des Stiers vor und dreht sich gleichzeitig mit ihm. Das Pferd geht hier von alleine in der Wendung rückwärts und hält die notwendige Distanz zum Stier.

DIE DISZIPLINEN

Das Pferd ist aufmerksam und auf «sein» Rind konzentriert.

▶ **Nun müssen Sie das Rind bis zu dem abgegrenzten Bereich begleiten.** Das kann eine Ecke oder ein verzweigter Weg sein («aile»). In diesem Bereich verbleibt das Rind. Sie müssen die Gangart immer den Reaktionen des Rindes anpassen. Galoppieren ist meist überflüssig, zu diesem Zeitpunkt weiß das Rind genau, wo es hin soll. Sobald diese Aktion ausgeführt ist, soll das Pferd wieder zur Ruhe kommen und sich auf das zweite Rind vorbereiten.

Die Gardians dürfen mit dem Rind reden. Zum Heranlocken rufen sie es bei seinem Namen, zum Treiben benutzen sie einen härteren Ton, der das Rind in die gewünschte Richtung lenken kann.

Es gibt zwei Wettkämpfe in der Rinderarbeit:

DIE TECHNISCHE RINDERARBEIT

Hier wird der Reiter individuell bewertet. Er hat drei Helfer, also drei andere Gardians. Er muss drei vorgegebene Rinder nacheinander aus der Herde aussortieren. Eine Jury bewertet seine Leistung. Der Reiter hat eine maximale Zeitvorgabe, in der er die drei Rinder aussortieren muss. Ziel ist nicht, das so schnell wie möglich zu tun, sondern das Pferd soll zeigen, was es kann. Diese Art Wettkampf findet meistens in einem eigens dafür vorgesehenen Bereich am Hof statt.

RINDERARBEIT AUF ZEIT

Bei diesem Wettkampf wird das Team bewertet. Es besteht aus jeweils einem Reiter und zwei Helfern. Der Reiter muss in einer vorgegebenen Zeitspanne drei Stiere von der Herde trennen. Dabei muss er eine Mindestzeit einhalten. Dieser Wettkampf findet in einem eigens dafür vorgesehenen, eingezäunten Bereich von 70×30 Meter statt. Auf dem Boden werden die verschiedenen Zonen aufgemalt (Herde in der Herdenzone, hinter der Grundlinie beginnt die Helferzone). Bei Überschreiten der Grundlinie beginnt die Zeitmessung.

CAMARGUE-REITWEISE

FERRADE (COURSEJADO)

Die Ferrade ist Bestandteil der täglichen Arbeit einer Manade (Zucht). Sie ist aber auch Anlass für Festlichkeiten. Bei der Ferrade bekommen die Kälber das Brandzeichen des Züchters und werden auch am Ohr gekennzeichnet (es wird ein kleines Stück abgeschnitten). Das einjährige Kalb, das «annouble», bekommt die obligatorischen Plaketten. Dafür muss der Gardian das Kalb einfangen («coursèjer»). Er galoppiert hinter ihm her und wirft es mit Hilfe eines Dreizacks um, damit einige Helfer es besser einfangen können. Diese traditionelle Vorgehensweise ist auch eine beliebte Show bei Festlichkeiten, bei denen gerne ein gutes Essen zubereitet wird. Die Ferraden werden auch als Wettkampf geritten. Dabei muss ein Team von drei Reitern dem Kalb zuerst hinterher galoppieren und es dann in einer bestimmten Zone umwerfen. Ein Richterteam bewertet den Stil.

SPIEL DER FREIHEIT (JEU DE LA LIBERTÉ)

Ein Team aus zwei bis vier Reitern muss ein freilaufendes Pferd durch einen vorgeschriebenen Parcours mit verschiedenen Hindernissen leiten. Dieser ist je nach Niveau unterschiedlich schwer. Die Reiter können dabei einen Stock zur Hilfe nehmen, dürfen das freilaufende Pferd aber nicht damit berühren.

Das freilaufende Pferd wird von vier Reitern begleitet.

Die Reiter begleiten das Pferd bis zum Hindernis und lassen es dann im letzten Moment alleine durch / über das Hindernis gehen.

PARALLELER SLALOM

Bei diesem Spiel reiten zwei Reiter einen identischen Parcours auf Zeit. Sie müssen dabei zwei bis acht Hindernisse des Trails bewältigen.

DIE DISZIPLINEN

GARDIANSPIELE

Die Gardianspiele finden auf Dorffesten, bei Shows und Ferraden statt. Nach getaner Arbeit amüsieren die Gardians jeder Manade sich und das Publikum und stellen dabei die Geschicklichkeit ihres Pferdes unter Beweis.

BLUMENSPIEL
An diesem Spiel nehmen die Amazonen in traditioneller Tracht (Arleserinnen) teil. Sie stehen in einer Linie in einer Arena oder einem Platz. Ein Reiter reitet zu ihnen und wählt einen ihrer Blumensträuße. Dann versuchen andere Reiter, ihm diesen Blumenstrauß abzunehmen. Wenn er es schafft ihn zu behalten, gibt er der Arleserin ihren Strauß zurück, steigt ab und bekommt von ihr ein Küsschen auf die Wange. Ansonsten bekommt der Reiter, der den Strauß erobert hat, das Küsschen.

Anna Vinuesa reitet im Damensitz und nimmt die Orangen auf.

ORANGENSPIEL
Die Arleserinnen stehen rund um die Arena in gleichem Abstand zueinander. Auf ihrer ausgestreckten Hand halten sie eine Orange. Ein Reiter reitet im Galopp rund um die Arena und versucht die Orangen aufzunehmen. Nacheinander nimmt er sie und wirft sie hinter sich auf den Boden.

RINGSTECHEN (AIGUILLETTE)
Der Reiter muss im Galopp einen Ring aufnehmen, der an einem Galgen befestigt ist. Er galoppiert mit einem Stock in der Hand auf das Hindernis zu und sticht diesen durch den Ring.

STUHLTANZ (CHAISE MUSICALE)
Zu diesem Spiel braucht man Musik. In der Mitte der Arena werden Stühle im Kreis angeordnet; es gibt einen Stuhl weniger als Teilnehmer. Diese reiten auf der gleichen Hand im Galopp um die Stühle herum. Sobald die Musik stoppt, müssen sie absteigen und sich auf einen Stuhl setzen. Der Reiter, der keinen Stuhl bekommt, scheidet aus. Dies geht so lange weiter, bis nur ein Reiter übrig bleibt – der Gewinner!

SPRUNG VON PFERD ZU PFERD ODER VOM PFERD ZUM STIER
Ein Pferd läuft frei entweder mit oder ohne Zaumzeug in der Arena. Ein Reiter reitet ein zweites Pferd mit oder ohne Sattel nebenher. Er versucht, an das frei laufende Pferd heranzukommen und im vollen Galopp auf dieses reiterlose Pferd umzuspringen. Ein zweiter Reiter hilft dem ersten, indem er das freilaufende Pferd vor sich hertreibt (er hält es im Galopp und am Rand der Arena). Der erste Reiter versucht dann das Pferd, auf das er gerade gesprungen ist, anzuhalten. Dafür beugt er sich nach vorne und versucht den Arm über die Nüstern zu legen. Er kann auch wieder auf sein gezäumtes Pferd zurückwechseln.

Der Sprung auf einen Stier läuft gleich ab. Ein Reiter treibt den Stier vor sich her, während der andere Reiter von seinem Pferd auf den Stier springt und ihn dann versucht anzuhalten, indem er ihn an den Hörnern zieht (die Hörner sind mit einem Lederschutz versehen). Der zweite Reiter hilft ihm anschließend, schnell von dem Stier wegzukommen.

RODEO MIT PFERD ODER STIER
Ein Reiter muss ein wildes Pferd oder einen Stier reiten. Der Camargue-Stier ist ein wild lebendes Tier, das sich in jedem Fall wehrt. Das Pferd ist entweder ebenfalls wild lebend und uneingeritten oder aber schon älter. Dann wird ihm mit einem Seil die Flanke zugebunden, damit es sich wehrt. Das Tier wird in einer Box (chute) mit Seilen festgehalten. Der Reiter setzt sich auf seinen Rücken. Sobald das Pferd oder der Stier losgelassen wird, muss der Reiter so lange wie möglich oben bleiben. Natürlich ist das nicht einfach, weil das Tier wild ausschlägt und bockt.

Der Reiter darf sich den Strauß nicht abnehmen lassen. Das Pferd spielt mit und weicht den anderen aus.

SPIEL MIT DER ARMBINDE (JEU DU BRASSARD)
Jeder Reiter trägt eine Armbinde in der Farbe des jeweiligen Teams. Alle Reiter versuchen nun gegenseitig, sich die Armbinde abzunehmen.

187

CAMARGUE-REITWEISE

BESONDERE ARBEITEN

Wir stellen Ihnen nachfolgend noch andere Praktiken in der Camargue-Reitweise vor, die aber keine Wettkampf-Disziplinen sind.

DAS HANDPFERD

Es gibt immer wieder Situationen, in denen ein Reiter ein Handpferd am Strick führen muss. Entweder weil er einen besonders langen Weg vor sich hat, weil er ein Pferd von einer Weide auf die andere bringen oder aber von einer abgelegenen Weide mitnehmen möchte. Auch Jungpferde führt man in der Phase des Anreitens oft erst einmal als Handpferd mit. So gewöhnt sich das Pferd daran, einen Reiter über sich zu sehen («sambéger»). Zudem lernt es, ruhig und aktiv voranzulaufen. Wählen Sie als Reitpferd unbedingt ein erfahrenes, sicheres Tier. Das mitgeführte Pferd soll auf Höhe des Schenkels des Reiters gehen. Damit es lernt, vorwärtszugehen, ohne dass man am Führstrick ziehen muss, kann anfangs eine weitere Person helfen, die entweder zu Fuß oder vom Pferd aus das Handpferd von hinten mit einem Stöckchen antreibt. Wenn das Pferd am Führstrick vorauszieht, halten Sie ihn gespannt und geben Sie in dem Augenblick nach, in dem das Pferd auf die richtige Höhe kommt.

DAMENSITZ

Der Damensitz benötigt einen besonderen Sattel, den «Gabelsattel». Beide Beine befinden sich auf der linken Seite, sie werden von einer «Gabel» gehalten. Das rechte Bein liegt dabei über dem linken.

Der Damensitz ist traditioneller Teil der Camargue-Reitweise. Die Arleserinnen reiten in Kostümen oder einem Rock im Damensattel. Dieses Thema ist durchaus interessant, ich werde es hier allerdings nicht weiter ausführen, weil es nicht mein Spezialgebiet ist.

Handpferd am Halfter.

Richtige Position des Pferdes auf Schenkelhöhe.

Das Pferd geht zu weit hinter dem Reiter.

DIE DISZIPLINEN

KLEIDUNG

In der Camargue gibt es nicht nur eine eigene Stier- und Pferderasse, sondern auch eine spezielle traditionelle Kleidung. Sie unterscheidet sich je nach Anlass.

DIE KLEIDUNG FÜR DIE TÄGLICHE ARBEIT IM GELÄNDE

Eine Gardianhose aus Moleskin, einem dicken Baumwollstoff, der den Reiter vor Mückenstichen schützt. Die Farben sind eher dunkel: schwarz, braun, grau ... Es gibt auch Gardianhosen aus moderneren Stoffen mit Elastan, sie sind etwas bequemer. Auch Kordstoffe gehören zu den traditionellen Stoffen. Als Oberteil trägt der Gardian ein schlichtes Hemd aus mehr oder weniger dickem Stoff. Es kann alleine getragen werden oder aber mit einer Weste in gedeckten Farben, die zur Umgebung passen. Die langen Ärmel schützen den Reiter vor Sonne und Insekten. Das Schuhwerk besteht aus Lederboots oder -stiefeln. Gummistiefel oder sogar Anglerstiefel sind beim Durchqueren der Sümpfe nützlich. Als Kopfbedeckung trägt der Reiter einen Hut, eine Mütze oder ein Béret. Auch ein Halstuch gehört zur Ausstattung.

TURNIER- ODER UMZUGSBEKLEIDUNG:

Männer tragen eine Gardianhose und das bereits genannte Schuhwerk. Die Farben können auch hell sein, es kommen Weiß oder Beige vor und Muster wie schwarz-graue Streifen oder schwarz-weiße Karos. Als Oberteil trägt der Reiter ein buntes Hemd mit Mustern oder Karos. Ärmel und Kragen sind geschlossen. Darüber wird eine Weste getragen, die aus dem gleichen Stoff sein sollte wie die Hose. Im Winter kann eine Kordjacke getragen werden. Bei einem Umzug kann der Gardian auch nur ein Hemd ohne Weste tragen. Wenn er eine Jacke tragen möchte, gehört aber die Weste darunter. Eine Krawatte, ein Samtband oder eine Schleife sowie ein Hut verschönern das Bild.

DAMENBEKLEIDUNG

Frauen können die gleiche Kleidung tragen wie die Männer. Sie können aber auch einen Hosenrock wählen, den es in den gleichen Farben gibt wie die Gardianhosen. Hohe Stiefel schützen vor Abschürfungen am Schenkel. Lange Haare müssen zu einem Zopf geflochten oder hochgesteckt werden.

Von links nach rechts: Tristan trägt die komplette Ausstattung mit Jacke / Weste / Krawatte, Lou trägt einen Hosenrock / Hemd / Weste und Mütze. Jules trägt eine Gardianhose und ein Hemd. Melanie reitet in einem Hemd mit Halstuch und einer Gardianhose. Celine präsentiert sich in einem Hosenrock mit Hemd / Weste und Hut.

CAMARGUE-REITWEISE

GLOSSAR

Baruler (umwerfen): Der Gardian wirft das Kalb in vollem Galopp mit Hilfe eines Dreizacks um.

Berceau: Dieser Ausdruck bezeichnet das Ursprungsgebiet der Rasse, also des Camargue-Stiers und -Pferdes. Das Ursprungsgebiet umfasst 45 Ortschaften in drei Gebieten, die «Petite Camargue», «Camargue» und «Provence».

Buckeln: Ein Pferd buckelt, wenn es mit der Hinterhand ausschlägt. Dabei nimmt es den Kopf zwischen die Vorderbeine und macht den Rücken rund. Oft macht es mehrere Bocksprünge hintereinander, um Sattel und / oder Reiter abzuwerfen.

Cassane (Camargue-Halfter): Es handelt sich um ein einfaches Stallhalfter, das aus einem Seil geknüpft wird. Es lässt sich leicht über den Kopf ziehen und auch leicht in einer Tasche verstauen.

Im Führstrick verwickeln: Das angebundene Pferd kann sich mit einem Bein im Führstrick verwickeln. Wenn es sich panisch zu stark wehrt, kann es zu Verletzungen, etwa Schürfwunden an der Fessel kommen.

Am Halfter ziehen: Auf Französisch sagt man, das Pferd «tire au renard», um auszudrücken, dass es am Halfter zieht, wenn es angebunden ist. Das ist sehr gefährlich. Wenn der Strick reißt, gerät das Pferd aus dem Gleichgewicht und kann sich verletzen. Aber auch wenn es zu heftig wieder nach vorne kommt, weil der Strick nicht reißt, kann es sich Kopfverletzungen zuziehen, wenn sich vor ihm Objekte oder eine Mauer befinden. Gründe für das Ziehen am Halfter sind entweder Angst oder mangelnde Gewöhnung.

Handwechsel: Handwechsel bedeutet nicht, die Zügel in die andere Hand zu nehmen, sondern die Richtung zu wechseln, in die man reitet. Sie reiten beispielsweise auf der «rechten Hand», wenn Ihre rechte Hand zum Zentrum des Reitplatzes zeigt und die linke Hand zur Bande.

Laden: Im Bereich der Maulwinkel hat das Pferd keine Zähne. Das Zahnfleisch wird Laden genannt. Hier können Sie einen Finger ins Pferdemaul stecken, damit es dies öffnet und das Gebiss nimmt.

Manade: So nennt man eine Herde aus Camargue-Rindern oder -Pferden. Den Herden-Besitzer nennt man Manadier. Dieser Ausdruck stammt vom französischen Wort «main» (Hand). Früher konnte man sich Manadier nennen, wenn man fünf Tiere besaß.

Mourraillon (Knotenhalfter): Er wird aus einem Seil aus Pferdehaar geknotet (Seden). Schlaufen bilden Nasenriemen und Genickstück. Mit dem Mourraillon kann man das Pferd bequem führen. Die Enden des Seils dienen als Zügel. Man kann also mit dem Mourraillon auch reiten.

Saqueton (Futtersack): Der Futtersack wird aus Baumwollstoff gefertigt. Er hat einen großen Henkel. Man kann ihn mit Futter füllen, um die Pferde auf der Weide anzulocken.

Schweifwirbel: Sie bilden das Ende der Wirbelsäule und reichen in den Schweif hinein. Diesen Bereich muss man vorsichtig anheben, um den Schweifriemen anzulegen.

Seden: Der Seden ist aus Pferdehaar gefertigt, meist aus Schweifhaaren von Stuten. Er ist ungefähr sieben Meter lang. Früher fingen die Gardians ihre Pferde mit dem Seden ein und banden sie damit an, indem sie ihn um den Hals knoteten. Das Ende des Seils wird mit einem speziellen Lederriemen am Sattel befestigt. Noch heute wird der Seden zum Anbinden verwendet. Bei Turnieren, Shows und Paraden gehört er zur Grundausstattung.

Simbéu (Leitstier): Ein meist kastrierter Stier, gelassen und erfahren, der die Herde anführt. Er trägt eine Glocke um den Hals, damit man ihn von weitem hören kann.

Stutbuch: Im Stutbuch werden alle Nachkommen einer Rasse registriert. Die Pferde werden nach Züchter und Alter sortiert.

Vista: Der Blick, provenzalisch «Vista» genannt, bedeutet, dass der Reiter jede Bewegung der Rinder vorhersehen kann. Das Gespür für die Rinder ist für eine erfolgreiche Rinderarbeit Grundvoraussetzung. Talent, stundenlanges Beobachten und viel Erfahrung gehören dazu. Auch das Pferd sollte über ein natürliches Talent für die Rinderarbeit verfügen.

PFERDE IM BUCH

▶ **Loustic du Sambuc**, Camargue-Wallach, geboren 1999, von Druide du Sambuc und Vaccarello. Loustic ist eines meiner Schulpferde. Wir haben ihn für das Freilauf-Spiel fotografiert.

▶ **Neitar di Santo**, Camargue-Wallach, geboren 2001, von Samit du Grès und Bouemio des Launes (Redounet du Grès). Ebenfalls ein Schulpferd, das Emmanuelle bei dem Freilauf-Spiel geritten ist. Er war auch ihr Begleiter bei den Fototerminen, die im Gelände stattfanden. Er trug die Fotografin, ihre Ausrüstung und zeigte dabei viel Geduld!

▶ **Nocturne de la Mar**, Camargue-Wallach, geboren 2001, von Félibre d'Arbaud und Simfoni de la Mar (Jarjaio). Schulpferd, beim Freiheits-Spiel unter dem Sattel von Lou und unter dem Damensattel.

▶ **Quandmême du Bosc**, Camargue-Wallach, geboren 2004, von Goliath du Phare und Karisma du Bosc (Nuage du Roure). Er wurde im Stand und in der Rinderarbeit aufgenommen. Mit ihm haben wir einige Platzierungen bei Camargue-Turnieren erzielt, und er schenkte mir zwei erste Plätze in der Stil-Rinderarbeit.

▶ **Riky du Bosc**, gekörter Camargue-Hengst, geboren 2005, von Hypnos dou Rose und Ino du Bosc (Nuage du Roure). Zu sehen auf dem Foto zur Vorstellung der vollen Camargue-Ausstattung, am Strand, im Gelände, bei den Rindern und Dressurlektionen. Riky wurde im September 2008 gekört und erhielt den Preis «Prix du Vaccarès», der zum Anlass des 30-jährigen Bestehens des Regionalparks Camargue für den besten Hengst ausgeschrieben war. Heute bin ich umso glücklicher über dieses Pferd, er ist nicht nur ein erfolgreicher Zuchthengst, sondern auch ein hervorragendes Reitpferd. Er hat einen ausgezeichneten Charakter und zeigt seine Kapazitäten in der Dressur sowie in der Rinderarbeit.

▶ **Ravel du Bosc**, Camargue-Wallach, geboren 2005, von Hypnos dou Rose und Karisma du Bosc (Nuage du Roure). Man sieht ihn auf den Fotos zur Bodenarbeit, geritten mit einem Kappzaum, in den Hindernissen des Trail-Parcours und bei dem Freiheits-Spiel unter dem Sattel von Mélanie und Tristan.

▶ **Ungara du Bosc**, Camargue-Stute, geboren 2008, von Hypnos dou Rose und Karisma du Bosc (Nuage du Roure). Auf den Fotos bei der Bodenarbeit mit Julie.

▶ **Utébo du Bosc**, Camargue-Wallach, geboren 2008, von Hypnos dou Rose und Ino du Bosc (Nuage du Roure). Zu sehen bei der Longenarbeit mit Julie.

▶ **Aussi du Bosc**, Camargue-Fohlen, geboren 2010, von Hypnos dou Rose und Karisma du Bosc.

▶ **Arroba du Bosc**, Camargue-Stutfohlen, geboren 2010, von Quartz du Gondard und Rélige du Bosc (Hypnos dou Rose).

▶ **Boréal du Bosc**, Camargue-Fohlen, 2011 vor Emmanuelles Kamera geboren, von Hypnos dou Rose und Ino du Bosc (Nuage du Roure).

▶ **Balzac du Bosc**, Camargue-Fohlen, geboren 2011, von Quartz du Gondard und Rélige du Bosc (Hypnos dou Rose).

Quandmême ...

An mein schönes und geliebtes Pferd Quandmême, mein so talentiertes und braves Lieblingspferd. Er hat nicht nur ein außergewöhnliches Aussehen, sondern auch einen außergewöhnlichen Charakter. Seinen Namen verdankt er meinem Vater. Als er noch jung war, erzählte mein Großvater ihm oft eine Geschichte über ein Pferd, dass «Quandmême» hieß. Es war ein so außergewöhnlich gutes Arbeitspferd, dass viele Gardians eifersüchtig auf seinen Reiter waren. Eines Tages schoben sie ein Hufeisen unter die Satteldecke des Pferdes. Es warf seinen Reiter ab und verletzte sich selbst so stark, dass es nicht mehr geritten werden konnte. Wenn mein Vater von diesem berühmten «Quandmême» sprach, sagte er: «Eines Tages werden wir ein Fohlen nach ihm benennen!» Am 7. April 2004 wurde dann Quandmême du Bosc geboren! Als Fohlen war er sehr klein, und auch beim Einreiten war er anders als die anderen. Sehr sensibel, ängstlich, aber konzentriert. Rasch wuchs er zu einem Pferd heran. Er wurde von meiner Mutter und einem Freund eingeritten. Als ich ihn dann einige Wochen später zum ersten Mal ritt, spürte ich sofort, dass er mich niemals mehr verlassen wird! Er war MEIN Pferd und mein allerschönstes Geschenk. Als wir mit den letzten Fotosessions anfingen, verletzte er sich. Wir konnten die Fotos zur Rinderarbeit nicht mit ihm machen. Für mich war es unvorstellbar, dieses Buch ohne die Bilder meines Pferdes zu veröffentlichen. Dieses Pferd, das Ausdruckskraft, Charisma und Vista in Vollendung verkörpert. Darum habe ich mir erlaubt, einige von Emmanuelles Fotos von 2011 zu verwenden, auf denen ich eine Sonnenbrille trage (die ich aus praktischen Gründen leider fast ganzjährig tragen muss). Quandmême verkörpert für mich das Camargue-Pferd in all seinen Facetten, er ist das perfekte Camargue-Arbeitspferd.

CAMARGUE-REITWEISE

DANKSAGUNG

Von links nach rechts:
Julie mit Ungara und Santana,
Lou und Loustic, Emmanuelle
und Neitar, Mélanie und Ravel,
Céline mit Quandmême und Utébo,
Tristan und Riky.

Ich möchte vor allem meinen Eltern danken, ohne die ich dieses Buch nicht realisiert hätte. Ich danke ihnen für jeden Ratschlag, jede Hilfe und jeden Ansporn! Ich bin mit Pferden groß geworden und hatte das Glück, Zugang zu den verschiedensten Bereichen der Reiterei zu erhalten. Meine Eltern hatten einen Reiterhof, dann einen Pensionsstall, schließlich einen Pferdehandel und eine Zucht. Sie waren über zehn Jahre lang Rinderzüchter und besaßen 160 Tiere. Ich war damals noch zu klein, um mitreiten zu können, aber ich erinnere mich noch sehr gut an die Ferraden, die Feste und Spiele rund um das Camargue-Rind: Rinderarbeit, Hin- und Rückführung der Stiere in die Arena, spanische Reiterspiele und die Course Camarguaise bei Nacht. Ich habe viel Zeit in den Arenen und im Lkw verbracht. Später durfte ich meinen ersten Stier aussortieren. Er hieß Printemps (Frühling) und war ein Leitstier der Manade. Eclair war das Pferd meines Vaters. Manchmal nahm er mich auf ihm als Handpferd mit, aber an diesem Tag hielt er Eclair nicht am Führstrick. Wir schauten nach den Rindern, als mein Vater den Finger hob und Printemps rief. Der Stier löste sich aus der Herde, und Eclair tat seine Arbeit. Ohne dass ich es wollte, hatte ich meinen ersten Stier aussortiert! Mein Vater hatte in diesem Augenblick sicher Angst um mich, ich hingegen erinnere mich gern daran. Noch heute suche ich stets nach dieser Leichtigkeit, mit der das Pferd damals arbeitete: Es war die perfekte Zusammenarbeit von Rind, Pferd und Reiter.

Die Stiere machten schließlich einer Sattlerei und einer Camargue-Pferdezucht Platz. Ich lernte auf vielen verschiedenen Pferden reiten und entdeckte nach und nach die Geheimnisse der Camargue-Reitweise. Und doch entschied ich mich für die klassische Reitweise, die ich dann lange Jahre bevorzugte. Als ich mein Diplom als Reitlehrerin ablegte, hörte ich wieder einmal auf den Ratschlag meiner Eltern und eröffnete eine Reitschule für die Camargue-Reitweise.

Ich möchte an dieser Stelle allen meinen Reitlehrern danken, denen ich seit Beginn meiner Ausbildung begegnet bin. Jeder von ihnen hat etwas Positives hinterlassen und zu meiner Ausbildung beigetragen. Dank ihnen ist mir ein glücklicher Start in den Beruf gelungen, und noch heute stehen mir einige Ausbilder zur Seite. Ich bedanke mich auch bei meinen ehemaligen Vorgesetzten, bei denen ich viel gelernt habe. Und ein großer Dank geht an Bernard Roche, bei dem ich viel Berufserfahrung sammeln konnte. In der Zeit bei ihm wuchs der Gedanke an eine eigene Reitschule bis hin zur Konkretisierung des Projekts. Bernard Roche schrieb als Erster ein Buch über die Camargue-Reitweise, er öffnete die Tür zu Actes Sud, wo auch sein Buch erschienen ist.

Vielen Dank an alle meine Freunde, die mir in einer Zeit zur Seite standen, als das Leben es nicht so gut mit mir meinte, und die noch immer bei mir sind. Danke auch an alle meine Reitschüler und Bekannten, die bei den – manchmal sehr langen – Foto-Sessions dabei waren: Julie Mérico, Mélanie Maïolino, Lou Moullin-Traffort, Jules Combettes, Tristan Moullin-Traffort, Fanny Rabet, Marie Combettes, Jérémy Garcia, Emmanuelle Lagrange. Dank an Renaud Vinuesa für die Rinderarbeit-Fotos, die in seiner Zucht aufgenommen wurden. Und natürlich für sein Vorwort, an dem mir viel liegt. Ich möchte mich auch bei Mylène Terroux für ihre Mitarbeit und für ihr Foto von der Coursejado bedanken.

Schließlich ein großes Dankeschön an Emmanuelle Lagrange, Fotografin, Webdesignerin und Reiterin, die fast alle Fotos dieses Buchs gemacht hat. Sie hat lange Stunden bei den Sessions und in der Nachbereitung verbracht, das Ergebnis hat meine Erwartungen vollstens erfüllt. Ihre Bereitschaft, in dieses Projekt viel Zeit, Mühe und Ideen zu stecken, war für das Gelingen ausschlaggebend. Einen besonderen Dank auch an Luisina für ihr Lektorat. Vielen Dank für Deine professionellen Ratschläge und Tipps. Ein Buch zu schreiben ist nicht so einfach, wie es aussehen mag. Ohne diese erfahrenen und kompetenten Personen wäre dieses Projekt unmöglich gewesen. Ich selbst habe hunderte Stunden vor diesem Manuskript gesessen, vielleicht hast Du ebenso viele Stunden vor dem Computer verbracht. Vielen Dank für all das Vertrauen und die Mithilfe bei diesem Abenteuer! Und danke an alle meine Schüler! Sie motivieren mich jeden Tag von Neuem, mich zu hinterfragen, neue Wege zu beschreiten, immer verständlichere und effizientere pädagogische Wege in der Ausbildung von Pferd und Reiter zu finden.